湖南省民委重大委托项目"沅水民族文化研究"

三峡大学学科建设资助项目

沅冰文库

刘冰清／主编

村落文化系列丛书

瑶乡汉族：

湖南辰溪五宝田村的文化守望

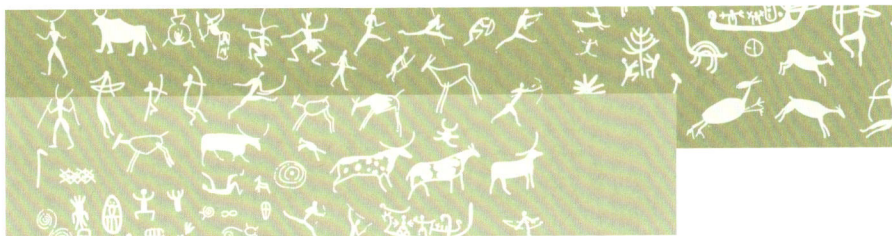

刘冰清 —————— 著
丁苏安

厦门大学出版社
XIAMEN UNIVERSITY PRESS
国家一级出版社
全国百佳图书出版单位

图书在版编目(CIP)数据

瑶乡汉族:湖南辰溪五宝田村的文化守望/刘冰清,丁苏安著.—厦门:厦门大学出版社,2021.6
（沅水文库:村落文化系列丛书）
ISBN 978-7-5615-6645-9

Ⅰ.①瑶⋯　Ⅱ.①刘⋯　②丁⋯　Ⅲ.①乡村—文化史—辰溪县　Ⅳ.①K296.45

中国版本图书馆 CIP 数据核字(2017)第 196999 号

出 版 人	郑文礼
责任编辑	薛鹏志

出版发行　厦门大学出版社

社　　　址	厦门市软件园二期望海路 39 号
邮政编码	361008
总　　　机	0592-2181111　0592-2181406(传真)
营销中心	0592-2184458　0592-2181365
网　　　址	http://www.xmupress.com
邮　　　箱	xmup@xmupress.com
印　　　刷	厦门市明亮彩印有限公司

开本	720 mm×1 000 mm　1/16
印张	18.5
插页	2
字数	310 千字
版次	2021 年 6 月第 1 版
印次	2021 年 6 月第 1 次印刷
定价	76.00 元

厦门大学出版社
微信二维码

厦门大学出版社
微博二维码

本书如有印装质量问题请直接寄承印厂调换

总　序

　　我出生在湖南沅陵县的一个小乡镇——麻溪铺。金庸在他的小说《连城诀》里就提到麻溪铺这个地名。前几年还有一部《血色湘西》的电视连续剧很火，故事描述的主要发生地就在麻溪铺，惹得很多人想去麻溪铺一游。而我就出生在麻溪铺的一条老街窨子屋里，在麻溪铺生活了十三年。麻溪铺除了美丽的自然风光外，这里历来是沅水支流荔溪、舒溪、杨溪"三溪"的政治、经济、文化中心，也是滇黔古驿道的要地，其镇名就来源于古驿道所设的驿、塘、铺中的铺，尤为值得一提的，这里还是湖南"乡话人"的核心聚居区。民国《沅陵县志》上说："乡话，聱牙佶屈，不知其所自始，大约当时土人所遗传至于今者也。"

一

　　沅陵的历史十分悠久，文化底蕴非常深厚，夸父山、黔中郡遗址、二酉藏书洞、壶头山、龙兴讲寺等，说明从先秦开始，这里就比较有文化内涵。但"文化需要不断地被发现"，当一个人走出自己生长的文化氛围，跳出固有的文化藩篱束缚时，才可能具备一种包含有深邃洞察力的"他者的眼光"。确实，虽然我生长在沅水边，也在那里工作多年，对那里的感情很深，也曾无数次感受它的美丽和壮阔，领略它的博大与精深，但真正走进这条出现在屈原、王昌龄、刘禹锡的诗歌里，出现在沈从文的散文和黄永玉的画作里，有着数千年文明的古老河流，并开始探寻它丰厚的历史文化内涵，还是在 2000 年以后。

　　我于 1996 年调进怀化师专（现在的怀化学院），之前在中学工作虽然很辛苦，却没有什么"科研"压力。之后，最压头的莫过于"科研"了，不知"科

"研"从何做起。1999年，有机会到我母校湖南师范大学师从郭汉民先生学习，经郭先生的点拨，我对科研终于有了些许感悟，可还是迷惘，没有明确的研究方向。直到2000年秋，一位高中挚友和我津津有味地聊起家乡的"还傩愿"以及上刀山、下火海、踩火犁、下油锅、滚刺床等神功绝技，建议我做些这方面研究，对外推介家乡的民间文化。就这样，我开始关注家乡的巫傩文化，并着手进行一些田野调查，搜集相关研究资料。接下来，我先后完成了湖南省教育厅立项资助的"沅陵傩文化的旅游开发战略研究"、湖南省科技厅批准的"大湘西傩文化的旅游经济开发研究"和湖南省社科联立项的"沅陵盘古文化研究"，并在《广西民族学院学报》《贵州民族研究》《求索》《湖南社会科学》《船山学刊》等刊物上发表了一系列有关傩与盘古文化方面的论文，逐渐形成了研究沅水文化的学术追求。

二

我对沅水文化有一个认识的过程。湖南境内沅水流域的几所高校，吉首大学、怀化学院还有湖南文理学院等，都在关注沅水文化的相关研究，成果挺多的，提得最多的是"五溪文化"。而"五溪"实际上是沅水的五条主要支流：有雄溪（今巫水）、横溪（今渠水）、潕溪（今潕水）、酉溪（今酉水）、辰溪（今辰水）之说，亦有酉溪、辰溪、巫溪（今巫水）、武溪（武水）、潕溪（潕水）之说。吉首大学在2000—2003年还推出了一套"五溪文化丛书"。我在怀化学院工作时，同样也没有"沅水文化"这种意识。2007年，我调到三峡大学武陵民族研究院之后，对武陵民族地区的几条主要河流乌江、清江、澧水、沅水进行了一些考察，特别是在对乌江、清江、澧水的文化事象有了比较多的了解和认识后，反观沅水，更感到这条自古以来就滚动着这块土地的人流、智流、物流和商流，记录着这里的兴衰、沉浮和希望的河流，其文化底蕴之深厚，文化事象之多彩，文化互动、磨合、整合和融合之突出，是一个完整的文化载体。所以，我觉得应该立足于沅水这个大动脉而不是沅水的支流，需要对整个沅水流域的文化进行全面系统的调查与研究，梳理、分析整个沅水流域的文化特征，在对沅水文化有一个整体认知的基础上，再对沅水文化在武陵山片区乃至中华民族文化中的定位进行认真的考量，这样才有利于发挥文化在当下社会的"软实力"，推动整个沅水流域的经济发展与社会进步。而我对于生于斯长于斯的沅水总有一种迷恋，始终有一种割舍不掉的眷念，自己有责任，有义务去发掘和弘扬沅水文化。

三

沅水又称沅江,有南、北二源。南源龙头江发源于贵州贵定县的苗岭斗篷山南麓,北源重安江发源于贵州麻江县平越间大山。两源在凯里市旁海镇岔口汇合后称清水江,至銮山入湖南省芷江县,东流至洪江市托口镇与渠水会合后始称沅水。沅水有大小支流1400多条,主要支流有渠水、潕水、巫水、溆水、辰水、武水、酉水等,干流自河源至注入洞庭湖全长1033公里,流域南北长而东西窄,略呈自西南斜向东北的矩形,总流域面积89163平方公里,其中湖南省占57.3%,贵州省占34.1%,重庆和湖北共占8.6%。流域覆盖湘黔鄂渝4省60个县(市、区),即湖南省怀化市、湘西土家族苗族自治州和常德市的汉寿县、鼎城区、武陵区以及邵阳市的城步苗族自治县、绥宁县,湖北省恩施土家族苗族自治州的宣恩县、来凤县、咸丰县,重庆市的酉阳县、秀山县,黔东南苗族侗族自治州,黔南布依族苗族自治州的福泉市、贵定县和都匀市。沅水流域是一个以汉族、苗族、侗族、土家族为主体,瑶族、布依族、白族、水族、回族、维吾尔族等30多个民族聚居的多民族地区。据2010年第六次全国人口普查统计数据,沅水流域总人口约2132万人,少数民族人口约1062.39万人,除常德市沅水片和怀化市外,沅水流域其他地区的少数民族人口均占该地区50%以上。

从历史上看,沅水流域为“武陵蛮”“五溪蛮”等众多族群的活动之地,自古就是各种文化的交汇点;从战略地位看,这里是进入大西南的通道,历来就是政治家、军事家争夺的战略要地;从现实看,这里是中西结合部的衔接地带,处于西部大开发的最前沿和中部崛起的西沿,沅水流域的大部分县(市、区)都被纳入2011年11月国家批准的“武陵山片区区域发展与扶贫攻坚试点”范围。那么,聚焦于沅水流域的民族文化的系统调查、梳理和研究,显然是具有重要的现实意义和学术价值的。

首先,有助于我们正确认识沅水流域民族文化在中华民族文化体系中的地位和作用。沅水是费孝通先生提出的“武陵民族走廊”中的一条极其重要的民族通道。1991年费孝通先生考察武陵山区之后,在他的《武陵行》考察报告中指出:“这个山区在历史巨浪不断冲击下,实际上早已不再是个偏僻的世外桃源了,已成为从云贵高原向江汉平原开放的通道。这条多民族接触交流的走廊,一方面由于特殊的地貌还保持了各时期积淀的居民和他们原来的民族特点,另一方面又由于人口流动和融合,成了不同时期入山定居移民的一个民族熔炉。"以沅水、澧水、乌江、清江等大河辅以数千计的溪流为通道网络的武陵民族走廊,在民族迁徙、融合过程中的作用非常明显,也因此积淀了丰富多彩的民族文化,是我国少有的文化沉积带,也是我国多元文化互动最具典型性的地方之一。而沅水恰恰是武陵民族走廊的腹心通道,因为在历史上,由中原进入大西南,或从洞庭湖沿沅水及其支流溯源而上,或从长江及其支流清江、乌江进入。与乌江和清江相比,沅水及其支流,因其自身的地理区位,更是秦汉两千多年以来民族通道的枢纽、东西南北族群的交汇点。这里自古活动着三苗、百濮、百越、巴人等许多族群,至今仍然生活着土家、苗、侗、瑶、白、回、汉等多个民族。众多族群在这条通道上停留、迁徙,繁衍生息,创造了悠久的历史和丰富多彩的民族文化。这里是"文化的磨坊",文化互动、磨合、整合和融合十分突出,是中华民族多元一体文化最具典型的地带之一。所以,沅水民族文化是中华民族文化非常重要的组成部分,在秦汉以来中华民族从多元走向一体的过程中,沅水民族文化占有重要的地位。

其次,有助于全面了解、把握沅水民族文化的内容、生成机制和文化特征等,也有利于在大力弘扬沅水优秀传统文化的过程中,赋予民族文化新的时代内涵,在和谐社会的构建中实现其应有的社会价值和功能。沅水流域民族文化资源十分丰富,文化结构相当复杂,"多样、多彩、多元"是其典型特征,但学术界对其定性以及在中华民族文化中的定位明显存在不足。因此在摸清家底的基础上,对沅水民族文化的特质进行一些理性探讨,有助于我们以高度的文化自觉、文化自信投入中国正在展开的文化大建设、大发展、大繁荣之中。

再次,在挖掘、抢救、保护沅水流域民族民间文化的过程,对于保护沅水流域民族文化的多样性,保护和传承各种非物质文化遗产,提高沅水流域各民族人民的素质,具有重要的现实意义。沅水流域历史悠久,是一个集汉、侗、苗、土家、瑶、白、维吾尔族等多民族交汇错居之地,各民族在这里创造并保存了丰富多彩的文化,是民族民间文化最为富集的地方。对该区域民族民间文化的挖掘和抢救、保护和传承、开发与利用,可进一步推动民族民间文化在经济社会发展中发挥的积极作用。

最后,有利于更好地对外宣传沅水流域的民族文化,为当地经济社会发展和决策提供相应的智力支持。民族文化资源是区域经济建设和社会发展的深层资源,而且是可持续的可再开发资源。沅水流域由于历史和自然的原因,长期处于滞后的发展状态,系统梳理沅水民族文化事象,深入挖掘沅水民族文化底蕴,不仅可为沅水区域社会经济发展战略目标的制定提供一定的参考,而且可以提高沅水区域社会经济的"软实力",从而为推进武陵山片区区域发展与扶贫攻坚试点提供支撑。

四

沅水流域文化的厚集性、多元性、多样性,已引起诸多高校学者的关注,聚集了一大批热心于民族文化遗产挖掘、抢救与保护的本土学者,他们对于沅水流域的和平文化、巫傩文化、盘古文化、槃瓠文化以及土家族、侗族、苗族、瑶族、维吾尔族等少数民族文化进行了大量资料的搜集整理和相关研究,形成了较为丰硕的成果。然而对于沅水文化,却极少从整体性加以关注。对于交错杂居、共同生活在沅水流域的苗族、土家族、侗族等民族来说,一方面是族群认同的"边界"比较鲜明,在文化上你有你的,我有我的;另一方面更多的是长期互相交往,相互影响,我中有你,你中有我,形成了诸多相似的共同特征。尤其是现代社会,信息非常开放,交通非常发达,造成民族之间的交流、融合更甚,很多现象很多东西还能不能简单归属于哪一个单一民族呢? 显然,硬是要把文化切割成这个民族、那个民族的,把文化标签任意贴在某个民族上,那是相当困难的,从某种程度上讲,研究的科学性也存在一定问题。而如果从流域来研究的话,却更能反映文化的一种整体性,它的科学性就更强。

整体性原则是人类学当中最基本的一种理论。对于流域文化研究,同样需要从整体论出发,立足于沅水这个大动脉,对沅水文化有一个整体认知基础,再来考量沅水文化在武陵山片区乃至中华民族文化中的定位。正如著名学者徐杰舜先生所说:"对于流域文化研究,我不太赞成碎片化的研究,分裂式、段落式的研究,没有整体观,这样很难把握学术的脉络、学术的价值。不要仅仅站在沅水文化的层面去看沅水文化的价值,而是要跳出来,要从中华民族的层面去研究。它的意义就不是一般的意义,它是中华民族多元一体格局的个案,一个范例。"那么,如何凸现沅水文化研究价值的学术主线呢? 徐杰舜先生曾与我有过探讨,我们认为对沅水文化的研究,主要应从三个维度,即国家建构的维度、原始住民开发的维度和移民传播的维度去思考,也就是把握国家、原始住民、移民这三条线。

第一条线就是国家这条线,从历史的纵深去看,中国的历史是一个不断深发展的历史，而中国的国家建构的历史是没有中断的，这个建构的过程就是历代的中央王朝、历代的统治者是如何不断扩大疆域的，这条线在沅水最早可以追溯到楚国。楚国不断向南扩张，开地五千米，在沅水设立了黔中郡。秦始皇还没有统一中国时就有黔中郡，那就说明国家的手已经伸到这里来了。在中国历史的构建过程当中，沅水很早就进入了中国统一的版图中。对国家这只手仔细分析，可以看到国家这只手是怎么在湘西，怎么在沅水不断扩大自己的力量的，国家机器如何伸到南方，如何向南方发展，向西南发展的。沅水，对于巩固西南边疆和开通具有重大的作用。但是为什么它长期以来还是处于边缘地带？这是值得反思的一个问题。

第二条线就是原始住民，沅水流域的原始住民是怎么样在这里开发的。沅水流域有各式各样的生产生活方式，有多姿多彩的文化生态样本，"多样、多彩、多元"是其典型特征。原始住民在沅水的生存机制、生态策略以及对沅水的开发与贡献，很值得大书特书。

第三条线就是移民，不仅有汉族的移民还有其他少数民族的移民，如白族、维吾尔族等。特别是这个地方的汉族移民是比较复杂的。在这个过程中，沅水这个通道非常重要，从楚国庄蹻沿沅水入云贵开始，沅水就是内地汉民进入大西南的主要通道。我们现在在贵州还可以看到因大量的屯兵留下来的汉族住民，如屯堡人、隆里人。随着汉族的大量移入，汉族与其他民族数百年在文化上的相互借鉴、相互学习、相互交流、相互影响，促进了民族间的融合，也造就了丰富多彩的文化事象。从这点出发，我们研究少数民族需要同时考察他们与汉族之间的关系互动。

五

河流是人类文明的摇篮。沅水是长江第三大支流，也是洞庭湖水系中最长的河流，这条从贵州大山发源的大河，一路向东奔腾不息，穿越雪峰山脉和武陵山脉，入洞庭，汇长江。从行政区划来看，沅水流域地处现代的湖南西部、贵州东南部及重庆东南和湖北西南的一小部分，这里又是苗族、侗族、土家族、瑶族等多民族的摇篮，各族先民在这里繁衍生息，共同创造了光辉灿烂的文明。

所以，对沅水这样一个范围广泛、跨省域的文化进行研究，是一项长期而艰巨的系统工程，既要把握整体性问题，有一个整体研究架构，也要考虑它的现实操作性问题，得有计划分步骤来实施，需要多方共同参与。湖南省民委一直高度重视民族文化研究和建设,将沅水流域民族文化研究纳入其民族研究工作的重要内容,并予以立项支持。三峡大学、怀化学院、吉首大学、湖南文理学院、凯里学院、邵阳学院、铜仁学院等高校学者以及许多本土学者,也都积极投身于搜集、整理与研究沅水文化工作中来。我们相信,以中华民族认同和中华文化认同为主题,广泛发动沅水流域各方力量,从历史、现实与未来相统一的整体论出发,梳理沅水流域多姿多彩的民族文化,挖掘沅水民族文化深厚的历史底蕴,推出一批在研究和宣传沅水民族文化方面的系列成果,将推动沅水文化走出湘西,走出湖南,走向中国,走向世界,从而夯实武陵山片区经济社会发展的软实力,为凝聚中华民族精神,弘扬中华民族文化,增进中华民族认同,振兴中华民族做出贡献。

刘冰清

2018 年 3 月 9 日

目　录

导　言

　　五宝田是湖南省怀化市辰溪县东南边缘上蒲溪瑶族乡的一个行政村。

　　辰溪县位于湖南省西部，怀化市北部，雪峰、武陵两山脉之间的沅水中上游，东界溆浦县，南连中方县，西接麻阳、泸溪县，北邻沅陵县。沪昆铁路穿境而过，S223、S308 两条公路干线和娄怀高速公路交叉连通，距怀化芷江机场 2 小时左右车程。全县土地总面积为 1990.3 平方公里。属典型的山区丘陵县。辰溪历史悠久、底蕴深厚，从已出土的文物证明，远在新石器时代，这里就有先民繁衍生息，是东周"濮地"的一部分①。战国时属楚黔中地，古名辰阳，最早见于屈原《楚辞·涉江》"朝发枉渚兮，夕宿辰阳"。西汉高祖二年（前 205 年），始建辰陵县，县治设铜山（今潭湾镇杉林、溪边村）。历三载，易名辰阳县，为五溪蛮穴。后数易其名，至隋开皇九年（589 年），县城迁辰水流入沅水的对岸，熊首山南麓，始用今名。隶属怀化市。目前，全县共辖 23 个乡镇（其中 5 个瑶族乡），总人口 53 万余人。境内居民主要是汉族、瑶族（2005 年数据统计，汉族和瑶族人口分别占总人口的 88.8% 和 9.1%②），其他民族有苗族、土家族、侗族等。

　　上蒲溪瑶族乡位于辰溪县东南边缘，东部靠近溆浦县小横垄乡、中方县蒿吉坪瑶族乡，南部毗邻中方县丁家乡，西边与龙头庵乡接壤，北边连着罗子山瑶族乡。1949 年前，属辰溪县永和乡。1953 年，置上蒲溪乡。1958 年 9 月公社化，属火箭公社。1961 年 6 月重建上蒲溪公社。1984 年恢复上蒲溪乡。1989 年 10 月 16 日经湖南省人民政府批准，撤销上蒲溪乡，建立上蒲溪瑶族乡。乡政府驻地上蒲溪村。距怀化市 68 公里，离辰溪县城 89 公里。

----

①　王鸣盛：《尚书后案》："百濮……或曰湖广常德、辰州二府境。"

②　辰溪县志编纂委员会编：《辰溪县志（1978—2005）》，北京：线装书局，2012 年。

全乡总面积 62.75 平方公里，其中耕地 6420 亩，山地 71127 亩，森林覆盖率为 76.2%。下辖 12 个行政村，87 个村民小组，总人口 9326 人，其中瑶族人口 5121 人，占据全乡总人口的 55%。[①] 全乡经济主要以农、林、劳务输出为主。

之所以选择五宝田作为我们的考察点，一是基于五宝田在外的影响力。五宝田地处雪峰山、武陵山的崇山峻岭中，在 2008 年第三次全国文物普查期间，由于村落历史风貌保存完整，结构紧凑，布局合理，且建筑雕刻精美，艺术风格特点鲜明，内涵丰富，一经发现，便震惊了湖南文物界，荣誉也纷至沓来。2010 年被国家住房和城乡建设部与国家文物局公布为"中国历史文化名村"，2011 年公布为"湖南省级文物保护单位"，2012 年公布为"中国传统村落"。这样一个具有历史感的村落自然是田野作业的备选点。二是从某些网络媒体宣传上得知五宝田村是一个地地道道的瑶族聚居地，并且在 2012 年 8 月 20 日途经辰溪时，特意联系了辰溪县的相关部门，在县里的某位领导陪同下还专程跑去五宝田村考察，当时接待我们的乡干部介绍说，五宝田村就是一个瑶族集聚的村落，而矗立在村口的"中国历史文化名村五宝田村简介"宣传栏上则明确地写着："五宝田村 85% 为瑶族。"碰巧在村子里转悠时随机问的几位老人，也说自己是瑶族，这样就很自然地将这次匆匆考察的五宝田村无以质疑地认定为是一个瑶族村寨了，即将它定为我们的民族志田野点。

瑶族是中华民族大家庭中历史悠久的成员之一，现主要分布于广西、湖南、云南、贵州、广东等省。史学界认为瑶族名称，最早见于唐初史学家所修撰的文献。[②] 唐人姚思廉《梁书·张缵传》载："零陵、衡阳等郡有莫徭蛮者，依山险为居，历政不宾服。"这是迄今为止我们所见到的最早的瑶族名称。宋代，人们将瑶族称之为"徭"、"蛮徭"或"徭人"。宋人周去非《岭外代答》卷三记："徭人者，言其执徭役于中国也。"宋人范成大《桂海虞衡志·志蛮》亦载："徭本五溪盘瓠之后。"宋朱辅《溪蛮丛笑》云："五溪之蛮……今有五：曰苗、曰徭……"及至元代，极力推行民族歧视政策，将瑶族视为低贱之民族，蔑称为"猺"。明清沿袭。民国期间，部分进步知识分子将"猺"改为"傜"。如在《边声月刊》1940 年第 26 期的《两汉以来西南边族之策及今后改正方

---

① 相关数据由上浦溪瑶族乡乡政府提供。

② 瑶族简史编写组编：《瑶族简史》，南宁：广西人民出版社，1983 年，第 10 页。

案》一文中就强调，早在远古时期，"秦之黔中，汉之武陵，隋之辰州……皆为猫（苗）瑶主系生息之所"。中华人民共和国成立后，实行"各民族一律平等"，根据瑶族人民的意愿，改用"瑶"字，统称瑶族。瑶族的自称很多，据有关学者调查，中国境内的瑶族自称主要有勉（或育勉）、董本优、土优、谷岗优、祝敦优勉、布努（或东努）、努努、布诺等。除自称外，瑶族还有数百种之多的他称，这些他称都是汉族和其他民族对瑶族的称呼，蕴含着十分丰富的文化内涵。有的与宗教信仰有关，如"盘瑶""盘古瑶""盘王瑶"等；有的与经济生活有关，如"蓝靛瑶""靛瑶""背篓瑶""过山瑶""背陇瑶""茶山瑶""开山瑶"等；有与居住地有关，如"八排瑶""东山瑶""高山瑶""平地瑶""深山瑶""山瑶"等；有的与服饰有关，如"白裤瑶""红瑶""青裤瑶""花瑶""箭瑶""尖头瑶""顶板瑶"等；有的与姓氏有关，如"十二姓瑶""八姓瑶""七姓瑶"等。[①]

根据 2010 年第六次人口普查统计，我国瑶族人口数为 263 万余人，其中湖南省瑶族人口约 71 万，主要分布在江华瑶族自治县和江永、宁远、蓝山、新宁、道县、辰溪、通道、隆回、桂阳、汝城等县市。他们的居住区内山高岭峻，层层叠翠，千溪万涧，山地与坡地相连，横亘蜿蜒数百里。他们多数居住在海拔 1000 米以上左右的山上，少部分居住在河谷溪畔，可谓典型的山地民族。据 1958 年湖南少数民族社会历史调查组的调查，湖南瑶族有盘瑶、花脚瑶、平地瑶、过山瑶、八峒瑶和七姓瑶六个不同称呼，其中分布在辰溪县境内的有盘瑶、花脚瑶和七姓瑶。[②]辰溪境内的瑶族主要分布在县东南罗子山、苏木溪、上蒲溪、后塘、仙人湾 5 个瑶族乡和黄溪口等乡镇。而据辰溪县 1989 年调查统计，全县共有姓氏 388 个，以张、刘、李、米姓为多，其中瑶族姓氏为蒲、刘、沈、梁、石、陈、丁，俗称"七姓瑶"。如此，"七姓瑶"当属于"盘瑶"和"花脚瑶"两个支系的别称。清乾隆三十年（1765 年）《辰州府志》载："《后汉书》宋均传，辰阳俗，少学者而信巫鬼。""东汉宋均掌辰阳时，地杂瑶俗。""自汉迄今千余年，朝廷声教所讫，风移俗易。"可见古时辰溪有许多瑶族习俗，自明、清以来与汉人通婚，某些习俗已与汉族融合。关于"七姓瑶"之称呼，清道光元年（1821 年）《辰溪县志》载："邑东南与黔溆交界处世为瑶人所居"、"七姓瑶生捐资修义学"。在该志卷二"苗瑶附志记"更详细记

---

①　参见玉时阶：《瑶族文化变迁》，北京：民族出版社，2005 年，第 2～3 页。

②　广西壮族自治区编辑组：《湖南瑶族社会历史调查》，中国少数民族社会历史调查资料丛刊，南宁：广西民族出版社，1986 年。

载:"县属无苗人杂处,仅有蒲、刘、丁、沈、石、陈、梁七姓瑶人,住县境东向罗子山及山脚五岔水、木斗田、阳雀田、总山、排子坡、温溪、田坪、上坊等处,离城一百二十里不等。"

对于湖南瑶族,学界多关注湘西南永州一带的瑶族,对其经济生活、文学艺术、风俗习惯、语言等诸多方面都有大量的成果出现,而对于主要生活在怀化辰溪县罗子山一带的被称为"七姓瑶"的瑶族却关注较少。因此,选择一个村落对"七姓瑶"进行民族志调查,自然有利于我们更直观地体现其日常生活与文化。而地处罗子山南麓以西、武陵山以东的五宝田村,因其"85%为瑶族",自然吻合我们选点的初衷。

2013年7月22日凌晨,丁苏安从广西南宁抵达湖南怀化市。午后,我们即驱车前往五宝田村。从怀化市内出发,一路经过新建、新龙、蒲溪等地,车子一直在蜿蜒曲折的乡村公路行驶。大约经过3个多小时的车程,我们方抵达上蒲溪瑶族乡。乡党委宋委员和政府谢秘书见我们到来,十分热情地将我们迎进乡政府的办公室里,然后向我们大致介绍了五宝田村的基本情况。当听到有关五宝田村的瑶族人口占比还不到村总人口的16%时,顿觉意外,与之前我们所了解的信息出入太大,即与广西民族大学徐杰舜教授进行电话沟通,商定还是让丁苏安继续留下来做田野,只是要调整原有调查研究的方向。对于进入田野的这段经历,丁苏安感触良多,在她的田野日志中写道:

> 湖南省是一个多民族聚居的省份,一直以来,我都没有踏入过这片土地,我总是期待着有一天能够亲近它、了解它。2013年7月初,我的导师徐杰舜教授告诉我要到湖南怀化做田野调查,让我做好相关田野准备。当时我被告知将要去的五宝田村是一个瑶族村寨,它有着几百年的历史积淀。我的好奇心一下就上来了,不了解不知道,原来湖南也是瑶族的聚居地!于是在田野准备阶段,在导师的指导下,我兴致勃勃地找来了有关瑶族习俗和瑶族史的书籍和文献来学习,初步打算用文化互动的眼光来作为这次田野调查的核心。

> 7月22日凌晨,我乘火车从南宁抵达怀化,在刘老师提前为我预订的宾馆稍作休整。刘老师是三峡大学的教授,和徐老师是多年的朋友,我在2010年暑期曾经跟随她做了近20天的百里漓江保护与利用调查,这次去的五宝田村是刘老师在沅水流域的系列田野点之一,她将带我进入五宝田村。五宝田的调查是我第一次独立进行的田野,尽管提

前做了一些准备，但说实话我心里还是有一点忐忑不安。因此，刘老师的陪伴令我满心感激。

吃过午饭之后，我们于中午 12:40 左右驱车前往辰溪县上蒲溪乡五宝田村，车上一行三人，刘老师、司机小刘师傅和我。一路上刘老师和我交谈着，她给了我很多田野调查的建议。行驶了三个小时后，我们到达了上蒲溪瑶族乡。

乡政府办公室紧挨着公路，这里也是上蒲溪乡的客运站。走进乡政府，接待我们的是乡党委的宋委员和熊秘书，他们提供给我们许多五宝田村的基本情况。

田野准备期间，我们了解到的上蒲溪乡是一个瑶族乡，隶属上蒲溪乡的五宝田村也是一个瑶族为主的村寨。然而刚到乡政府了解情况，我们就发现现实情况与前期认知的严重脱节：五宝田登记在户的 459 人口中，仅有 73 人为瑶族，占全村人口的 15.9%。我们向宋委员询问民族成分的情况，她证实，五宝田大部分人是汉族，是一个汉族聚居的传统村落。事实情况使得我们必须立即转变研究的主题和方向。

刘老师在和徐老师进行电话交流后，都一致认为这一信息的转变并不是无一可取，反而更有研究的趣味，身处瑶族包围的汉族人民对自己的文化是如何守望的？这是一个颇值得探究的问题。所以我还是按照预定的计划将留在五宝田村进行为期 40 天的田野调查。

五宝田村坐落在山坳里，它三面环山，西边盘山而建的公路成为通向外界的唯一交通要道。村子的大小院落沿溪而建，这条溪流自东向西而下，最终注入沅江。这里的村民以萧氏为主姓，大多都是汉族，他们的周边几乎都是七姓瑶族。也就是说，五宝田村的村民是聚居在瑶族地区的汉族人民。五宝田村已然是瑶族中的汉族"族群岛"。

迄今为止，人类学界对"族群"的概念并没有一个统一的界定，他们对族群的讨论仍然还在继续。"族群岛"的概念就是从族群类型研究中延伸出来的。如何界定"族群岛"的概念？挪威人类学家弗雷德里克·巴斯在《族群与边界》中指出，"我们被引导去设想每一个群体都是在相对隔绝的情况下发展（它）的文化和社会形式，主要与当地的生态因素相对应，并通过借助发明和有选择的借用来完成的历史适应。这个历史已经创造了一个多民族的世界，每一个民族拥有自己的文化并组成一个社会，这个社会可以十分合理地分离出来,作为一个孤岛而被加以描述"①。在巴斯眼中,"孤岛"社会拥有基于文化适应上的历史深度的人类群体。袁少芬将伢人、高山汉、屯堡人的文化发展态势称为"孤岛的文化现象",认为"汉族移民进入他族异域后,形成了一些为数不多但发展比较特殊的、具有(或保持着)某些独特汉族文化特征的社区(群体或村点)。这些社区或群体与周围的社会人文环境不同,人口也处于相对的少数,颇有点孤岛之势"②。徐杰舜教授用三个级层对中国汉族族群的结构做出了细致的划分:第一级以汉族的人文地理划分,分为华南、华东、华中、华北、东北、西北、西南汉族;第二级是在第一级之下分层,如华南汉族可分为广府人、客家人等;第三级主要指"族群岛",广西的"高山汉",伢人,富川的本地人,贵州的屯堡人,福建的惠安人,以及疍人等族群。汉民族的这三级族群结构构成了汉民族的族群体系。③ 在三级的族群结构划分中,第一次提了"族群岛"这一概念。黄家信则指出"当某一小族群单独地处在比它大的他族群之中,就可以称之为族群岛"④。而周大鸣、吕俊彪教授在平话人研究中认为族群孤岛"更主要的是一个地理空间的概念,而不是完全意义上的与世隔绝的社会文化单元,它们与其文化母体以及周边人群仍然有所接触,它们的孤立,往往只是体现在外在形式上的与其他人群的疏远和隔离"⑤。族群岛多以文化孤岛的形态展现在世人面前。

关于族群岛的成因以及特征问题,黄家信在《"族群岛"的形成及特征》⑥一文中做了深入的分析。具体而言,他认为两大因素造就了"族群岛"这一文化现象的形成,一是民族迁徙所带来的民族主体分化与聚合,这是形成族群的前提条件。"如果没有民族族体的分化和聚合就不会出现新的边区村落定居点,就不会有较为独立的族群出现"。另外,一定的地域基础则是族群岛形成的基本条件。族群岛就是在特定区域内进行生产生活的人类群体,这一群体所生活的地方与其祖先有着明显的差别,在他们周围生活着人

① 弗雷德里克·巴斯著,高崇译:《族群与边界》,《广西民族学院院报》1999年第1期,第17页。

② 袁少芬:《汉族的"孤岛文化现象"》,《寻根》1996年第6期,第34页。

③ 徐杰舜主编:《雪球——汉民族的人类学分析》,上海:人民出版社,1999年,第50页。

④ 黄家信:《"族群岛"的形成及特征》,《广西民族研究》2000年第2期。

⑤ 周大鸣、吕俊彪:《族群孤岛与族群边界——以为广西临江古镇平话人为例》,《西南边疆民族研究》2009年第8期。

⑥ 黄家信:《"族群岛"的形成及特征》,《广西民族研究》2000年第2期。

口基数更为庞大的族群,这些族群与族群岛并没有认同关系。至于在什么样的条件下会诞生族群岛,他列举了形成族群岛的六种状况。首先,"最常见的族群岛,是与主体族体相脱离并经迁徙而成的人类群体"。某一群体脱离主体族群另辟生存据点,他们选择的生存据点往往在边区村落,那里鲜有原住居民,但周边居住着一个或多个人口众多的其他群体,因此新的生存据点更容易成为族群岛。其次,"与当地少数民族分享当地生态资源的汉族,也很容易形成族群岛"。这样的例子很多,比如广西浪平地区的高山汉族、贵州的屯堡人,以及客居他乡的华侨群体,等等。另外,一些受到少数民族同化的汉族也容易形成族群岛。如居住在湘、黔、桂三省交界地带的草苗,源于汉族的草苗在被少数民族同化之后,与汉族产生了明显的文化差异。上述几种情形都是汉族迁入少数民族区域而形成了族群岛,事实上,在迁徙过后,许多少数民族的支系在与其他民族的杂居过程中,也形成了众多的族群岛。比如散居在全国各地的回族定居点,再如壮族迁入定居在广西贺州南乡镇,这里也是桂东北唯一的一个壮族聚居乡镇。除此之外,无论是少数民族还是汉族主体民族,若具备了一定的族体分化聚合和地域条件,则会形成诸多大大小小的族群岛。还有一种情况,即其他族群的迁入使得原住居民被迫成为了族群岛。外来族群在迁入之后逐渐成为了当地的主体民族,而原住居民渐渐地由原来的主体民族变成了少数民族,他们的生活区域不断缩小,人口也在不断减少,成为了生活在更大族群中的族群岛。这样的例子屡见不鲜,如台湾的高山族,美国的印第安人等等。

　　无论在哪种形态下诞生,族群岛都有它自己的特点。在文章中,黄家信一一概括出了族群岛的某些特征。族群岛的内部结构和它内部与外部的交往发展程度,决定了它的基本特征。族群岛的特性在于他们一般来说都是一些小社会,它们一般处于比它们更大的异族群之中,成为当地的少数群体。族群岛内部成员之间很容易互相熟识,家庭团体和亲属关系处在中心地位。作为少数群体,它有以下特点:其一,它们有自己独特的生活方式,其根源可追溯到另一个社会的文化传统;其二,它们的成员往往分属于不同的阶级;其三,它们的成员意识到他们是作为一个团体而存在的,知道他们的团体不同于其他的人。此外,这种小社会和少数群体往往具有较强的凝聚力和向心力。这种团结往往是一把"双刃剑",具有积极意义的一面在于更具凝聚力和向心力的群体性即能使家庭结构稳定,宗族团结,社会成员互助互让,社会治安良好。而具有破坏力的一面则表现为团结互助往往会结成一种较为狭隘的小团体,只对自己人好,对外极具对抗及侵犯功能,在社会糜烂时,往往成为地方上害人之人。族群岛是一个小社会,要在更大的族群中生存和发展,必须具备一些条件。成员需要具备独特的适应能力。这种能力主要靠他们以往的经验、历史、语言和文化,即传统的濡化,然后在一个地方定居下来和发达起来。特别是经迁徙而成的族群岛,其成员的适应能力更表现突出。再次,经迁徙之后,成员们在新的环境影响下逐渐适应,并与原来母文化产生差异。另外,在成员迁徙过程中,必然也会融进大量的异族文化。于是在新环境内出现的族群岛,其族性就会出现多元化。① 简言之,族群岛的生存和发展,是需要较强适应能力和开拓精神的,能够融入大族群而又不被同化,族群意识或集体意识的保持,民族文化的传承,都是不可或缺的要素。

人类学家在田野调查和研究的过程中不断强化对族群岛的认识。《族群岛:浪平高山汉探秘》②就是一个很好的实例。高山汉族脱离主体民族迁徙到广西浪平地区,与壮族生活在一起。尽管当地生态环境较为恶劣,高山汉非常适应当地的生产生活,他们在与原住居民壮族的竞争中脱颖而出,甚至逐渐取而代之。单从人口比例上来看,浪平的汉族人口占当地总人口的98%,高山汉成为现在桂西汉族人口最为集中也最为单一的聚居区。另外,周耀明的《族群岛:屯堡人的文化策略》③论述了贵州一个特殊的汉族族群岛。章卫玲的《广西兴业县壮族族群岛的形成》④探讨了广西兴业县壮族如何在近四百年的发展中,在汉族的汪洋大海之中形成若干个族群岛。

可见"族群岛"首先指的是一个地理上的界限,即在一个大的地理空间上,一个族群既可以说处于其他民族的包围之中,也可以说它是生活在其他民族之外。其次,族群岛的形成和发展伴随着文化界限,来自族群内部的主观认同和外部的客观认同将以文化的形式表达出来。如何在发展的过程中,保留本民族的文化不被同化,自身的特色得以长久保持,这都是值得深

---

① 黄家信:《"族群岛"的形成及特征》,《广西民族研究》2000年第2期。

② 吴和培、罗志发、黄家信:《族群岛:浪平高山汉探秘》,南宁:广西民族出版社,1999年。

③ 周耀明:《族群岛:屯堡人的文化策略》,《广西民族学院学报(哲社版)》2002年第2期。

④ 章卫玲:《广西兴业县壮族族群岛的形成》,《玉林师范学院学报(哲社版)》2016年第3期。

思的问题。从这一点而言，聚居在瑶乡深处的五宝田汉族，无疑就是一个"族群岛"了。那么，这个族群岛上的萧氏汉族是如何守望自己的文化的？他们又会做出怎样的文化表达？这正是本书所要关注的。

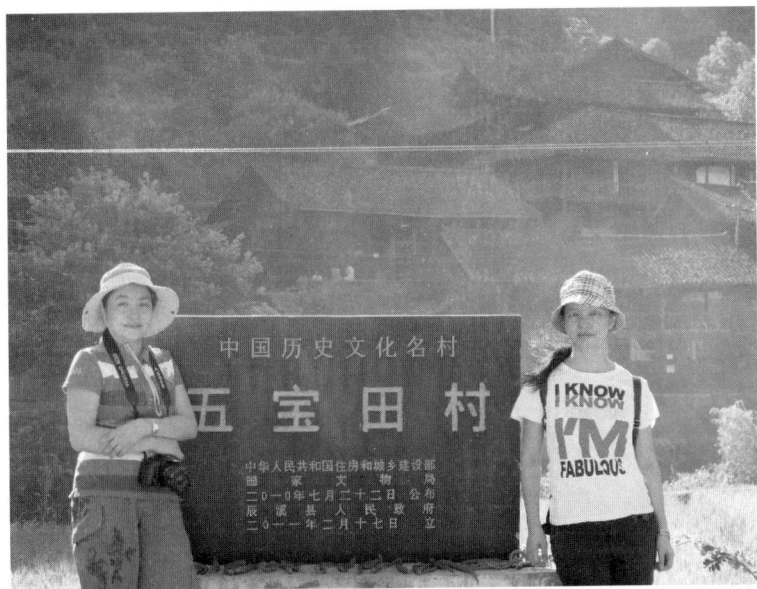

作者刘冰清和丁苏安

第一章

世外桃源：五宝田印象

清代孔尚任《桃花扇》："且喜已到松凤阁，这是俺的世外桃源。"地处雪峰山、武陵山的崇山峻岭中的五宝田古村，苍翠山峦从东南西北环抱着古村落，地势东高西低，一条清澈的小溪将整个村庄一分为二。当我们在清淡明亮的天空下一路颠簸接近它时，青砖黑瓦、飞檐翘角、鳞次栉比的村落，田畴阡陌、小溪潺潺，无不散发着气韵灵光。它那遗世出尘的样子，不正像陶渊明笔下的世外桃源吗？

一、走进五宝田：乡道的尽头

群山笼罩着淡淡的暮霭，田野散发着成熟的馨香。我们在乡政府的食堂里吃了晚饭后，即离开乡政府，继续向五宝田村进发。沿着盘山乡道（约 4 米宽）驱车行驶了近 20 分钟，在乡道的尽头，即到了五宝田村。村庄与稻田、群山与碧水的永恒组合交相辉映，始终散发着梦想中家园的气息……

五宝田村位于上蒲溪乡东南边，处于雪峰山余脉罗峰山西南麓，地理位置为北纬 27°35′46″、东经 110°20′56″ 之间，是辰溪、中方、溆浦的三县交界的边界地带。东毗溆浦，南连中方。距离上蒲溪乡政府所在地约有 10 公里，离辰溪县城约 100 公里。占地面积达 60000 平方米，辖 4 个村民小组，总人口 449 人，有耕地面积 312.3 亩，林地面积 3591 亩。村落始建于清代，以萧氏为主姓，古建面积达 20000 平方米，已被评为中国历史文化名村和湖南省省级文物保护单位。

极目所见，五宝田村四周群山环抱，重峦叠峰，隐约于山林之中，北靠龙脉山，西邻沙弯冲山，南毗米家岭山，村子就坐落在三山包围中的狭长三角地带，村前村后有适宜耕作的农田和菜地。一条九曲十八弯的玉带溪源起于龙脉山，自西向东，潺潺而下，在五宝田的村落中间画下一个"几"字形。整个村落布局呈"负阴包阳，背山面水"的基本格局，具有典型的模山反范水的特征。其院落分为两个片区，东边的是老院区，是全村人口集中居住之地，整个古村民居坐东朝西，依山势叠建，规整有序，村里人把它称为"院子"。院子分布在玉带溪上游的两侧，主要由耕读所、兰陵别墅和住居建筑组成，一座简易的木板桥架在溪水中间，沟通着老院区两边的人畜来往。而环流绕行的玉带溪，既孕育了古村落的灵气，构筑了古村落的山水意境，也是村落的一个天然安全屏障。"院子"整体格局可概之为"四面青山环绕，一弯秀水相依"。新院区在玉带溪的下游，被院子里的人称作"对门山"，它既靠近沙弯冲山，也紧挨着乡道。溪流崎岖，一座石板桥和一条更为简易的木桥连接着新老院区。

此次调查，乡政府提前给我们找好了提供住宿的房东萧湘武，他的家就住在对门山。车子还没有驶入五宝田，萧湘武就已经在乡道一侧等候。下车与他打招呼，他便自我介绍说他叫萧湘武，是五宝田村80后的村支书。

图1-1 初见美丽的五宝田村

图 1-2　通往村外的道路

对于萧湘武的初次印象，丁苏安在田野笔记中记述：

  萧书记看起来很年轻，近一米八的个子，看起来相当结实强壮，说起话来倒像是邻家哥哥。他问我："小丁，你今年多大了？"我告诉了他我的年龄之后，他爽朗地说："那我大你没几岁啊，我是 1983 年生的，也是八零后呢！那你叫我萧大哥好了。"

  萧大哥主动帮忙拿行李，并领着我们向他家里走去。顺着小路穿过一小片竹林，走上了一个坡，我们来到了新院区房屋的最高的地方，萧大哥的家就在这里。他向我们介绍他的家人，老婆杨小丽和儿子萧博。杨小丽见我，说她才比我大三四岁，让我喊她杨姐。他们七岁的儿子萧博正值活泼好动的年纪，他喊了我一句"丁丁姐"，就跑去和小伙伴一起玩耍了。当时在的还有杨姐的奶奶萧爱凤，奶奶今年 70 岁了，娘家是龙头庵老屋萧家，据说与五宝田萧氏一脉相承，她和孙女关系很亲，经常到五宝田小住。

萧湘武领着我们到了对门山（当地称为"边山"）的一栋两层半的木房前，楼下一层住人，楼上用于放杂物兼晒衣服，另外半层是架空的屋顶。堂屋的大门左右推开，门上贴着门神，门下设着高高的门槛和两扇低矮的小门。据了解，村里的治安很好，门槛和小门主要是为了防止村子里的土狗跑

图 1-3　层级而建的老院区房屋

进屋内，并且如果全家人短时间出门，只需要关好小门。若是长期不在家里住，才把大门合上锁好。

堂屋中间是祭祀祖先的华堂，华堂上摆着上香的香炉，堂下是烧香纸的铁盆，华堂左侧贴着一张镇宅保家的平安符。堂屋把整座房屋分为左右两个部分。门外门框上钉着 90、91 两个门牌号。萧湘武介绍说，这栋房子是两户人家的，正堂屋是共用的，堂屋左侧的屋子是他三伯伯的，堂屋右侧是他家的。

堂屋右侧有两间屋子，一间正房，一间厢房。堂屋后面是厨房和储藏室，厨房后面还有一间半靠着后山的屋子，它被用来作为洗漱和洗澡的地方。由于丁苏安将在五宝田村进行为期 40 天的田野调查，萧湘武的妻子杨小丽便将北侧的厢房专门腾出来让丁苏安居住。在我们到来之前，就将房子收拾得干净整洁。屋内摆设不多，有一张暗红色的颇有些古色古香的老式木架床，两个双门木衣柜，还有一张黄色的梳妆台和一张靠背椅。梳妆台的台面虽然显得比较小，但放一台笔记本电脑还是绰绰有余。萧湘武边将我们的行李放进房中边说："真是对不起呀，农村条件差，将就将就吧！"杨小丽则很热情地从堂屋搬出一条长凳子到屋外，招呼我们坐，又端出一盆破开的西瓜来。在聊天过程中，得知萧湘武在家里排行老三，上面有两个姐姐，

图 1-4　对门山一侧的民居

图 1-5　五宝田的指路牌

父亲是个木匠,和母亲在怀化打工。两个姐姐已出嫁,都在辰溪县城里居住。萧湘武也在县城买了房子,儿子在县城上小学,杨小丽在城里照看儿子,每到儿子学校放假才会回到五宝田生活一段时间。

图1-6 米家岭山脚下

图1-7 傍晚村民们在木桥上纳凉

夏夜凉如水，趁着暮色打量着村子。从萧湘武家门口望出去，视野非常开阔，近处是成片的稻田，远处是被绿树覆盖的山坡，伏波庙和耕读所介于山与田之间,沙弯冲山下的公路一直延伸到院子的石板桥旁,院子里的房子顺着山势而建,好像阶梯一样层级而上。太阳已经落山了,周边的山林、田地和整个院子一起,被涂上了一层深蓝色,村子里没有路灯,每家每户透窗而出的灯光在暮色中点点发亮。因为距离太远,只能看到画面,听不到声音,缀着灯光的院子显得很安静,仿佛无风不侵、无音不扰一般。

对于来到五宝田的第一天感受,丁苏安的田野笔记里写道:

> 由于一直在城里长大,五宝田的生活对我来说本不是很方便。这里没有那么现代化,能看见的很多事物,包括村民的生活方式,都带着一种乡土气息。比如他们点着柴火,在石头灶台上炒大锅菜;他们用溪水洗衣服,用大锅烧热水来洗澡;他们会拿着桶,走很多路去提山泉水回来使用,等等。这一切对我来说都是陌生而新奇的,得适应这里的一切,慢慢融入他们的生活,才能了解他们世代以来的历史传承和文化守望。

无风的夏夜,很凉快,特安静,可以枕着这个村子的初印象进入梦乡了。

二、古村落景观:文化的展演

五宝田古村落总体地势呈东高西低的状态,村落坐东朝西,依山傍水。总体平面功能布局上则以玉带溪来划分,溪的东边为居住区,西边为文教区和休闲区,主要由老院子的住居建筑、耕读所和兰陵别墅组成。以"邻阁家兴"祖屋为中心的错落有致的院落布局,"内外有别,人畜分道"的独特道路流线,大量使用的青竹石,以及出现在窗牖、天梁、护栏、门楣、门柱、门槛石、柱垫等木雕和石雕,这些景观语义无不折射出村落的人文情怀和精神家园。

(一)独具匠心的老院子古建筑群

老院子随山就势,呈半月形行列式布局,山环水抱。所有民居建筑均用了清一色的小青瓦,灰色的砖石封火墙两头翘起白色的飞檐,面向平坦的田地,背枕主山龙脉,左右丘山环绕。村前"九曲十八湾"的玉带溪,潺潺流水穿村而过,常年经久不息,村里人又称它为"爷溪"。主要是因为这一湾溪水曾经历史上为村落的木材运输和商贸提供了条件,积累了大量财富,也供给了村落生活饮用和清洗的水源。据村里老人说,在公路修进山中之前,村里人的进出都是沿溪而行的。连接小溪两岸的木桥由大杉木架设,木板铺就而成,颇显朴拙意趣。村前有土地祠、伏波庙。整个村落环境优雅和谐,景色怡人。青山、流水、小桥、人家,五宝田的景致好似一幅水墨画卷。四百多年来,萧氏子孙在这里繁衍生息,而承载后人几世生活的古建筑群更是独具匠心。

据文物部门考证,目前村落中的建筑建成于不同的年代,按年代顺序可分成三个类别:第一类为明清建筑,主要位于老院子东侧,绝大多数建于清朝年间,现保存完整的有文教建筑耕读所、民居"邻阁家声""师俭清风""庆衍兰陵""兰陵世第"等建筑群;第二类为民国时期建筑,主要分布于老院子西侧,如"振青园""三瑞流芳""派演天潢"等;第三类为中华人民共和国成立后至20世纪80年代之间建筑,主要是对门山新建的独栋住宅。

老院子始建于明末清初,据萧氏族谱记载,萧氏第二十三世宗安公开始在五宝田定居,距今有380多年历史。萧氏一族,前三代均辛勤劳作,开山、拓荒、种田,以发展桐油、茶油等经济作物来兴家置业,从第四代开始依靠沅水进行经商,他们主要以铜湾码头作为中转站,将五宝田周边(瑶乡)盛产的茶油、桐油等物品沿着沅江当时较为发达的辰溪、沅陵等地,然后再买回瑶乡不出产的诸如盐、布匹、朱砂、海带、石灰等货物,一来一回,获利颇丰,久而久之,积累财富,逐家族就兴盛起来。至清道光年间就有所谓"八大户",分别是萧世远(第二十八世)的八个孙子:昌隽、昌英、昌秀、昌彦、昌瑞、昌璞、昌环、昌赞,与当时龙头庵萧家老屋的辰溪首富萧隆汉齐名。他们牢记"耕读兴家"的祖训,通过置办田产(少则五六千石,多则一万多石,他们在上蒲溪、中蒲溪、下蒲溪和周边村镇都建有仓场,屯放粮食),靠收租放贷积累了大量财产而成为辰溪巨富。然后从宝庆等地请来了能工巧匠,对村落进行整体规划,又不惜重金,从五宝田以外购来石灰、沙子等建材,修建了规模宏大的封火墙院落建筑,不仅外观讲究,还具有防风、防火、防盗和防匪多种功能。同时,为了防止山区匪患横行、劫掠财物,他们还组建了身手矫健的护村队伍,配以枪支。至民国时期,五宝田村看家护院就有100多人枪。

目前,老院子保存较完好的等级较高、配有专门堂名的十一座大民居建筑有:"振青园""师俭清风""三瑞流芳""鄷侯家声""儒学名家""兰陵家兴""庆衍兰陵""以农为荣""美铭儒宗""派演天潢""文元继世"等,均为木质穿斗式结构,四周封有高高的马头墙,构成相对封闭的庭院,当地称为窨子屋。这种建筑系高墙密封,仅开小窗,对于防盗、防火具有特殊功能。近年来,五

图 1-8　玉带溪畔的老院子

图 1-9　老院子民居古建筑

宝田古村尚没有一家失火殃及近邻的先例。这些建筑多用玉竹石砌筑基础,依山而居,有先进的地下排水系统,致使建筑历经300多年不腐朽。

老院子为五宝田萧姓发家的根基,"山兴丁,水聚财",萧氏先祖徙居于此，主要是看中了这是一块风水宝地。据村里的老人介绍，五宝田的选址是很有讲究的。

> 我们五宝田是一个聚财宝地。在那座耕读所西北侧稍高的田地中间，曾经有五个看起来像金元宝一样的土丘，村子才得名五宝田的。村子背靠龙脉山，前面有条溪水，后面的山形看起来就好像一张网，我们叫它"网形山"。网是可以网鱼的，有"鱼"就有"余钱余米"，也就是能网住财富，也可以守护村里人哦。[①]

中国传统村落几乎没有哪个不打上自然环境的烙印，其选址都十分讲究，一般都经风水先生勘察。风水是一门独特的中国文化景观，也是中国人追求理想环境的代名词。[②] 风水强调以自然为本，特别关注于人与环境的关系。中国古代一部集阳宅理论与实践之大成的代表性著作《阳宅十书》开篇就对住宅选址的环境条件作了概括："人之居处，宜以大地山河为主，其来脉气势最大……"[③]表明人类追求自然的情怀，其居住之所应与大自然保持紧密联系，与自然环境相适应。因此，古代村落、屋舍的建造，均讲究风水。风水的直接目的是"藏风聚气"，保持小环境的"生气"不受散失，能够创造出丰富生动的村落意象。在古代风水观念中，村落选址的理想环境是具有模山范水的环境系统，即后有靠山，前有流水，远处有低矮的小山朝拱，左右有山体护卫。传统村落选址不仅讲究因借自然，要求村落与自然山水相契合，追求所谓"内气萌生，外气成形"之生态意象，并且还对周围的环境赋予某种吉祥的名称与人文含义，用以建构一种趋吉避凶的环境意象。比如风水引入四神兽（或称四灵）的概念，将典型聚落环境的四个方位的地形地物比拟化，有所谓"左青龙、右白虎、前朱雀、后玄武"之说。这四种神灵的依次组合，通常被认为是理想的、护卫严谨的安全环境。而风水中的"水"也具有特别重要的含义，它类似人的血脉，是生气的体现，能够"荫地脉，养真气""水积如山脉之住……水环流则气脉凝聚……后有河兜，荣华之宅；前逢池沼，富贵之家。左右环抱有情，堆金积玉"。[④] 水往往被看作是"财富"的象征，村落中不可缺少。因此，许多古村落除了讲究周围形局之外，特别强调水的作用。

---

① 据访谈录音整理。访谈时间：2018 年 8 月 18 日，访谈对象：萧守造。
② 刘沛林：《古村落：和谐的人聚空间》，上海：三联书店，1997 年，第 123 页。
③ 《古今图书集成》堪舆部汇考第二十五。
④ （清）林牧：《阳宅会心集》卷上，《开塘说》，转引自刘沛林：《古村落：和谐的人聚空间》，上海：三联书店，1997 年，第 132 页。

　　五宝田村在选址上基本遵循了传统的选址观念。从老院子所处位置来看,是群山中间的一处凹地,四周则山峦起伏,青龙、白虎、朱雀、玄武对应构筑了村落的整体方位与意象。不仅可以避风,而且在地理上有聚气之意。此外,村落选址偏向于相对独立的山坳,构成一道天然的保护屏障以防御匪患的侵扰同时,还有利于防御洪水等地质灾害。而村落村前的玉带溪,蜿蜒流淌,屈曲环抱,则有着聚财吉祥之意。

　　老院子布局随等高线变化而表现处错落有致的村落意向。建筑群以祖屋为中心修建。以祖屋为中心分布的建筑大多为体量庞大、结构完整、等级较高的院落,而且逐渐向空间体量小、等级较低的建筑过渡。这些由两丈多高封火马头墙围成的独立院落,院内以砖墙和木构隔成若干小院,小院之间由数条横向古巷道连接,院院相连,家家相通。这些巷道全部用当地盛产的玉竹石铺筑,村民出门走家串户非常方便,晴不曝日,雨不湿鞋。同时,老院区整体上形成了"内外有别,人畜分道"的道路流线和空间布局形式。在村落房屋最密集的中心区,有四条纵横交错的主要巷道,分别是沿溪石板街和上巷、中巷、下巷,其他还能连通各户的众多支巷。当地风俗不许外村人从院内过境,过境只能走外道(沿溪大道);牛羊等牲畜也必须走外道而不能进村,以保证村内的卫生环境,避免了牲畜产生的粪便污染环境,而引发村中疾病及影响村民。

　　古院落民居空间多采用藏风聚气、四水归堂的天井布局形式,以高高的风火墙和闸子门合成一个聚集空间。据萧守造老人介绍,院落建筑材料大都就地取材,除石灰、沙石等从外地运来外,青砖、青瓦、竹木均出自本土。特别是瑶乡林木资源丰富,杉木、樟木、楠木、梓木、柚木、松木等不但品质优良,还有较强的防虫防腐功效,村民在建造房屋时会广泛使用。

　　从外观来看,整个封火墙既显古朴又富节韵。封火墙多为一叠、二叠,一般高出院内住宅 1~1.5 米,与内屋的木结构建筑并不连接,间距为 1 米左右。在比较高的墙面上开有通气小窗洞。墙体厚度约为 0.2~0.3 米之间,为青砖砌筑,主要运用了干摆、丝缝、淌白等砌筑技术。墙体砖块规制不一,墙砖主要有三种尺寸,即 3 寸厚×6 寸宽×9 寸长,2 寸厚×4 寸宽×8 寸长和 1 寸厚×5 寸宽×7 寸长。封火墙的屋脊翘角和檐口下部多为鸟兽、鱼或卷草植物图案,墙头上用小青瓦做短檐和脊,竖立排列。墙体的下端多为墨绿色泽的青竹石基座。封火墙主要具有两种功能:一是防火(院内均为木质建筑,一旦外面的火燃起来,封火墙可以将火势控制在一定区域内),二是防匪、防盗（高耸的封火墙，可防御财物被掠抢）。另外，高大的封火墙还能在夏季遮挡部分阳光的直射，对院内有一定的遮荫作用，使院内凉爽。

图 1-10 封火墙屋檐

图 1-11 院落高耸的封火墙

图 1-12 院落的双层大门

图 1-13 对着巷口的院落大门

封火墙院落都有高大坚固的八字门（门洞高 2 米余，宽 1.3 米，方形，门前两边凸出的石墩向外扩张，呈外八字形）。因受到整个村落朝向的影响，院落往往微调大门朝向,以"纳气""乘气",多朝向巷道开设,但讲究"忌背众",避免犯"对冲"之气,若碰到两家大门相对的情况,一般会相互错开,不在同一线上。因而老院子可见到一些朝着巷道斜开的大门。

院落大门的门框材质极为讲究,均采用当地特产的玉竹石材料制成。大门正上方的门楣横梁上雕刻有如"派演天潢""鄝侯家声""以农为荣"等题记,门额的底面雕刻八卦图,以阴阳鱼的造型为多,门槛石两侧向外延伸的石墩、门槛、门柱内侧均雕刻着精美的精美的动物、植物及几何形图案,多以几何纹样为主。大门的门页相当厚重结实,内层为杂木板壁,外部有的贴1~3毫米厚的铁皮以增加坚固性。

一个大门是要花费很多钱的,里面整座房子的造价没有外面这个大门的造价来得高,用来造门的大石头价格是很高的。你来看这堵风火墙,顶上的墙面都被火烧过了的,之前老院子失火了,把这堵墙面烧得一块一块黑漆漆的。这座房子啊,过去属于我们院子里第一个财富人家(有钱人家)。以前都有两重门的,两重木头门,要么一重木头门一重铁门,现在很多都没有了,没有保存下来,烂掉了。

还有这高高的封火墙啊,它可以挡风、挡火,还有挡土匪。如果外面着火了,大门烧着了,有墙挡着,里面也没事,火烧不进来。过去土匪打进来了,也可以把他们挡在外面,这么高的墙,土匪搭梯子都爬不进来,何况还有枪眼,里面的人能开枪出去打土匪。[①]

院落里面多为木质穿斗式砖木结构三合院(一面为围墙,三面为房屋)的建筑形式,结构严谨,围墙一般不设窗户,既可防盗,也能增加住户的隐秘性,在风水上还有"保财"之意。大多为两进三间带厢房、一至两层的木结构建筑,分三开间,正房和单间厢房。正房一般为堂屋和卧室,厢房一般为灶屋及客房。

院中多建有天井,地面均用青竹石板铺地,设有地漏,作为家人用水、洗涤场所,有的在天井中摆有古缸、种植兰花等。院内房屋门窗均朝向天井开设,以达到室内采光和通风的目的。窗户多用三分宽的木条装成正方形、长方形、菱形、多边形和圆形等各式窗格,雕有人物故事、花草、鸟兽等图案,常见如蝙蝠(代表福气)、桃子(代表长寿)等图案,有的还在格扇的格心处用万字纹或回纹镶拼。为了院内更好地采光,有的还在堂屋、厨房等屋面采用采

---

① 据访谈录音整理。访谈时间:2013 年 7 月 27 日,访谈对象:萧守造;翻译:萧明友。

光的亮瓦。

图1-14　木雕窗花1

图1-15　木雕窗花2

图1-16　堂　屋

　　院内堂屋中多设神龛,神龛从上至下按序写有"天地国亲师",供奉有家中的祖先牌位,有香案、香凳、八仙桌、条凳等家具。两侧是卧房,分为里外两室。常在外室设一火铺房,用于冬天生活围坐烤火的地方。火铺房中间设置有一个四周嵌入青竹石条的四边形火塘,四周放条凳。在火塘的灰土中间架上一个高约30～35厘米的三角形铁架子,上面放置水炉。在火塘上方会悬置熏烤腊肉的炕架。每至冬天,人们便围坐在火塘边上炊煮、吃饭、烤火、聊天。夏天，村民烧菜做饭一般会在灶屋（通常在正屋的另外一端，或者是厢房对应的位置），炉灶上方连通有对外烟道。春节期间，灶屋也会承担酿制甜酒、打糍粑等相关蒸煮、烹饪工作。

现在老院子大多数三合院落已经一分为二，为两家或几家所用，有的还在天井中修建了水泥的厨房或浴室。如"邻阁家声"是五宝田村的祖屋，现持有人为萧典抓、田从太等；"师俭清风"最初的主人为萧昌秀、萧昌彦，现持有人为萧守贤、萧典伟、杨海兴、萧守元等；"儒学名家"建房人为萧昌璞，现持有人为萧丛宣、萧典和、萧典贵等；"文元继世"为萧昌英所建，现持有人为杨隆炎、杨理云等。

图 1-17　灶　房

图 1-18　火铺房

由于院落内部都是传统木结构建筑，因此最大危险莫过于火灾。虽有高大坚固的砖石封火墙将相邻院落相隔开来，也有古井等设施，还有各院落中放置的体积较大的水缸常年盛水备用，都是为了以应急灭火，但五宝田村至今依然保留着打更防火的习俗以预防火灾发生。目前，打更的任务由村里的萧守造老人承担。每天晚上十点，他就会准时地拿起竹筒制成的梆子和木槌到村中的主路上打更，提醒村民们用火用电安全。只是不再人声吆喝，而是将"防火防盗，保护历史文化名村，人人有责"的宣传语录制到扩音喇叭中循环播放。在寂静的山里，这悠远的竹梆敲击声和喇叭声相互回应，亦别有一番传统与现代相结合的独特韵味。为了防火，村里还组建了萧守三、萧典亮、萧从顺、萧典儒等22人的义务消防队。

　　在这些高墙大院中，村中还有两座典型中式与欧式风格相结合的建筑，那就是"振青园"和"三瑞流芳"。

　　"振青园"北侧紧邻"师俭清风"，前临玉带溪，是五宝田古民居中最惹眼的建筑。在"振青园"的正大门右侧墙面上有一块文物标识牌，上面的信息显示此房建于清光绪七年（1881 年），建筑面积为 143 平方米，高达 7.2 米，现屋主人为萧守正。据村民说，"振青园"建房人是萧昌秀之孙萧守容，他曾在外地念书，受西方文化影响，后修建了这栋该仿欧新样式房子。萧守正于1982 年从原村委会花费 2000 元购得此房。目前，他在"振青园"开设了一家"古村落原生态农家餐饮"。我们在 2018 年 8 月补充调查期间，食宿均在他家。

　　从外立面看，"振青园"整栋建筑都被抬高了 1 米左右，入户有五个石台阶，使得封火墙也跟着抬高，因此看上去在老院区格外醒目，显得高大雄伟。封火墙为二叠式，用三六九砖（即 3 寸厚×6 寸宽×9 寸长）砌成，上面堆雀尾，立面开有一尺见方的四方口。封火墙有花纹和寿字纹两种窗口装饰。

　　"振青园"最为独特的是它的仿欧式门楼。门楼朝西北向，高约 8 米，砖石结构，呈八字形，向外打开。从门楼立面整体上来看，采取西式立柱、门拱与中式牌门结合的形式。从上至下依次为门拱、门楣、门框。门拱为弧形纹饰反复呈五重叠进，上窄下宽，左右对称。门楣中间的方形格中，写着"振青园"三个字，门楣底面雕刻着阴阳鱼的造型。门框部分为典型中式风格。门楣、门柱、门槛石、石墩均用青竹石砌成，虽有雕刻图案，但均已经不清晰。

　　"振青园"为三合院式，内部为穿斗式木质三开间建筑。中间为堂屋，堂屋地面用洋灰（水泥）铺就，室内木板壁面相当平整、无缝，据说隔音效果很好。左右两边为厢房。天井设立在整座住宅空间外面。在右厢房的旁边与围墙之间设有厨房，有小门进出，在木建筑后面和封火墙间还有约 2 米宽的过道，与厨房相通，厕所便设在过道的最里边。进入院子的最右手边，就是天井的末端，有火塘房，里面还有一间存放粮食的小仓库。

　　我们这个村子有三四百年的历史了，过去院子里有人在外面读书的，他们的想法就不一样了。他们在外地跑，后来回来建房子，就模仿西洋人的外国建筑，建了这样的房子。这座"振青园"房子比别的房子要抬高一些，原因主要是靠近玉带溪，怕水患，这里又是村子入口处，当年匪患猖狂，将封火墙抬高，就可以观察敌情和阻挡土匪进村了。

　　说是西洋房子，其实还是有中国元素的，以前门楼柱头曾有麒麟、狮子,"文革"时被人为损毁了,石础上精美的花纹也被铲除了。但它的外墙沿上现在还有出水的蟾蜍,下有狗洞。之前,北京来的专家到我们这里,觉得这座房子不简单,这种风格的房子一定是过去的达官贵人住的。其实是我们这里过去的读书的年轻人,他们在外面见过西洋的房子,回到村子里建房子的时候也用了西洋的样式。①

"三瑞流芳"也是一座融合西式风格的院落。始建于民国时期,面积约151平方米,是一栋三进三开间的木质三合院楼房,呈"凹"字形围合空间,现在的户主为萧典亮等。此院落的建筑装饰艺术十分讲究,门槛石、门梁、石基等均雕刻有双龙戏珠、丹凤朝阳等精美的图案,住宅中窗牖的装饰图案也丰富多样,主要为麒麟、凤鸟、喜鹊、蝙蝠、寿桃和莲花等寓意吉祥的动植物。飞檐翘角的封火墙却配以欧式的圆拱形(罗马建筑风格的拱券结构)窗牖,窗框上又以中式菊花、兰草主题图案加以绘饰。

图1-19 "振青园"欧式风格的大门　　图1-20 "三瑞流芳"欧式风格的窗牖

老院子里的民居建筑中,还有萧洪量故居,也是村民常引以为豪的。再就是四周挑檐的跑马楼建筑——仓屋,现是五宝田村委会所在地。曾是村里存放粮食的场地,也做过小学教室。因其屋顶形式类似于庑殿顶(五脊四坡屋顶,村民称其为"马屁股")而颇为显眼。它是一栋五开间两层的木质建筑,两侧均设有楼梯。建筑四面设有一米多宽的沿廊。一楼通透开敞,里面摆有不少桌椅,为村里开会等活动场所;二楼为村委会办公室和图书阅览

---

① 据访谈录音整理。访谈时间:2013年7月27日,访谈对象:萧守造;翻译:萧明友。

室，屋内和外墙设有村落建设的宣传栏，张贴着各项政策告示。

老院子依山势而建，有着较为完善的给排水系统，并且给水和排水是分开设置的。在老院区的青石板下密布着五宝田纵横相连的排水系统，这是由沿各家各户封火墙脚而建的排水沟而构成的庞大体系。通过考察，我们发现各户院子前后以及院子里都有排水漏，大多设计成了圆形方孔的铜钱式样。它将各户支沟的废水，通过暗沟汇至排水沟中排出。屋前的石板下面均是水道（暗沟），屋外地面靠近外墙的地方还留有半米宽的排水沟，由于院子的地势层级而上，挨着外墙的排水沟吃水很深。从屋内看，排水沟沿着房屋的墙体形成自西向东的水道；屋外排水沟设在台阶两侧，顺着地势而下。院子地势最低的一排房屋沿溪而建，溪边有一个通往玉带溪的出水口。一到下雨天，雨水顺着屋檐流向地面，此时多余的水流循着各排水漏进入水道（暗沟），汇入屋前的排水沟里，再经过屋外的排水沟顺流而下，汇集到溪边出水口（"师俭清风"的地基下）隐蔽地排入溪流之中。这种水的排放由内而外，由小到大，曲屈暗流，也预示着财不外流。同时，由于整个村落自上而下错落有致地建有排放污水的下水道，上铺青竹石板，也使得村民们可"出户不湿鞋，进屋不带泥"。

图1-21　房屋墙体间的排水沟

图1-22　台阶一侧的排水通道

图1-23　藏在青石板一角的下水道口

图1-24　通向玉带溪的排水口

除了排水系统,村落的给水设计也独具匠心。村民在村子里不仅设有公共水井,一些人家还有单独的给水系统。据村里老人介绍,旧时村中多户人家院落里都有水井,供村民日常生活饮水,水源为后山龙脉山甘泉,水质清冽而甘甜。现在在村落大院中巷西端的一栋老宅院的墙脚下,还有一座百年古井。古井口呈正方形,边长约1米,井深约2米,井内仍可见清澈泉水,只不过如今村民大多从后山直接引水入户,较少饮用古井的水了。他们采用竹筒或水管将山上的泉水引流至自家院落,作为生活用水。

据村主任萧典军介绍,全村都通了自来水,从山坡上引水下来的,村民自己接管子就可使用。村里总共有5口水井(老院子这边4口,对门山1口),虽然水井的水质不错,有的可以直接用来喝,但水井已经很少使用,除非是村里自来水接不上的时候。

村里水井有5口,公路边上那个水井是挖公路的时候弄出来的。以前只有4口井的,现在这样有5口了。基本上都能用,除了院子最上头那个水井,没有人去修它了,水都沉下去了。因为不用,没有人去管理那种水,上面都是山嘛,长草了啊,沙土什么一多起来,那里的水被土埋了,它就污染掉了。没有人去把草割开,没有人去清理,它就没得了嘛。伏波庙上面的那个么,基本上是管田的。像现在,田里面没有水了,晚上灌水嘛。晚上凉快一点就晚上去灌。[①]

①　据访谈录音整理。访谈时间:2013年7月24日,访谈对象:萧典军。

图 1-25　村民们接水管将山上的泉水引入家中

图 1-26　院区内的古井

图 1-27　青竹石雕 1

老院区里的那口古井，依然作为古村落的生活水源而存在。

　　这水井里的水，喝是都能喝的，每天都还有人来打水。我们小的时候都是喝水井里的水长大的，它这里一年四季都会出水。现在有自来水了，这种水就不怎么用了。这两天天太干燥了，他们又开始用这口水井了。院子的这口水井是有历史和故事的啊。过去我们这么大一个村落，土匪打到我们院子里来，把院子包围起来，围个一天两天的甚至更长时间，那么吃水是第一大事。过去没有自来水啊，我们家里有存粮，但是不能缺水啊,这时候有水井就好了,吃水不用发愁了。水井也可以防火,着火了直接来这里提水。①

显然,五宝田老院子因势而建的建筑营造,合理的功能分区与交通流线,体现出环境生态与风水的主题与智慧,折射出五宝田人与自然山水和谐共生的家园意识,他们用自己的文化和审美心理建构家园景观,在注重整体景观的同时,还注重局部景观的建构,形成了自身特色的建筑语言,特别是在建筑装饰艺术上体现了地域文化的意境化营造,传递了多重文化信息,表达了五宝田人的审美理想和文化追求。

青竹石雕是五宝田特有的一道风景,青竹石采于村庄背面逆溪而上1.5公里左右的溪流两壁上,色泽青绿,坚硬无比。老院子古建筑群的门楣、门柱、门槛石、柱础、台阶、天井、排水沟、地面均采用青竹石(质地坚硬,触感清凉,且透水性极好)砌成,五宝田也因此成为名副其实的"青竹石第一村"。门梁、照面、廊坊等石材上精雕细刻出各种图案,有"双龙戏珠""双凤朝阳""凤穿牡丹""天官赐福""喜鹊话梅""野鹿含花""麒麟送子"及"太极""八卦"等吉祥图案,也有云雷纹、山纹、水纹、寿字纹、铜钱纹、锦地纹、

图1-28　青竹石雕2

图1-29　青竹石雕3

草绳纹等。如"郪侯家声"门槛石上的"双龙戏珠"图案,"振春园"屋内的寿字图案,"儒学名家"门槛石上的"鲤鱼跳龙门"、"暗八仙"图案等。建筑中的精美雕刻还有木雕,多出现在窗牖、天梁、护栏上,雕刻主要以镂雕为主,题

① 据访谈录音整理。访谈时间:2013年7月27日,访谈对象:萧守造;翻译:萧明友。

材丰富多样，多为花、草、树、鸟，如花有兰花、梅花、荷花、灵芝等，鸟多为喜鹊、凤凰等，或精美或朴拙，形象生动。

图1-30 门框上雕刻的八卦

图1-31 门槛上细密的雕花

而对于这些建筑装饰图案的寓意，村民们自有理会：

"八卦"图案是有含义的，意味着天地合一，吉祥如意，扶正压邪。我家地上也有这个八卦图，是泥水匠帮我刻的。我们院子里的房子上八卦图很多，刻在门框的顶上，几乎每一个大门都有的。这个怎么解释呢？其实就是把脏的东西拦在门外，在门口就被镇住了。

耕读所里面有三层楼，最下面那层中间都有花，门柱底下有石橡。我问过以前的老人家，为什么要花钱搞这个，他们说有含义的。石橡的四个面，代表一年有四季，春夏秋冬，一年十二月，年年有花开。窗子上雕刻有蝙蝠、仙鹤什么的，都是有意思的。那种会飞的蝙蝠，蝙蝠的"蝠"等同于福气的福，五个"蝙蝠"象征着"五福"；仙鹤嘛，"一鸟之下，万鸟之上"，吉祥长寿哦。

我这里有一份老人家留下来的材料，是介绍我们这座院子的。上面是这样讲我们院子里这座房子的："门前有狗洞，石凳瓦上有猫屋、中墩、墙垛塑马头瓦，卷板雀尾，大门门梁、照面、廊坊等石板精雕细刻各种图案，如双凤朝阳、二龙戏珠、凤穿牡丹、天霖赐福、喜鹊登梅、野鹿含花、麒麟送子、天鹅含灵、八卦太极图、蝙蝠、寿桃，象征吉祥如意和扶正压邪。特别是耕读所，秉承萧氏家族耕读兴家的传统，布局美观，设备齐全。主楼（宝凤楼）和花园、操场等供教书育人之用。谷仓、中栏、晒楼、草楼、火房、晒谷坪、千斤桶、水车等供农耕。耕读所的八字大门系木石结构,飞檐翘角、雕狮龙凤,用青花细瓷堆成的横幅'三余余三'四个字苍劲有力,含义深奥。"①

五宝田的老院区保持和延续了传统格局和历史风貌。气势恢宏的封火墙,内存包含文化寓意的雕梁画栋,不仅地下有设计合理、错综复杂的排水系统,而且给水设计也甚是巧妙。高墙、雕刻、水井,静静地陪伴着世代村民。2010 年,五宝田村被评为中国历史文化民村和省级历史文化名村;2011年,五宝田村古建筑群被评为省级文物保护单位;2012 年,五宝田村进入首批中国传统村落名录。对于此,五宝田村民在讲述中不免有些得意。

> 五宝田这个历史文化名村是怎么批下来的?那是前年(2011 年),一个北京的历史文化专家,他到这里来,先后来过三次了。还有长沙的专家,也来过多次,另外还有记者啦,大学里的老师和学生啦,或者是管这个文化的啦,都来我们村里考察。特别是北京的那个文物专家,他在耕读所里讲,这个村子蛮好,保护得比较完整。他说:"我去了很多省,今年去看这个村落,可以啊,好,隔一年再去,又衰败了,破坏了,不行了。这个五宝田呢,就凭这一个耕读所,就说明它的历史、文化保护得比较完整。"②

(二)耕读兴家:耕读所的文化底蕴

在五宝田古村落中,有一座举足轻重的标志性建筑,那就是耕读所。它是萧氏家族秉承"耕读兴家"祖训的教习场所,承载着五宝田萧氏"耕读兴家"的精神追求。

"耕读所"位于五宝田古建筑群西面,隔着玉带溪与老院子居住区相望。从老院子望去,耕读所飞檐翘角、轻盈秀丽,与青山、绿水、稻田等自然景观交相辉映,组成一幅恬静的山村画卷。

耕读所是一个集耕读两用的文教建筑,为梁柱式砖木结构的三合院式。三方建筑,一面围墙。整个耕读所构筑物分为上下两层,中间为主楼(宝凤楼),两侧为偏房,主楼为歇山顶,厢房东侧山面的屋顶以悬山式挑至围墙外。据中南大学建筑与艺术学院谢旭斌师生一行考察,耕读所东面院落围墙,高约 2 米,水平距离约 33.1 米。其他三面为封火墙,西面水平距离约

---

① 据访谈录音整理。访谈时间:2013 年 7 月 27 日,访谈对象:萧守造;翻译:萧明友。
② 据访谈录音整理。访谈时间:2013 年 8 月 5 日,访谈对象:萧守造。

34.3米,北面约17.6米,南面约18.4米,耕读所总占地面积约897.8平方米。认为耕读所建筑的精妙之处在于文教、农耕的区域划分。传统减柱法的建筑构造特色,以及雕刻精美的青竹石与多姿多彩的窗雕艺术等,充分体现了工匠的聪明才智。耕读所是湖湘独具耕读文化特征和建筑特色的老屋。[①]

耕读所的主楼(宝凤楼)为教书育人之用,偏房、谷仓、晒楼、草楼、牛栏和农具房供农耕之用。耕读所的八字大门系砖石木质结构,大门院墙飞檐翘角,门额、门柱、门槛石等均采用青竹石材,雕狮镂凤,颇有气势。耕读所可以说是五宝田古建筑工艺的"神来之笔"。据村中老人介绍,耕读所于清光绪庚寅年间(1890年)开工,至癸巳年(1893年)才修建完工。建房人萧昌秀(1867—1925)是一位有文化有远见的萧氏前辈,当时他的田产达2000多亩,他凭借雄厚的财力才修建了"耕读所"这幢传世建筑。相传仅玉竹石大门石材从上游3公里外的深山运出,30多人抬了40多天,加上工匠石刻工艺,花费达50000多银元。耕读所共建木雕花窗84扇,玉竹石刻64块,石柱础24个,八面雕花,封火墙斑雀尾26个,木构房24间,十余个工匠费时三年才建成。

图1-32 耕读所全景(2013年摄)

图1-33 耕读所大门上题有"三余余三"字样

耕读所大门呈"八"字形状。大门横梁用青花细瓷嵌一横幅为"三余余

---

① 谢旭斌:《湖南辰溪·耕读所:耕读兴家至百余年而不衰》,http://hunan.voc.com.cn/article/201709/201709221731205828.html.

三"四字，寓"耕读兴家"之意。"三余"即"冬者岁之余，夜者日之余，阴雨者晴之余"之意，出自于汉代著名学者董遇，意在提醒读书之人要珍惜光阴，倍加努力，抓住"冬者岁""夜者日""雨者晴"这三种空余时间来读书，肯定会有收效。"余三"即"三年之耕而余一年之食，九年之耕而余三年之食"之意，出自《礼记·王制》："以三十年之通，制国用。"孔颖达疏："每年之率，人物分为四分，一分拟为储积，三分而当年所用。织二年又留一分，三年又留一分。是三年总得三分，为一年之蓄。三十年之率，当有十年之蓄。"意在教育后人要勤俭持家，家有储粮，以备饥荒。在耕读所门楣两侧墙壁上题写有王安石《书湖阴先生壁》中的两句诗"一水护田将绿绕，两山排闼送青来"作为对联，将五宝田的田园自然风光描摹得生动形象，淋漓尽致。

图1-34　耕读所大门口的石础雕刻　　图1-35　耕读所内橡柱底部的石刻雕花

　　耕读所的主体建筑是三栋木结构楼房，建筑材料为杉树，采用穿斗式结构。中间的宝凤楼居优势地位，屋顶为歇山顶形式，第一层为存放粮食所用，层高较低；第二层则为教书授课所用，设计有栏杆式通行廊道和圆形拱门。主楼左右两旁建筑则为晒谷房、火灶房、牲畜房等，屋顶为单檐悬山顶。耕读所建筑室内地面多以木地板铺装，而院落中的地面则全部用大块刻有直行纹的青竹石板铺就。"整座建筑共78扇窗牖，每扇窗牖的雕花各不相同，千姿百态，内涵丰富。窗花的样式有：双龙戏珠、天娥含灵、五松鼠吃天娥、孔雀对鸣、孔雀顶梅、野鹿含花、梅花、兰花、莲花、迎春花、石榴花、寿桃、水仙花、五福等"[1]。无不透出迷人的艺术气息。

　　① 谢旭斌：《湖南辰溪·耕读所：耕读兴家至百余年而不衰》，http://hunan.voc.com.cn/article/201709/201709221731205828.html.

图 1-36　宽敞的耕读所庭院

图 1-37　宽敞的耕读所庭院

图 1-38　耕读所内新增的乡贤文化
讲堂（2018 年摄）

图 1-39　乡贤文化讲堂

图 1-40　废弃的一排谷仓

图 1-41　耕读所的厨房已破败，
只留下了灶台的痕迹

图 1-42　耕读所主楼——宝凤楼

图 1-43　宝凤楼

图 1-44　宝凤楼拱门上的木质雕花

图 1-45　宝凤楼木质雕花

　　而今耕读所在悠悠岁月的洗礼中依旧身姿挺立,更彰显出一种质朴、内敛的审美意象。耕读所大门横梁上镌刻着的"三余余三"四字,既传递着五宝田的先辈对于时间的珍惜和对于生活的忧患意识,也承载着五宝田"耕读兴家"的家族印记。村民萧守造老人对于耕读所情有独钟,但凡有客人到五宝田，他都会很热情地带领客人到村中领略五宝田村的建筑文化，不厌其烦地为人解说五宝田村的历史、文化、经济等，特别是对于耕读所，他更是娓娓道来。

你们看这种"八字门"，它是有讲究的哦。一来不显得呆板生硬，二来也增大了过道空间，便于人多通行。再看这个门口，边上写着对联的："一水护田将绿绕，两山排闼送青来。"（王安石：《书湖阴先生壁》）读着这副对联，站在耕读所门口看我们村子，是不是很像的啊，有水，有田，还有山。

那为什么要叫耕读所？我讲给你们听啊，你们看门框上的字"三余余三"，什么意思呢？"三余"，就是说"冬者岁之余，夜者日之余，阴雨者晴之余"，具体意思是说，冬天，没有什么农活，这是一年之中的空余时间；夜间，天黑不能出去活动，这是一天之中的空余时间；雨天，不能下地劳作，这也是可利用的空余时间。也就是农闲正是读书的好时候。"余三"，讲的是三年之耕而余一年之食，九年之耕而余三年之食，以备饥荒。

"耕读"是什么意思啊？耕读所，里面就是有"耕"也有"读"。

"耕"就是农作嘛，我们把劳作的成果都放在这里。耕读所的楼下有谷仓、牛栏和猪圈。那个年代，人们把收回来的谷子都放在谷仓里，那里还有舂米的工具，可以把米粒打出来。楼上还有晒楼和草楼，晒楼在耕读所楼上，宝凤楼隔壁的一间，回屋的上面一块平坦的地面就叫作晒楼，在那里可以晒谷子、黄豆子、高粱，还有苞米，那个位置下雨淋不到，晒得到阳光又通风。草楼也在楼上。耕读所有三层，瓦片下面的一层，也就是第三层，也是最顶上的这层是放草的。过去，楼上主楼的宝凤楼里面是上课的地方，楼下呢，就喂养牲口，什么牛、羊、猪、鸡、鸭、鹅都有。在耕读所里面还有厨房，专门有人在那里煮喂牲口的东西，煮好了之后就喂牲口。是不是有耕有读呢？

还有过去门口墙上两边都写着诗句的，现在都看不清楚了。记得我们小时候就是背这些的，背课文啦。两边都有写，有一边是网上查不到的，"多时乘兴板桥东，戳燕归来笔势雄。不管春来与春去，常常落在杏花中"。什么意思呢？"多时乘兴板桥东"，村里有座木板桥，我们这里是坐东朝西的屋子；"戳燕归来笔势雄"，它描写的是我们耕读所里面有花园，里面种着杏树、石榴，有柑橘，还种了菊花，那么燕子呢喜欢在花草中穿梭,会到我们这个景色好的地方来。燕子飞来,飞得很有力,好比拿起毛笔写在纸上。"不管春来与春去,常常落在杏花中",春天里,燕子常常在花草中穿梭。另外一边就熟悉啦,我侄儿在网上给我找到过,是欧阳修的《醉翁亭记》,我背下来了:"环滁皆山也。其西南诸峰,林壑尤美,望之蔚然而深秀者,琅琊也。山行六七里,渐闻水声潺潺而泻出于两峰之间者,酿泉也。峰回路转,有亭翼然临于泉上者,醉翁亭也。作亭者谁?山之僧智仙也。名之者谁?太守自谓也。太守与客来饮于此,饮少辄醉,而年又最高,故自号曰醉翁也。醉翁之意不在酒,在乎山水之间也。山水之乐,得之心而寓之酒也。"那么,欧阳修是江西人,他写的东西为什么会在我们五宝田的墙上啊?这个问题嘛,其实很好解释的,欧阳修是我们国家古代的诗人,他写的诗,不仅仅用在我们五宝田,全国各地其他地方都可以用。我们这里的景色和他诗歌的内容很配啊,他的诗适合我们这里的风景,所以就把它放在这里。不是因为是同一个地方的人,才把他写的东西放在这里的。①

图1-46 了解五宝田历史的萧守造老人

图1-47 萧守造

---

① 据访谈录音整理。访谈时间:2013年7月26日、2018年8月12日,访谈对象:萧守造。

图 1-48　修缮后的耕读所全景（2018 年摄）

一直以来，"耕读所"就是萧氏家族秉承"耕读兴家"祖训的教习场所，五宝田的村民恪守着这一祖训，认为不管是耕种还是读书，都要珍惜光阴，努力劳作才得年年有余。

萧氏族人秉承"耕读兴家"的家训，在耕读所建筑功能布局上展现得淋漓尽致。

(三)红色文化：萧洪量的革命轶事

五宝田民风淳朴，还是英雄萧洪量的故土。萧洪量干革命的故事一直在村民口中传颂，而他生前曾居住过的老屋也挂上了"萧洪量故居"的牌子。

"萧洪量故居"处于老院子的东南角，系萧洪量之父萧昌环于清末民初时所修建，总占地面积约 173 平方米，建筑高 7 米，其平面为典型的凹字形三合院形式，有大小房屋 8 间，正房为四开间两进深的木质楼房结构，正房左侧建有两开间两进深的厢房，右侧建一开间厢房和一间灶房。地面用青石砖满铺，建筑外墙及室内均为模板壁，没有任何的装饰。该房屋为因常年无人居住，年久失修，门窗雕花多已缺失，已显十分破旧。其故居现为萧洪高、萧守侨所持有。

20 世纪 40 年代，萧洪量与陈策、米庆轩等同志在党的领导下，积极从事革命斗争，其英雄事迹在五宝田家喻户晓。

萧洪量的前面有 6 个哥哥姐姐，他排行最小，是家里的"老七"。他家里很穷,他的父母靠租种人家田地生活。他的父母怕养不起,曾经商量,将"老七"送给邻近一个大户人家,就在临送走时,他的姐姐抱着弟弟,死活不让送人,他就这样没有被送走。萧洪量自小很苦的,父亲死得早,他的母亲很操劳。他很聪明,虽然家里很穷,但我们五宝田那个耕读所,只要你愿意读书就可以去读的。萧洪量五六岁时就到耕读所跟从私塾老师学习,四书五经都能背诵。家里看到他有读书的天分,就想办法筹钱,将他送到沅陵省联立八中(在沅陵县)读书。初中毕业后,又升入长沙育群中学读高中。这期间,他的母亲因操劳过度离开了人间,萧洪量不得不中途辍学,回到了五宝田。当时五宝田有100多人枪的民团,回来后,他就被推为村民团团长。再后来呢,萧洪量离开五宝田到县城谋生,去当了一个小学教员,结识了柳树湾一个姓杨的中医世家的女儿,就入赘杨家,当了上门女婿。他有经商的头脑,不久就开起了面粉厂,又搞煤炭、石灰等生意,在龙头庵一带买了地,有一定的威望,和上辰溪永和、太和等乡的各界人士交往密切。大概1940年的时候吧,他被县政府委派做永和乡乡长。别的人当官可以发财,萧洪量呢,还自己出钱应付差事,上交派款,结果一年不到自己家还倒赔了30余担谷水田。

至于萧洪量干革命的事,说起来有很多,《辰溪县志》上面都写的有哦。比方,用50桶桐油保释地下党员米庆轩、萧守谦出狱啦;在龙头庵收编民团成立独四团、独五团啦;驻防浦市,与"湘西王"陈渠珍联系紧密啦;参加"湘西纵队"起义,在罗子山苦战,又带领部队在溆浦、隆回、新化、安化四县交界的雪峰山区打土豪啦,书上写得很多哦。

1949年辰溪解放后,萧洪量先是被任命为湘西纵队供给部部长,再后来又被任命为会同坪村煤矿军事代表。1950年,他从沅陵军分区开会返回会同煤矿途中,被土匪打死了,只有38岁,真的是可惜啊。[①]

据《辰溪县志》(1994年版)以及《辰溪文史资料》第十三辑相关记载,萧洪量(1912—1950),字湘潮。早年家境殷实。民国二十四年(1935年),时年23岁的萧洪量从沅陵联立八中初中毕业,考入长沙育群中学高中部,由于家庭变故,无力支付学费,只好中途辍学。民国二十六年(1937年),萧洪量来县城入赘柳树湾杨家,先后任小学教员、校长、永和乡乡长,楚屏中学总务主

---

① 据访谈录音整理。访谈时间:2018年8月11日;访谈对象:萧守文。

任等职。其间,曾从事煤炭、石炭长途贩运。萧洪量为人交际广,人缘好,与当地中共地下党员陈策结识后,思想开始倾向革命,从此走向了革命的道路。民国三十五年(1946年),中共地下党员米庆轩等以异党嫌疑分子被捕入狱,萧洪量常去探监,并以五十桶桐油价款,保释米庆轩等人出狱。

民国三十八年(1949年)初,萧洪量加入中国共产党,打入土匪石玉湘部。辰溪"三五匪变"后,陈策、米庆轩、萧洪量秘密商讨后,决定在张玉琳匪部再组建两个团的革命武装。萧洪量巧妙利用自己与张玉琳的同学关系,得到了两个团的番号,萧洪量为独立四团团长、米庆轩为独立五团长。三月中旬,独立四团在龙头庵组建。4月中旬,张玉琳部被国民政府改编为"长沙绥靖清剿第二纵队",独四、五团奉令调潭湾点编,张玉琳以人员不足为由,将两团缩编为"第二纵队第三支队第三大队",萧洪量任大队长,米庆轩任副大队长,下辖3个中队。4月24日,第三大队奉命驻防浦市。期间部队给养缺乏,萧洪量变卖家产,充当粮饷。除整顿军容风纪、密切群众关系外,还请熊飞(当地绅士)去凤凰联络陈渠珍,引起了泸溪徐汉章部和张玉琳的猜忌。6月26日,张玉琳突令萧洪量部队移防泸溪合水(合水地处泸溪、辰溪、麻阳3县交界,地瘠民贫,交通闭塞,湘西事变后屡遭游勇散匪劫掠,稍有家产者,早已外逃,十室九空)。部队来到合水,给养无法筹措,多次请求调防,但张玉琳一直不允。为了摆脱困难、保全武装,萧洪量、米庆轩于7月9日率部离开合水,开赴辰溪。张玉琳闻讯后,以擅离职守为由,撤销萧洪量、米庆轩正、副大队长职务,收缴了大队部分枪支。萧洪量离职后,隐蔽在县城,继续指挥部队。7月28日晚,接陈策指示,将部队开赴龙头庵,与米庆禹部以及萧守训控制的永和乡自卫队联合,正式组建"湖南人民解放总队湘西纵队",受湖南省工委直接领导。8月5日,在罗子山反追剿战斗中,他率部阻击敌人,完成战略转移。9月4日,"湖南人民解放总队湘西纵队"和中共安化县委领导的安、新、邵、溆边区游击队合编为"湖南人民军湘西纵队",萧洪量任供给部长,除保障湘西纵队军需供给外,还协助办理向大西南挺进的刘邓大军支前工作,组织烈军属成立群力妇女生产合作社。12月底,萧洪量被任命为会同县委书记兼坪村煤矿军事代表。

1950年4月,萧洪量以中共会同煤矿军事代表身份从沅陵湘西军区开会返回会同,途经黔阳沙湾兰冲村时,遭土匪伏击,遇难身亡,年仅38岁。其尸骨被葬在离龙头庵祠堂500米外河鱼脊。

图 1-49　萧洪量故居

据村中萧守造讲述,当年在萧洪量的影响和带领下,五宝田村先后有萧守资、萧洪湘、萧守六等不少有志青年走上了革命的道路。

如今,萧洪量故居成为了红色文化教育基地。

但凡来到五宝田,只要你在村子里面多走几圈,就会发现这个村子是有太多的故事。这里独具匠心的古建筑诉说着它的历史与文化,"耕读兴家"的风貌则展现出了这个村子的生活风貌以及文化底蕴。当然,建筑也好,原有的历史人物也罢,它们不会用言语述说五宝田的历史和文化,但它们的存在,就是一种文化的表达。

三、人口与民族:萧氏主姓,汉族为主

五宝田村人口主要集中在老院子。20 世纪 80 年代后,部分居民新修住宅于小溪对面,也就是小溪下游的新院子。由于五宝田村交通相对不便,教育水平相对滞后,在外求学、务工人口约有 300 多人,村子里常住人口不足 100 人,且多为年老和年幼之人,空巢化现象明显。

"萧"是五宝田村的主姓,另有杨氏、瞿氏、米氏等,多为与萧氏联姻而来。从这点出发,五宝田村可谓典型的传统家族居住村落。

图 1-50　说古道今的老人

　　据萧氏族谱记载，五宝田的萧氏家族是兰陵郡（今山东兰陵县）萧氏望族的后代，宋熙宁二年（1069 年），萧氏宗祖通滨公由江西吉安府泰和县迁楚南宝庆府（现邵阳）南门，后居武冈梅成，历十一世。明初，萧氏万五公长子启泰率家眷从武冈洞口迁入辰溪龙头庵黄桑溪（即萧家老屋）。随着人口的流动向周边扩散。明末清初，萧氏族谱中的第二十三世宗安公在五宝田定居，至今 300 多年。

　　我们五宝田萧氏，要从第二十三世名叫宗安公开始说起。宗安公，出生于明末崇祯戊寅年（1638 年），住在老屋龙头庵，16 岁时到五宝田的舅舅家（瞿姓）做管账先生，就与表妹成了亲，宗安作为女婿，就在瞿氏住宅的右手边新建了自己的房屋。康熙初期的某年，端午节的前一天，也就是五月初四的夜晚吧，按照习俗，家家户户都要煮粽子。哪想到，瞿氏一家人在烧火煮粽子的过程中，因为火星蹦出，就引发了大火，房子烧了，损失很严重。他们认为这里的风水不利于他们，就搬迁到了现在上蒲溪乡政府那个地方。宗安公就留在了五宝田。到第四代的时候，开始依靠经商积累了大量钱财。再到后来就有八大家了，这八家是昌隽、昌英、昌秀、昌彦、昌瑞、昌璞、昌环、昌赞。我就是萧昌彦的后辈。现在这些老院子，基本都是他们建的。我住的那座兰陵别墅就是是我大爷爷①萧昌隽的花园，是专门赏花喝茶，养鸟玩乐的场所。为了防土匪抢夺，在沿溪大道上还设有四个进入村子的闸子大门和阁楼，还有带枪的护村队呢。那时候，五宝田很兴盛很热闹哦，在村头还有集市，又叫"百日场"，周边的都来这里买卖东西。现在嘛，五宝田生活很安静的。②

三百多年来，萧氏家族就在这里繁衍生息，对脚下的这片土地充满了热爱，虽历经起起落落，却仍然坚守着那份祥和与宁静。

但关于五宝田村的民族属性问题，在网络媒体上要么言其为一个瑶族村寨，要么含混其词，避而不谈。这往往造成一个大的错觉，就是五宝田村似乎就是一个瑶族传统村落，生活在这里的居民自然是以瑶族为主。就连五宝田村口的那块"五宝田简介"牌子上也写着"85％为瑶族。瑶族人自认是'盘王（即盘瓠）'子孙，每年农历十月都要过'盘王节'。瑶族以犬为图腾，敬奉'高坡大王'。有自己的民族服饰和饮食习惯。喜食蝌蚪拌青菜、油炸蚂蚱、火烧油筒蛇等"、"几百年的瑶乡生活，萧氏子孙形成了自己独具民族特色的乡风习俗，双唢呐、霸王鞭、阳戏、栽田歌舞、毛狗肉及婚嫁丧娶等乡风习俗和饮食文化已演绎为经典的瑶乡文化"。诸如此类的介绍，不得不让人相信五宝田就是一个瑶族为主的村寨了。而当我们真正走进村民，当问起盘王、盘王节等，很多村民回答说："我们不信奉盘王，也不过盘王节的，这是他们瑶族弄的，我们是汉族。"

既然他们属于汉族，那么为什么会有人说他们是瑶族村寨呢？五宝田的瑶族又是怎么来的呢？

访谈一

笔者：您是哪个民族的啊？

萧典军：我是汉族的。

笔者：您的小孩呢？

萧典军：也是汉族的。

笔者：你们家有瑶族吗？

萧典军：我们家啊，没得瑶族。

笔者：那为什么村里面有些小一辈的就可以报成瑶族啊？

---

① 大爷爷：即祖父的哥哥。

② 据访谈录音整理。访谈时间：2018 年 8 月 12 日，访谈对象：萧守造。

萧典军：是这样子的，比方说，我本人是汉族的，但是我娶了一个瑶族的，那我的小孩就可以是瑶族的。但像我是汉族的，我老婆也是汉族的，那小孩子就不能搞成瑶族了。

笔者：那如果是隔代呢，上一代，比如你的妈妈是瑶族，那你的小孩还可以是瑶族吗？

萧典军：可以的，我爸爸、我妈妈，甚至我奶奶是瑶族，只要家里有一个是瑶族，我小孩都可以是瑶族的。

黄始兴：是一代一代去办的。如果他的奶奶是瑶族，那他爸爸还在，他爸爸报成瑶族，他也可以报瑶族。

笔者：那有没有可能隔代啊？比如爷爷是瑶族，孙子是瑶族，但是爸爸是汉族？

萧典军：这种啊，一般来说的话，理解上是过不去的。村子里没有这样的。我奶奶是瑶族，那我父亲要办成瑶族，我才可以是瑶族，一般来说是这样的。[①]

据村主任萧典军介绍，村里的瑶族都是五宝田的萧氏汉族与周边的七姓瑶通婚才有的，瑶族人口比例毕竟还是很少的。萧姓是汉族，但村里有的萧姓却又成为了瑶族，为什么萧姓汉族的人会成为瑶族呢？

访谈二

笔者：我们村里有多少是瑶族户啊？

萧典军：有四十几个，四十三户。

笔者：怎样才能算是瑶族户啊？

萧典军：比方说，我的奶奶是瑶族人，那我的父亲就可以跟着我奶奶成为瑶族。那么上面是瑶族，下面一代一代下来都可以是瑶族的。

笔者：所以村子里有一些姓萧的是瑶族，有一些不是。

萧典军：对对对，他们都是原来奶奶啊、外婆啊或者是妈妈啊是瑶族的。比如外婆是瑶族人，那母亲就可以是瑶族了，下面子女也一样的。

笔者：瑶族户的那些奶奶、外婆啊、妈妈啊，都是哪里嫁进来的啊？

萧典军：排子坡、罗子山，都有。他们那边都是瑶族人咯。罗子山也是一个瑶族乡。

---

① 据访谈录音整理。访谈时间：2013 年 7 月 24 日，访谈对象：萧典军。

笔者：村子里姓萧的祖上是什么民族啊？

萧典军：姓萧的是汉族的，姓萧的不是瑶族。我们这边瑶族只有姓陈、刘、丁、沈、石、蒲、梁，七个姓嘛，七姓瑶咯。

笔者：就是说这边的瑶族都是七姓瑶咯，嫁过来的瑶族。

萧典军：嗯，对的。他们那七姓是瑶族的。

笔者：前两天去的那家，他们家有很多个小孩，儿子女儿辈的都是瑶族，就因为他老婆是瑶族，他老婆姓陈。

萧典军：本身来说，他们也不是瑶族，虽然他老婆姓陈，但是他老婆本来不是瑶族的。他老婆娘家是铜顶人嘛，铜顶不是瑶族乡，也没有瑶族人嘛。

笔者：哦，那为什么要改为瑶族呀？

萧典军：成为瑶族了，在待遇上就有些实惠了啊。

笔者：是瑶族的话，待遇上都有哪些实惠啊？

萧典军：如果是瑶族户，是瑶族人，小孩子考大学啊，可以加分的，有二十分可以加啊。生小孩也有优惠的，如果是瑶族户的话，可以多生一胎的。能生两胎。

笔者：那汉族家庭呢，能不能生两胎呢？

萧典军：有些也生两胎的，但是这些生两胎的要罚一点款的。

笔者：那你家两个小孩，生的时候有没有给上面罚钱啊？

萧典军：没有。

笔者：为什么呢？

萧典军：这个要怎么说呢，原来我家第二个小孩也是个仔（儿子），第二个仔如果现在还在的话有二三十岁了，但是他生下来没几个月就死掉了。再过了八九年嘛，我们家又分到了一个指标，就又生了一个嘛。那个时候是这样的，我们汉族人也可以生两胎，但是必须达到这么几个条件才可以生两胎。一个是三代单传，就是你的爸爸，你的爷爷没有兄弟，家里就他们一个男孩。这样的话，就可以生两胎。再就是，如果第一胎是女儿，第二胎可以生。

笔者：那你家是三代单传吗？

萧典军：也没有三代。我是单传，我父亲是单传，爷爷是有兄弟的，但是我小的时候其他爷爷都不在了，只有我爷爷还是在的。①

五宝田的大部分村民都非常清楚萧氏本不是真正的瑶族，那么他们为什么会接受瑶族身份呢？

> 我们村子里啊，瑶族有好多户人家呢，因为乡里是瑶族嘛。辰溪的黄溪口这边，上蒲溪、苏木溪、后塘、罗子山、仙人湾，有五个瑶族乡。我们乡里像排子坡啊，蒲潭啊，罗子山啊，那些地方的人就是真正的瑶族人，我们乡里是上蒲溪瑶族乡。他们的女儿，真正瑶族人家的女儿啊，把我们村子里搞起好多，嫁进来的，都是真正的瑶族。过去有些年头，上面不给钱，就发一些东西，就是给瑶族人用，比方新衣服什么的，我们村里面属于瑶族的都有份。这都是上面的照顾政策，优惠少数民族，所以有瑶族人家的后代也就跟着报瑶族了，但村里主要还是汉族……这瑶族人，过去被我们汉族的赶到那个山沟沟边缘上去住了。他们敬奉高坡大王、过盘王节，我们这里不兴的。但我们和周边得瑶族关系还是很好的，不然也不可能那么多人嫁进我们村里来，对吧。②

可见瑶族的民族身份给人们带来了一些福利，如在一些特殊时期，瑶族人民会从政府那里获得到一些物质和补贴。当然，最具吸引力的福利有两个：一是升学时所能享受到的少数民族身份的福利，即高考加分；二是瑶族在计划生育时期，可以允许生二胎。这样，五宝田村村民中只要符合国家民族政策，就会申报成为瑶族。

目前，五宝田村共有112户，其中43户为瑶族户；村里共有人口459人，其中73人为瑶族。五宝田的瑶族并不是祖居，而是源于汉瑶通婚。五宝田村是一个以汉族为主体而不是一个瑶族为主体的村寨，尽管汉瑶通婚使得一些村民成为了瑶族，但始居五宝田的萧氏则源于汉族。

---

① 据访谈录音整理。访谈时间：2013年8月17日，访谈对象：萧典军。
② 据访谈录音整理。访谈时间：2018年8月8日，访谈对象：萧守造。

第二章
历史记忆:众说纷纭的萧氏沿革

提起萧氏的祖先,萧氏村民常常会说,我们祖先是从外面迁居进来的。在村民的记忆里,五宝田萧氏已经在此生活了四百余年。那么,四百年前呢? 他们的祖上原来居住的"外面"在哪里? 他们如何迁徙到五宝田? 从古至今又是如何发展起来的? 这些问题的答案众说纷纭,萧氏族人在族谱上写下了他们对这段历史的看法,并在口头记忆中流传着族内的观点。而在族外,人们对萧氏的来源与发展也有着不同的看法。

一、来源探究:萧氏从哪里来

院子的古建筑门框上,常常带有"兰陵"字样,如"兰陵家馨"、"兰陵别墅"、"兰陵世家"等等。"兰陵"二字对五宝田萧氏有什么耳熟的含义? 村民是这样理解的:

"兰陵"嘛,这两个字是对姓萧的称呼。我们这里就是姓萧的呀。听说中国姓萧的,都是用"兰陵"来代替的哦。这个还是过去萧衍的时候啊,萧衍嘛,他是一个朝代的皇帝,就是他建了这个兰陵堂。山东现在还有一个兰陵堂,就是他弄的。"兰陵"就是姓萧的,我们这个堂号在全国都有。全国姓萧的都称为"兰陵"。①

若全国的萧氏都可以"兰陵"来称呼,那么兰陵萧氏源起于何处?
学者们在对兰陵与武进以及居址、陵墓的多方考证,曾力求还原兰陵萧

---

① 据访谈录音整理。访谈时间:2013 年 8 月 15 日,访谈对象:萧守造。

氏故里的原真所在。兰陵萧氏,原籍兰陵郡兰陵县中都乡中都里(今山东兰陵县)。西晋末年中原战乱,萧整举家与大批北方流民一道迁居江南。至东晋时,朝廷即在长江流域侨置众多郡县(包括兰陵郡、县在内),统管南下的侨民。一些通史、辞典、史论中存有对其故里的记载。史载,"晋永嘉大乱,幽、冀、青、并、兖五州及徐州之淮北流民,相率过淮,亦有过江在晋陵郡界者。晋成帝咸和四年(329年),司空郁鉴又徙流民之在淮南者于晋陵诸县,其徙过江南及留在江北者,并立侨郡、县司牧之"。① 而萧氏所属的兰陵郡、县亦侨置江南,并寄治于晋陵郡武进县境。"兰陵故城,在武进县西北九十里(今常州西北万绥镇附近)。晋永兴初,置南兰陵及兰陵县,属南徐州"②。东晋开始的侨郡县制度导致了地方行政体制的复杂性,出现侨置郡、县与原有州郡县并存的现象。例如侨置的徐州就寄泊在扬州境内,侨置的东海郡、兰陵郡及其辖县,即寄治于晋陵郡境内。及至南朝刘宋"永初二年(421年),加徐州曰南徐(州)"③"寓居江左者皆侨置本土,加南名"④。其时,又将原属于扬州的晋陵郡改划为侨置的南徐州属郡,而丹徒、武进两旧县亦改属侨置东海郡治下。并且侨置州郡县又分有实土与无实土之别,其中拥有实土的很少,志书上只见有南琅琊、南东海等少数实例,而南兰陵等大多数侨郡、县都不拥有实土,其侨民大都散居于原江南旧县境内。

萧氏先祖萧整,晋时即迁居武进县东城里。该县为江南旧县,最早由三国孙权于嘉禾三年(234年)将丹徒县改名为武进,至"西晋太康二年(281年)复名丹徒,同年,又分丹徒、曲阿立武进"。⑤ 初时,武进与丹徒、曲阿统属扬州毗陵郡,永嘉五年(311年),毗陵郡改名晋陵郡。南朝刘宋开始,武进改属南徐州南东海郡。

兰陵与武进,一是侨置县,一是江南旧县,而且兰陵是寄治于武进县境。它们与兰陵萧氏的关系,前者是其祖籍桑梓的延脉,后者是成就王业的基地。这在齐高帝于建元元年(479年)登基时颁布的诏书中表述得十分明白:"南兰陵桑梓本乡,长蠲租布;武进王业所基,复十年。"⑥诏书让兰陵县侨民

---

① 《宋书·州郡一》。
② 清《嘉庆一统志·古迹》。
③ 《宋书·州郡一》。
④ 《南齐书·高帝纪》。
⑤ 《宋书·州郡一》。
⑥ 《南齐书·高帝纪》。

长期免除租布赋税，等于又恢复了刘宋孝建前的全部享受，而武进旧县因为是萧氏的居住之地，县民也享有免除十年劳役的优惠。

之后，梁武帝天监元年（502年）登基，又重新对两县授以优惠政策，"复南兰陵、武进县，依前代之科"①。即为参照前代齐高帝的优待规定办理。却又决定"土断南徐州诸侨郡县"②，正式废除南徐州所辖的所有侨郡县，自然包括南兰陵县在内。在这次土断的实施中，梁武帝虽将南徐州侨郡县都废除了，但却刻意将兰陵郡、县的名称保留下来，并被移花接木，改南东海（郡）名兰陵郡，改武进县名兰陵县。所谓新的兰陵县，其实体即是原来的武进县，治所仍是在武进县城（今丹阳市吕城镇附近）。而原来侨置的兰陵县已名存而实废，正式退出历史舞台。兰陵萧氏在江南的世居之地，史志上有着明确的记载：萧道成先祖"淮阴令萧整字公齐，过江居晋陵（郡）武进县之东城里"③。而齐高帝、梁武帝都是萧整之后，此处自当是齐梁帝王之乡。

有关萧氏世居东城里的史实，还另见有史料："宋泰始中（465—411），童谣云'东城出天子'，故明帝杀建安王休仁。苏侃云：'后从帝自东城位，论者谓应之，乃是武进县上所居东城里也。'"④此处记载的是南朝刘宋明帝时流传的童谣，当时皇帝怀疑童谣所指为建安王休仁，即以企图谋反罪予以处死。事隔10年（479年）后刘宋亡，萧道成称帝，而黄门郎苏侃认为齐高帝的登基正是应验了"东城出天子"的童谣。这表明南朝时期东城里名闻遐迩，而所谓"东城"就是齐高帝世居的东城里，即兰陵萧氏的江南世居地。

那么，五宝田萧氏是否与兰陵萧氏一脉相承？五宝田的《萧氏族谱》中有着这样的记载：

> 我萧氏本帝喾高辛氏之后，予契事唐虞为司徒，教民有功，封于商，传十三世。生天乙，是为成汤，居亳，传位二十六君而至帝乙。其庶子微子周封为宋公，仲衍为公弟，传十二世，至于叔大心，食采于萧。周庄王三十五年，平南宫长万有功，封于萧，以为附庸，子孙因以为氏，其世次见《史记·五帝本纪·殷本纪·微子世家》，班班可考。大心公之后，又十数传至贡王公，讳琳，仕秦，为充州刺史。生何公，佐汉为高祖相

---

① 《宋书·孝武帝纪》。
② 《南齐书·高帝纪》。
③ 《南齐书·高帝纪》。
④ 《南齐书·祥瑞志》。

成，帝业封赞，侯称三杰之一，居十八侯之首，自是族益著。考宋，即亳故邑，今河南商丘县，而萧邑与沛丰皆古淮南，地先亦属河南，故以河南名郡者本此，今则江苏萧县、沛县、丰县是也，何祖以后簪缨之盛，汉、齐、梁、唐诸书灿然俱存。何生昆仑、昆河，仑为山东谏议大夫，生光容公，讳彪，为尚书大夫，居东海兰陵县，即今山东泽县，盖成兰陵郡者。又本此彪之曾孙，魁首公，讳望之，相宣帝初为左冯翊，后元帝封关内侯列。麒麟阁生二子，明高、明嵩，高徙杜陵，其孙御史中丞敏芝公，仍还兰陵。芝之曾孙苞为后汉中山靖王相，七传至淮南令。统缵公讳整，际怀愍过江，居武进，是为南兰陵。整生三子，承连、承运、承进。连讳隽，以进士官郎邱令，其曾孙承之为右将军，是为齐房。运讳馆，官济阴太守名为梁房。进讳卓，官姚阳令，其女为宋高祖继母，子孙位皇舅。房是以三房之称由来旧矣。运、进梁房未能悉载，独我承连公七传至图书，讳统，其孙经麟，曾孙纶明，均官监察御史。再六传至显达公，选举巴东知县。玄孙庆长，又为监察御史。庆长曾孙广修公，以进士官大夫，当唐末始徙江西。长子贞利选举教训，妣陈氏，生定基公，以宋天禧进士累官监察御史。仁宗赏，题殿柱云：彭齐之文章、杨伾之清操、萧定基之政事，为江西三瑞。定基公生子郁服、郁盛、郁振。服公身荣进士，生通兰、通清、通湘、通洁、通聚、通滨、通淮，于宋熙宁己酉年迁徙楚南。此七公者为湖南萧氏之鼻祖也。（《萧氏族谱·萧氏源流序》）

父系氏族，三皇始兴。公孙少典，附宝配婚，始居寿邱，即今山东。太心开始，数传琳公，琳居建业，何居沛丰。何公佐汉，第一元勋，文为丞相，武封赞侯。彪公继起，始迁兰陵；晋分东海，爰有郡名。整居武进，称南兰陵；道成萧衍，齐梁帝君。蒲花旺盛，世代簪缨。七叶八相，匡护唐宗。传至俭公，长沙立门。（《萧氏族谱·萧氏源流概况序》）

吾族为汉相国何公之后，系郡兰陵。有东兰陵，有南兰陵，称名虽异，而为何公之后则同也。今之言郡望者，无不称兰陵矣。要未详兰陵所自始，故一时论者，遂以为《史记》称相国何后。（谱序有此云云）则几以兰陵为望之，之后而不得为何公之后矣。不知何公居沛，何之子孙不必终于沛，望之为兰陵人，兰陵实非自望之始，《汉书》不言为何之后。盖自古名公巨乡，史册多纪其事迹而不详其世族。要之，望之实何六世孙，兰陵皆何后裔，是故谓兰陵出自望之者非也，故安陆昭王碑文其首曰：公讳缅，字景业，南兰陵人也，夫齐何公之后也而为南兰陵人，则南兰陵为何公之后。至孙侍中彪居东海兰陵县东都乡中都里,晋分东海为东兰陵郡。中朝乱,淮阴令憖过江居晋陵武进县侨置本土加以南名,于是为南兰陵人。然则东兰陵始于彪,南兰陵始于憖,其非出自望之,可知也。其同为何公之后,亦可知也。余因经首谱事,幸见一班,用是谨为述之,俾称斯郡者,庶几知所考据云。(《萧氏族谱·兰陵郡考》)

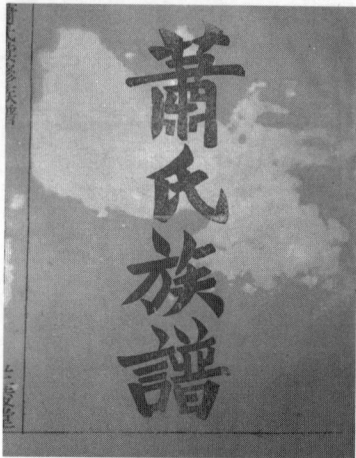

图 2-1 《萧氏族谱》

图 2-2 《萧氏族谱》将兰陵堂作为郡望

五宝田所保存的《萧氏族谱》编写于 1993 年,是黄桑溪上院,即龙头庵老屋萧家支脉组织编撰和修缮的。在《萧氏族谱》首卷中,前后有《萧氏源流序》《萧氏源流概况序》和《兰陵郡考》三个部分的篇章提及了五宝田萧氏与兰陵萧氏的传承关系。但不得不说,族谱中辉煌的历史记忆是对身份认同的强化,《萧氏族谱》也不例外,族谱中对一脉相承的五宝田与兰陵萧氏的记述,恰恰建立起了五宝田萧氏与兰陵萧氏的集体记忆中的地位之间的关联性。

二、门第兴起:将门布衣源远流长

众所周知,兰陵萧氏在我国古代六朝社会具有不可忽视的地位。这一家族在南朝时期相继建立了齐、梁两个重要的王朝,推进了当时社会政治、经济制度的深刻变革。不仅如此,萧氏在文化上也有一定的积累。比如他们大力倡导佛教,促进了儒、释、道三教论衡及佛教中国化的进程,他们重视文学艺术,有利地推动了文学艺术的迅速发展,凡此等等,无不促成了当时思想文化领域的深刻变革。由于萧氏家族在政治地位提高的同时,适时地迅速提高其学术文化水平,形成了深厚的文化积累,萧家子弟在各方面得到很好的培养和锻炼。因而尽管这一家族此后逐渐丧失了政治地位,但其子弟依然活跃于各政权之中,延续至隋唐之世,这一家族依然保持了很高的社会地位,而与一般的皇族明显不同。故《新唐书·萧瑀传》赞曰:"梁萧氏兴江左,实有功在民。厥终无大恶,以浸微而亡,故余祉及其后裔。自瑀逮遘,凡九叶宰相,名德相望,与唐盛衰。世家之盛,古未有也。"当然与皇族相比,甚至与同时代的其他文化氏族比起来,兰陵萧氏的兴起时间较晚,是为"后起之秀"。

两晋之际,兰陵萧氏避祸南迁,与当时其他徐兖(即今鲁南苏北)一带的广大流民一样,他们大都被安置在晋陵郡,与后来建立南朝刘宋政权的彭城刘氏的情况相似。陈寅恪先生在《东晋王导之功业述论》等文章中论述两晋之际的南渡人口时指出,就其社会阶层而言,可分为三:一是"上层皇室及洛阳之公卿士大夫",可谓文化士族;其次,"中层阶级亦为北方士族,但其政治社会文化地位不及聚集洛阳之士大夫集团",除个别人外,"大抵不以学术擅长,而用武勇擅战著称";第三为北方下层民众,他们零散南逃,杂居于南方土著中间,无法形成集团或势力,很快就融入南方地方社会之中。就兰陵萧氏而言,其家族应属于第二类,

他们以宗族集团的方式南迁,聚集了比较强大的家族势力,其社会地位自然比京洛文化显贵低,无法进入建康掌控要津,但鉴于他们"武力强宗"的地位,东晋朝廷必须给予足够的重视,表现为在安置上,集中安排;在使用上,一般从事武职或边远地区的郡守县令一类的职务。在社会阶层上,陈寅恪先生视之为"北来次等士族"。① 而兰陵萧氏正是这一阶层的代表。

就其门风习尚而言,与东晋高门士族相比,这类家族普遍崇尚武力,属于崇尚武力之寒门,是为"将门布衣"。他们在东晋文化士族占据统治地位的"门阀政治"的格局下,只能投身军旅,以求显达。萧氏受制于高门士族,充当抵御北边胡族军队的先锋,正说明了这一点。这是由其社会地位和习尚所决定的。至东晋中后期以来,随着高门士族阶层的不断衰弱,以南徐州

---

① 陈寅恪:《金明馆丛稿初编》,北京:三联书店,2001 年,第 65～66 页。

地区流民后代为主力的"北府兵"军事力量不断扩张，逐渐成为主宰当时历史走向的决定性社会势力，从而导致了晋宋之际的社会变革。

兰陵萧氏是如何兴起的呢？晋宋变革之际，兰陵萧氏家族中率先崛起的房支，并非后来的齐、梁王朝的建立者，即所谓"齐梁房"，而是与新兴的刘氏皇族联姻的其他房支，即后来所谓的"皇舅房"。史书中有记载："孝懿萧皇后讳文寿，兰陵兰陵人也。祖亮字保祚，侍御史。父卓字子略，洮阳令。孝穆后姐，孝皇帝娉后为继室，生长沙景王道邻、临川烈武王道规。"①萧文寿是宋武帝的继母，后被尊为皇太后，萧氏这一族支被称为"皇舅房"。"皇舅房"因婚姻关系而兴起于刘宋，不仅使其子孙获得了一定的权势与地位，而且其宗族其他房支也因此获得了从事军政的机缘，如萧道成之父萧承之正是因为追随萧思话东西征战而地位上升，从而为萧道成后来执掌刘宋军政大权奠定了基础。②

正由于兰陵萧氏是依托与刘氏的婚姻关系才逐渐显达的，因此，刘宋时人们并不以高门士族看待这一家族。"檀超，字悦祖，高平金乡人也。祖弘宗，宋南琅邪太守。超少好文学，放诞任气，解褐州西曹。尝与别驾萧惠开共事，不为之下。谓惠开曰：'我与卿俱起一老姥，何足相夸？'萧太后，惠开之祖姑；长沙王道怜妃，超祖姑也"。③萧惠开是萧思话的儿子，仕于刘宋中后期。在檀超看来，兰陵萧氏是以刘宋外戚身份起家的。兰陵萧氏虽没有傲人的门第资本，但是与皇族的姻亲关系令其地位显赫。

萧氏致力于转变和提升自身门第，刘宋以后，萧氏向士族转变的进程加快了，及至刘宋中后期，已进入了脱茧蜕变的关键时期。到了南齐时期，萧氏"皇舅房"的门第明显上升，并获得了传统士族社会的认可。这从琅邪王氏代表人物王俭与萧氏人物的关系可以看出一些端倪。王俭是南齐士族社会的首望，萧思话子萧惠基在永明年间任侍中，领骁骑将军，《南史·萧思话传附子萧惠基传》载："尚书令王俭朝宗贵望，惠基同在礼阁，非公事私觌焉。"萧惠基与乃兄不同，对士族名士既不以"峻异"显示权贵的身份，也不过于巴结，辱没自己的身份。其实，王俭对萧氏子弟多加奖掖和提携，如萧琛，他是萧惠开族侄，据《梁书》卷二六《萧琛传》，琛年数岁，惠开曾抚其背曰：

①　《宋书》卷四一，《后妃·孝懿萧皇后传》。
②　曹道衡：《兰陵萧氏与南朝文学》，北京：中华书局，2004年。
③　《南齐书》卷五二，《檀超传》。

"必兴吾宗。"可见其为萧氏后进之俊杰,王俭对他颇为赏爱:"琛少而朗悟,有纵横才辩。起家齐太学博士。时王俭当朝,琛年少,未为俭所识,负其才气,欲候俭。时俭宴于乐游苑,琛乃著虎皮靴,策桃枝杖,直造俭坐,俭与语,大悦。俭为丹阳尹,辟为主簿,举为南徐州秀才,累迁司徒记室。"由此,萧琛得王俭赏识,其地位不断上升。特别值得一提的是,王俭将女儿嫁给萧氏。这在重视婚、宦的士族社会中,表明琅邪王氏对兰陵萧氏"皇舅房"门第的认可。不仅如此,兰陵萧氏"皇舅房"与刘宋皇族的婚姻关系不仅使其房支社会地位的提高获得了机缘,而且给整个萧氏家族的发展和社会地位的提高奠定了基础。

总之,兰陵萧氏是西晋末南渡的"武力强宗",其人物虽参预军政,但社会地位较低,属于寒门,直到晋宋之际,才由于与刘宋皇室通婚的机缘得以浮出社会的上层。齐梁以后,由于其皇族的特殊身份,取得了士族比肩的特殊地位。

三、家族盛衰:萧氏族谱与口传叙事

老祖宗迁居到五宝田四百多年,但传萧氏为兰陵郡望族,始于汉宣帝太子太傅萧望之(汉初宰相萧何幼孙萧彪遭免官后,迁居东海兰陵,此后有兰陵萧氏,传有四世出了兰陵萧氏的第一个名人——位列三公的萧望之),宋朝熙宁己酉年(1069年)从江西吉安府泰和县迁居宝庆府,再迁辰溪境内龙头庵的这段历史,村民们并没有忘记,他们将其整理记录到族谱之中。

《萧氏续修族谱·首卷·原序》载:

> 我族之源,本自何公,繁衍相传,及至定基。公身列朝廷,官权御史,得生服公,荣身进士。昆仑祖脉,世世传流,服生七子,兰、清、湘、洁,聚滨淮,于熙宁己酉年从江西吉安府泰和县早禾市梅子坡圳(坎)上,兄弟六人,带兰公长子溶荣同徙楚南宝庆府南门。壬子兄弟各居,任荣居府城铺店,清公居新宁县扶阳沙田赤塘乡,湘公居邵阳东中三溪乡,洁公居武冈洞口市,聚滨二公居梅城,淮公居城步县儒林绥宁乡。聚公落沙江,滨公落炉观。滨生光国,国生甲一、甲二,甲二生楚金楚银,金生添辅、添庆、添福。辅公于淳熙丙午年荣中武魁,生三子益鸾、益凤、益鸣。庆公生益麒、益麟,虎公生益翔,鸾公生汉一、汉二,凤公生

萧氏续修族谱 首卷 原序

十二

兰陵堂

原　序

我姓之源本自何公繁衍相传及至定基公身列朝廷
官汉御史得生服公荣身进士昆仑祖脉世世传流服
生七子兰清湘洁聚滨淮于熙宁已酉年从江西吉安
府某和县早禾市梅子坡圳上兄弟六人带兰公长子
溶荣同徙楚南宝庆府南门壬子年兄弟各居侄荣居
府城铺店清公居新宁县扶阳沙田赤塘乡湘公居邵
阳东中三溪乡洁公居武冈洞口市聚滨二公居枝城
淮公居城步县儒林绥宁乡聚公落沙江滨公落炉观
滨生光国国生甲一甲二甲二生楚金楚银金生添辅
添庆添福辅公于淳熙丙午年荣中武魁生三子益鸾

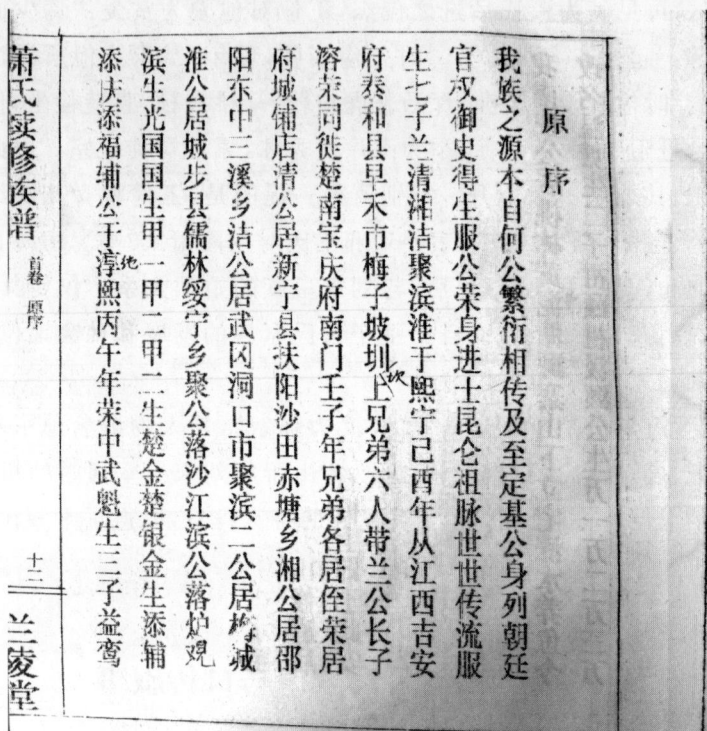

图 2-3　《萧氏续修族谱·首卷·原序》

汉三、汉四、汉五、汉六、汉七、汉八,鸣公生汉九、汉十。我祖汉三公字文仙,淳祐癸卯科身荣进士,任全州知州,生七子,南仕、南俊、南倡、南仪、南杰、南修、南攸。后辞官而归,知地理通易象,带长子南仕游望山水,至邵邑隆回三都立业,复游高坪、择粟坪,云升山修道后改文仙山,终于寺后石硐内第五井石椅上,即于此安葬焉。(考府县志,粟坪有云升山改为文仙山,相传为文公修道之所。此云汉三公修道于此,与府县志异,谨存之,以俟稽考。)

我南俊公居桃林黄泥塘,狮寨山下立宅,涨水养鱼,今改名温塘。生儿子祖颐、祖汲,颐公生万一、万二、万三、万四、万五,万二公生文清、文彬、文珍、文与、文镇。彬公生继先字镗,至正癸卯科入学,武庠后徙湘潭入籍投营,由军功升参政,加升衡州副将。荣任十七载而归,生六子,景忠、景华、景祥、景彰、景福、景春,我父景忠公,贡生,生应兴、应城、应宗、应洪、应文。鼻祖滨公一派源流,丝毫无乱,今五属,倡议各房

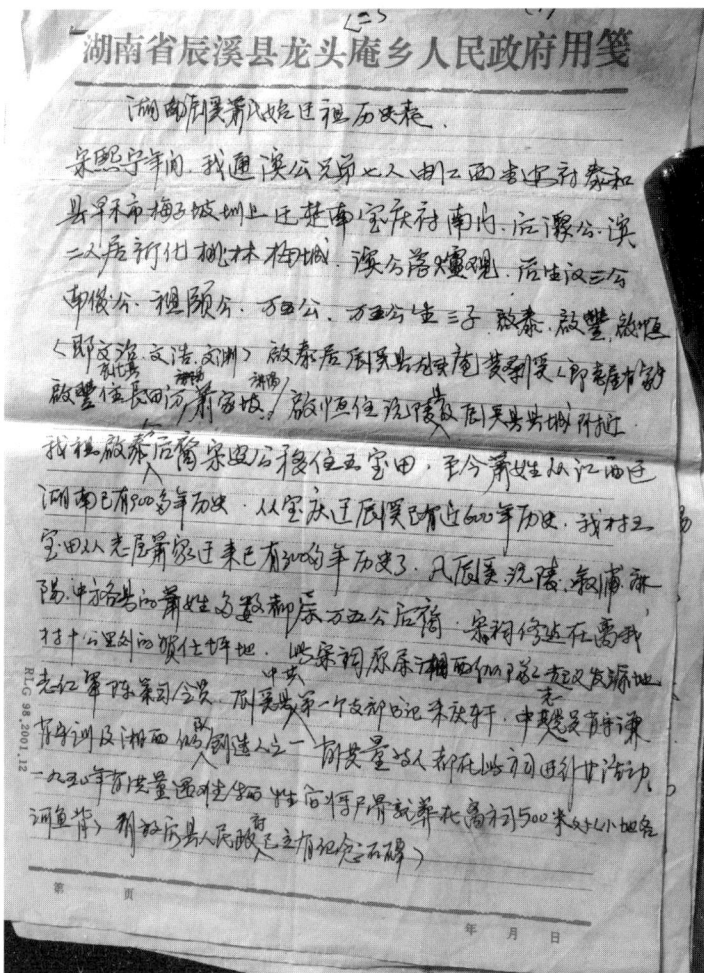

图 2-4 "湖南辰溪萧氏始迁祖历史表"手稿

同修谱牒,十世为期。我继先公房生者,载修未生者,未修支派,奈世远年湮,各方全无谱据,幸有我滨公源流老谱,开视各派,一目了然。后派叫我祖文仙公,依老谱造录支派存遗,次子永传后世,惟洁公房一掌之牒,污毁不明其中有未毁者,世世一概相同,故统修一本定汉字,班文各房,我祖之派,后无二也。至于鼻祖,起程之时有一愿也,母见众徙楚泣而问曰:"吾儿兄弟徙楚,何以始?"众公拜曰:"我兄弟乃是汉邦何公血派,今徙楚,以汉为始,立业传家不汉也。"母告众公曰:"吾儿徙楚不忘邦,何公祖恩默佑吾儿子孙昌盛。"今修谱牒,各房故不离乎汉也。且洁公房班文分为伯(原前字)汉五郎,我滨公房三支班文分为叔(原后字)汉十郎。我族谱牒毫无混乱,确实根本存收彰扬者,定有荣华之美焉。

图2-5　翻看族谱

图2-6　访谈村民

谱牒中记载了五宝田萧氏第十一世孙萧宗安在康熙年间从龙头庵迁来,在此立家兴业的迁居历史,各房各支系的移居情况。之前,村子叫乌泡园(乌泡指野生草莓),而五宝田之名是后面才取的,据说是取自村前的五座小山包。村民萧从顺所存道光年间买田文契中已有五宝田之名,如此五宝田之名至少已有一百多年历史。萧氏祖上有所谓"七公徙楚"。无独有偶,萧守造家里存着一张手写的"湖南辰溪萧氏始迁祖历史表",记载有:

> 宋熙宁年间,我通滨公兄弟七人由江西吉安府泰和县早禾市梅子坡圳上迁楚南宝清府南门。后瀁公、滨二人居新化桃林梅城,滨公落炉观,后生汉三公南俊公、祖颐公,万五公。万五公生三子,启泰、启丰、启恒(即文治、文浩、文渊),启泰居辰溪县龙头庵黄桑溪人即老屋萧家与启丰住辰溪县长田湾麻阳萧家坡,沅陵县城西县县城附近。我祖启泰人后裔,宗安公移住五宝田。至今萧姓从江西迁往湖南已有900多年历史,从宝庆迁辰溪已有近600年历史,我村五宝田从老屋萧家迁来,已有300多年的历史了。凡辰溪、沅陵、溆浦、麻阳、中方各县的萧姓多数都属万五公后裔。

文字能够记下历史,但是人们的记忆往往与他们的年岁和经历有关。由于五宝田地理偏僻、交通不便、生存环境等原因,从族谱记载来看,历史上五宝田外迁人口较多。村里目前没有百岁老人,最年长的在九十余岁,通常村民们的口传记忆都在百年之内,且对于这些记忆,零碎而杂乱,极少有人能够说清道明。

访谈一

萧守造:我们这个村子啊,在我们小的时候,真正务农的只有两户人家。

笔者:为什么?

萧守造:为什么啊,他们都是穷人,这里过去也有穷人的,但是穷人也不种田的。那他们干嘛呢?过去我们这个院子都有钱嘛,都是有钱人家,他们在有钱人家里找事做,每天都有事可做,也有饭吃。过去有句古话啊,是这么讲的"傍富者不穷"。你想想,我们这个院子里富的人多了,就没有穷人了,那些原来是穷人的,在富人家稍微劳作一下,富人给你开工资,给你饭吃,就不愁生活了。过去年轻人,要不就去扛枪①,他家里人呢,就帮这个财富人家洗洗衣服什么的。这些有钱人家呀,挖地锄草要请人,过节出去走亲戚,也要有人挑东西。这就有事做了啊,好多事可以做。

笔者:那后来为什么又穷下去了呢?

萧守造:原来他们没有钱,没有田,没有地,只能帮人家做工。在过去那个年代,解放的时候啦,要打到土豪劣绅,就是打倒地主。打倒地主的时候怎么办呢,就把这些田啊地啊都没收了,归集体了,国有了,以前这些田地都是他们私有的嘛。那穷人就没有饭吃啦,没有田,没有地,连有钱人家都没有了,那么做什么工。那个田都是地主人家的,你做工收了四斗谷子,那么你可以得一半,收了一担谷子,我的老板就要分一半。②

访谈二

笔者:据说这里的大院子以前都是地主家的?

杨隆炎:嗯,我们这里院子基本都是地主人家的,要打倒地主的。地主,你们年轻的就不知道了吧。那时候有那个红军啊,红军来了,把我们解放了,解放了以后呢,就要打倒地主。那时候我们这些穷人啊,原来我们都是住在外面的。结果都住他们家里了。地主跑到外面去

---

① 扛枪:指做保镖。

② 据访谈录音整理。访谈时间:2013 年 8 月 5 日,访谈对象:萧守造。

了,打地主嘛。那个时候打倒地主啊,之后就分田地、分房子了。①

访谈三

笔者:村里的前人是怎么找到这个地方的啊?

萧典军:就是说我们的祖宗是怎么走到这个地方的咯。本身我们是从龙头庵萧家迁来的,龙头庵又是从江西搬来的。我们的祖宗是从江西迁到湖南来的。

笔者:那么远啊。

萧典军:听说湖南在朱元璋的时候啊,湖南的汉族人基本上都被杀光了嘛。

笔者:可是这边在杀汉族,你们迁过来不是很危险吗?

萧典军:那我就不清楚了,这都是老人家讲的。过去我们年轻的时候,刚好国家搞集体的时候,村子里面那些好的房子都是大队的。

笔者:大队那些房子在哪里啊?

萧典军:比方萧典亮家的屋啊,原来那座房子是我们村子里的,后面就卖掉了。

笔者:是什么时候卖的啊?

萧典军:九几年的时候。

笔者:那个时候为什么要把那座房子卖掉啊?

萧典军:集体要拉电啊,修路啊,做点工作嘛,需要开支,没有钱,合计着村里有那个空房子,就把那个房子卖掉了。村子里还有一些房子是集体的,后来都卖掉了。

笔者:还有哪些房子啊?

萧典军:典亮下面那个屋,就是溪边的那家,他儿子在辰溪的,守正家嘛,他那个屋原来也是集体的。

笔者:这些都是集体的啊。它们归集体之前,这些房子是谁的啊?

萧典军:集体以前啊,那个房子解放后就是归集体的,那么解放以前就是他们地主人家的了。

笔者:地主人家也是我们五宝田村子里的吗?

萧典军:嗯,是的啊,都是姓萧的。那个时候,我们院子地主的财富人家(有钱人),大户的有三十多户。那个时候他们多的能收一万多担

---

① 据访谈录音整理。访谈时间:2013 年 7 月 24 日,访谈对象:杨隆炎。

谷子,少的也有两三千旦谷子。原来在铜顶啊,上蒲溪啊,宝石坪啊,龙脑上、排子坡,这一带的田都是我们村里人的田,都是我们村子里财富人家(地主)的啊!他们那些地方的人都是穷人,那边的田都被我们村的地主人家买过来了,那里的田都是我们村的。

笔者:我们村里财富人家买田的钱是哪里来的呢?

萧典军:那我就不知道了。

笔者:你有没有听老人家说起过?

萧典军:我们村子有三百多年的历史,最远的时间要到明朝末期,我们姓萧的明朝末期清朝初期就到这里来了,所以也有三四百年的历史了。我父亲 1999 年去世的,他还在的时候,我就问我父亲。他们老人也没有什么正确的答案的。

笔者:村子里面那些挂了牌子的房子,上面都是写着清朝啊,那个时候就建了这么好的房子,有没有什么传说啊?

萧典军:这个也没有什么说法的,因为这些财产啊,也是一户人家的秘密,现在不像是以前一样,以前不会向外人说,所以这个东西我们外人也不太清楚的。

笔者:可是姓萧的不是一大家的吗? 小时候老人有没有说院子里的故事给儿子辈吗?

萧典军:他们只是会说院子里有一家有很多田地。我父亲会和我说,原来我们院子里那些人家是最有钱的。

笔者:哪一家最富有啊?

萧典军:他们那时候都是说外号的,田最多的那家外号叫大屁股,林造胡子(音)钱最多。[①]

访谈四

笔者:像耕读所那座房子是请哪里的人来修的啊?

杨小丽:是邵阳的哦?

萧典柏:嗯,是邵阳那边的师傅来修的。

杨小丽:邵阳宝庆的。

萧典柏:耕读所那个房子啊,十多个师傅修了三年。

笔者:那院子里面其他的砖房子呢,像典亮家的、守正家的那些?

---

① 据访谈录音整理。访谈时间:2013 年 8 月 17 日,访谈对象:萧典军。

萧典柏：那些砖房子都不是那个时候修的，是解放以后才有的。

笔者：啊！那种带风火墙的房子吗？

萧典柏：哦，他们那个啊，那是解放以前修的，那个是有二十多户财富人家，他们钱多了，做得大了，就修起了那个房子。以前啊，我们五宝田有二十多户财富人家的，他们一个人家修一个仓库。你看那个耕读所门上有写"三余余三"嘛，"三余余三"讲的就是耕读所嘛，耕、读、所。"三余余三"的意思就是讲那个里面有仓库啊，又要喂猪啊，喂马、喂鸡，还有粮食啊，都在那个里面，里面又有学生在读书，就是这么个意思的。

笔者：耕读所那座房子是以前的地主修的吗？

萧典柏：嗯，是的。那个房子大概是三几年修的。

笔者：耕读所前面那个牌子上不是写着是清朝的时候修的吗？

萧典柏：清朝的时候？那不是的，是大概一九三几年的时候修的。

杨小丽：三几年修的？

萧典柏：里面那个屋子没有修好久的。

笔者：那村里面其他房子呢，比如典亮家看起来像外国的房子一样的，那个是什么时候修的？

萧典柏：他那个房子啊，有百多年了的。

杨小丽：不是吧，那百多年的你怎么晓得的。

萧典柏：那晓得的，家里的大人会讲的嘛，院子里的房子修了多久了，耕读所的房子修了多久。他们讲，耕读所那个房子十几个工匠修了三年嘛。

杨小丽：那外面那个墙呢？

萧典柏：墙是修成功了之后围起来的。现在建房子那个地方，以前是和田一样平的，他们从溪里面担沙子上来填平。以前那里有一棵柚子树，老人家都说那里埋了好多钱，后来他们就找人去挖，挖得没多深就看见从溪里面担上去的石头。

笔者：那村子里面的老房子最早是什么时候修的啊？

萧典柏：这个我就不清楚了。

笔者：像溪边那座房子呢？

萧典柏：他屋的房子啊，那也没有修好久的。

笔者：是造好了重新修过还是怎么的？

萧典柏：是建房子的。

笔者:那他们屋门口写在那里的都是说清朝修的,那是怎么回事啊?

萧典柏:那我就不清楚了。原来我们这里的老屋子,现在分给我大儿子住的屋子,那个是1886年修的。

杨小丽:我听见边上屋的典四讲,那个屋子原来有几十间的。湘武他说有二十几间。

萧典柏:它那个房子不一样的,你走到那个房子楼上去看啊,它原来里面很深的,现在都分开了。它以前是两层楼的,下面有十六间,楼上还有十四间。

笔者:那是多少重的屋子啊?

杨小丽:就是一重屋子啊,就像四合院一样,走过来弯过去的。

萧典柏:就是一重屋子连起来的,外面都是墙。

杨小丽:那是个圆的吗?

萧典柏:就是个四方的。

笔者:那方形的就是四重屋咯。

萧典柏:它中间有个天井的,四面横过来竖过去都有房子的,那就是四重屋子。

笔者:那座房子原来是谁住的?

萧典柏:原来啊,我们只知道名号的,原来是林造胡子①住的,我们院子里都是喊他林造胡子,他的名字还真记不清了,好像是昌字辈的。他家里家屋大,家里钱也多,但是他没有什么后人的,他屋里一开始就只生了一个女孩,就放到辰溪去养的,那个时候外面还是相当乱的时候,就送出去了。他屋里就得了一个女儿,就是没有儿子。他家里的女儿嫁到沅陵那边,结果被那边的人欺负,家里养的鸭子、鹅都被抢走了。那时候我哥哥还有院子里面其他两个人就去帮她的忙,去抓抢东西的坏蛋。

笔者:林造胡子就是原来我们村子里最有钱的人家咯?

萧典柏:嗯,是的。

笔者:听书记说,林造胡子是他的曾祖父。

---

① 对于林造胡子,有村民认为就是萧昌瑞。而查族谱记载,萧昌瑞有子洪图,其后于民国三十年(1941年)徙居长冲口狐狸湾。

杨小丽：那个是真的。

笔者：那怎么可能只生了女儿呢？

杨小丽：不是亲的嘛，应该是堂的。林造胡子他只生得女，他是我们一个屋的啊？

萧典柏：是的，和湘武祖上是一个屋的。

杨小丽：那是堂里的，是吗？

萧典柏：嗯，是堂的。

笔者：哦，是同一家的吗？

杨小丽：是一个屋子的，但是是堂的，不是亲的。

萧典柏：林造胡子屋里只生了女儿，没有生儿子，他就没有心思赚钱了，就只花钱不赚了，就把家屋都败光了。到后面他家里穷了，女儿也穷了，嫁到外面才被人欺负。

笔者：他原来是怎么赚钱的啊？

萧典柏：做工啊，做工一天得到一升米，然后要别人给他种田啊，好比讲一石谷的田，他收上来，做工的人只得一升米，那他就赚得多了，两三年以后他家里的家屋就起来了。做大了他就开始买田地。

笔者：那他是最有田，不是最有钱的咯？

萧典柏：嗯，是最有田的啊。

笔者：是原来有家底吗？

杨小丽：那是原来家底好啊。

笔者：那他的家底是怎么来的呢？

萧典柏：那就是这么开始的，他祖上传给他的。

笔者：祖上是怎么赚的家底呢？

萧典柏：那我们就不清楚了。他屋里生不出儿子，后来这些都没有了。

杨小丽：那他只娶了一个老婆啊？

萧典柏：不是的，一个生不出来，又找了一个，最后还是没有得到儿子。

笔者：他总共娶了几个老婆啊？

萧典柏：他家里就两个老婆。

笔者：两个老婆就生了一个女儿？

萧典柏：一个不能生，另外一个生了一个女儿。

笔者：那他的女儿怎么到后面就穷了呢？

萧典柏：林造胡子生不出儿子，他家屋的钱就自己用着了，到了解放以后，那些田啊、地啊、屋子啊，都被集体收了，不是他们家里的了，所以他们家最后什么也没得了。他自己日子是过的好的，他女儿就惨了。

杨小丽：他这么有钱，应该过得和皇帝一样了！那他们屋里面有专门请起人的吧，请起保姆。

萧典柏：他家里长工短工都很多的，请起人专门做饭，专门洗衣裳，还有做工的，都有。他家里还有那个仓屋，就是现在耕读所①啊，里面喂起猪，养起牛，收起谷子。里面都有长工在管的，有的要去放牛，把牛带去外面吃草，吃完了再带回来，放牛回来再给他带一担柴火。那个放牛的人回来以后还要挑水，把屋里的大水池都挑满。

笔者：他家里养起很多长工？

萧典柏：嗯，家里一般都养起几个长工，忙的时候再多请几个。比方说到了三月份，到了要种田的时候，再多请几个帮手，他们种完田了就回去了。其他的就留在他家里，有喂牛的，煮饭的，洗衣服的，这些是一年四季都在他家里。还有一些临时的呢，就是在繁忙的时候再请过来做事，请来种田啊，挑牛粪啊，挑猪粪啊，这些活就请起临时的。

笔者：请短工，临时工。

萧典柏：嗯，忙的时候就请，春天种田的时候要请，夏天打禾的时候还要请。打禾打完了以后，又不要他们了，就让他们回去了。

笔者：一般请来的都是哪里人啊？

萧典柏：都是附近的人。

笔者：他家里的谷子收下来是拿来卖吗？

萧典柏：他要放债的，打个比方，我没有饭吃了，你粮食多，我就去你那里借，我借一斗谷，就要还一斗二。

笔者：今年我借你的，明年还呢？

萧典柏：你到来年还呢，那就要一斗四了，借的时间久了就要往上涨了。他借出去的越多，还给他的就越多，他自己也就赚了，做生意一样的，就和他们放高利贷差不多的。还有啊，他家里有一个米缸，穷人家去给他拜年，他就舀一升米给你。那我们院子里面二十多户地主人

---

① 耕读所的建造者为萧昌秀。

家都是这样的。

杨小丽:哇,那一个人拜完年就有二十多升米啦!我们村子有二十多个地主嘛,穷人家到每一个地主家里去拜年,每个人家给一升米,二十户人家走下来,那一个穷人就有二十多升米啦!

笔者:去地主家里拜年要送东西吗?

萧典柏:不送东西,就是去讨个喜,然后说句吉祥的话。

笔者:那后来这些地主怎么样了啊?

萧典柏:地主啊,解放了,集体上来人到我们五宝田,把有钱的人家划为地主,被划为地主以后呢,就把他们的家屋,就是房子啊,田地啊,所有财产都要充公,再分给贫农、中农。那地主人家怎么办呢,以前村子里最穷的农民家里有多少,就给他们多少。你像书记萧湘武的爷爷,他家里家业大,但是后来抽大烟,抽着抽着家底就没有了。

笔者:他那个大烟哪里来的呢?

萧典柏:买的啊。

笔者:自己种不种啊?

萧典柏:不种,村子里面没有人种的,就是到外面去买的。湘武家祖上就是抽大烟抽光的,到最后成分还是地主,但是家屋已经空了。

笔者:他们去哪里买大烟呢?

萧典柏:大烟一般是从贵州那边过来的。

笔者:是运过来买吗?

萧典柏:嗯,从那边运过来的。现在还有的,贵州、云南那边,他们抽大烟的相当多的。

笔者:除了抽大烟抽穷的,其他地主的财产都被充公了,对吧?

杨小丽:不杀地主的,就是把他们的房子啊,钱财啊都拿走充公,再把地主也变成农民。

萧典柏:把他们弄得跟大家一样了。

杨小丽:比穷人还要穷了。

笔者:那个是什么时候啊?

萧典柏:那个啊,那个是1952年的事情了。我是1949年生的,1949年的时候五宝田就开始解放了。老人家和我们讲,那一年外面来了好多人,村子里的人还以为是土匪来了,实际上是解放军来了。他们来了一个团,住在那个老仓屋里面。他们来住了一个晚上,我们村子很多人都不敢呆在院子，都跑到山上去了。后来他们就在村子里写起口号，"打倒土豪劣绅""解放全中国"，写些标语嘛。

笔者：真是土匪的话，墙那么高也不用跑到山上去啊。

萧典柏：呵呵，他们害怕嘛。

笔者：以前这个村子打过土匪吗？

萧典柏：没有。1949 年的时候才开始解放，还没有完全解放，大概是到了 1950 年村子才解放。解放以后就是打倒地主，财产充公嘛，村里分了贫农、下中农、富农、地主几类。

笔者：那时候你们家属于哪一类啊？

萧典柏：我们家属于贫农的。

笔者：分房子是从贫农开始分吗？

萧典柏：嗯，是的。

杨小丽：所以他家里就有老房子啦，他大儿子的房子就是老房子，原来是那个林造胡子住的嘛。

萧典柏：嗯，那个房子就是那时候分来的。①

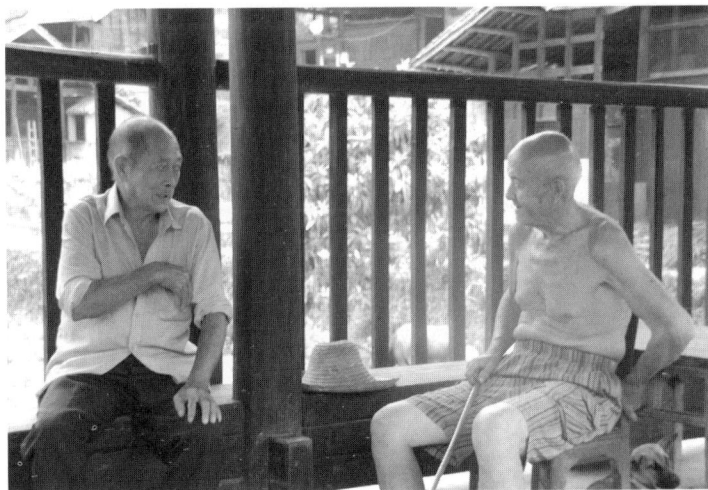

图 2-58　回忆远去的历史

---

① 据访谈录音整理。访谈时间：2013 年 8 月 22 日，访谈对象：萧典柏；翻译：杨小丽。

　　从村民的言语中，我们可以还原出一段有关于五宝田萧氏的历史。在中华人民共和国成立以前，部分五宝田萧氏敛财有道，很是富奢，属于当时的地主阶层。中华人民共和国成立后，经历了"打倒土豪劣绅"，五宝田萧氏进入了集体时代，每家每户的房屋得到了重新的排列，他们安排条件最艰苦的家庭住进最好的房子，而原来地主家的子弟则遭到了边缘化。尽管划分了房屋，田地依然属于集体，五宝田萧氏过上了赚工分的集体日子。

第三章
守望生活:汉文化的日常景象

五宝田村地处于瑶乡深山之中,由于交通相对闭塞,五宝田村与外界的联系并不是非常密切和频繁,村民生活平静而祥和。正如唐代隐士寒山的《隐士》诗所云:"腾腾且安乐,悠悠自清闲。免有染世事,心静如白莲。"这里远离城市的喧嚣和嘈杂,村民的收入来源多半依靠着五宝田村当地的物产资源。他们秉承"耕读兴家"萧氏家族的祖训,"日出而作,日落而息"的生活耕作方式至今依然是五宝田村人的常态。村民以耕作农作物作为主要的经济来源之一,以养殖禽畜来作为补贴家用和食物。五宝田村人就这样世代生活在自己精心构筑的山水田园中,热爱着自己生活的这片土地,静静地享受着田园之幽雅,家园之和美,网织了一幅天人合一的美丽图景。

一、农耕山林:桃花源里好耕种

五宝田有着得天独厚的开阔平地和林木众多的山地丘陵,适宜耕作。农耕是五宝田汉族最主要的生计方式。五宝田拥有总人口449人,有耕地面积312.3亩,人均耕地面积较少。这里的农耕产出仅适用于自给自足,可谓在"桃花源"里耕种。村民们把"田"和"地"分得很清楚,田是平坦的,主要用来种粮食;地多在山上,主要用来种蔬菜和粗粮。在五宝田,田里多以种水稻为主,冬季可种植油菜;地里则主要种植黄豆、玉米和红薯等。

自迁居以来,五宝田村民世代在此耕种,农耕文化成为一个传统。如果你与村民聊起种田的话题,他们会热情地告诉你,他们是怎样按照节气安排耕种时间的,怎样防止病虫害的,如何抗旱灌田的,怎样储存粮食的。

图 3-1　晨间徒步去拾柴火的村民

图 3-2　割牛草回家

图 3-3　早起为家人准备早饭

图 3-4　清晨,村民在路边割猪草

图 3-5　老院子溪边晨景

图 3-6　一早下河洗菜的村民

(一)话节气

辰溪属中亚热带季风湿润气候区。县境内冬夏长，春秋短；冬无严寒，夏无酷暑。气候温和(年平均气温在16.5℃到17.9℃之间)，雨量充沛(降雨量为1328.4毫米)，热量丰富(日照时数1476.8小时)，无霜期长，四季分明。境内粮食作物种植以水稻为主，小麦、玉米、红薯等旱粮作物次之。

"凡农之道，候之为宜"，农事活动具有的季节性，使得农业生产强调不误农时。《汉书·艺文志》曰："历谱者，序四时之位，正分至之节，会日月五星之辰，以考寒署杀生之实。故圣王必正历数，以定三统服色之制，又以探知五星日月之会。凶厄之患，吉隆之喜，其术皆出焉。"是故古代"历谱"就是一份耕种时序表，并具有严肃性与神圣性。古代农民在长期耕作的实践中，逐渐形成十分强烈的时序和节气概念。民间对农事的安排，《荆楚岁时记》亦有记载："春分日，民并种戒火草于屋上，有鸟如乌，先鸡而鸣：'架架格格'，民候此鸟则入田，以为候。""杜鹃初啼，田家候之。""四月也，有鸟名获谷，其名自呼。农人候此鸟，则犁耙上岸。""仲冬之月，采撷霜芜菁、葵等杂菜干之，并为咸菹"等。这些记载都反映了当时农民依节气变化有条不紊地安排农业生产。对此，美国人金氏曾说道："(中国)农民就是一个勤劳的生物学家，他们总是努力根据农时安排自己的时间。"[1]

春种、夏长、秋收、冬藏的农业生产观念，在五宝田人的头脑中，非常明确，而且坚定不移地遵循。五宝田人十分重视农时，对立春、雨水、惊蛰、春分、清明、谷雨、立夏、小满、芒种、夏至、小暑、大暑、立秋、处暑、白露、秋分、寒露、霜降、立冬、小雪、大雪、冬至、小寒、大寒二十四节气[2]大多耳熟能详，并认为只有把握好了农时，才能获得农业的丰收，才有吃不完的粮食。因此，农历二十四节气在整个生产过程中，地位相当突出。一切农事生产活动，从播种到收获，各工作环节都是有条不紊地、按部就班地顺应农时而依次展开。

要有个好收成，就要做到不误农时，耕作是有节令、有时间性的。

---

① [美]富兰克林·H.金：《四千年农夫：中国、朝鲜和日本的永续农业》，程存旺、王嫣译，北京：东方出版社，2011年，第7页。

② 二十四节气中反映气温变化的有五个节气：小暑、大暑、处暑、小寒、大寒；反映降水变化的有七个节气：雨水、谷雨、白露、寒露、霜降、小雪、大雪；反映物候的有四个节气：惊蛰、清明、小满、芒种。

农时不会等着我们，谁也不能叫"春分""清明"迟来几天吧。该插秧的时候就要插秧，该割草的时候就要割草。要是事先准备不好，临时抱佛脚，肯定会影响收成，"人误地一时，地误人一年"啦。[①]

据了解，五宝田村山地多，平地较少，海拔高度在 216 米到 473 米之间，土壤以红壤为主，还有山地黄壤、黄红壤等酸性土壤，土质覆盖层厚，气候温热，适宜水稻、荞、麦、玉米、高粱、粟、红薯等多种农作物生产。以水稻为主，稻田分冷浸田和向阳田。一般向阳田种粳米，冷浸田种糯米。农业生产由一系列工作环节所组成，如耕地、播种、灌溉、施肥、收获等。

立春，主要从事越冬作物的田间管理，中耕松土，追施返青肥，防冻保苗；选购水稻良种，备好苗床和营养土等。雨水，气温回暖、降水增多，农谚说："雨水有雨庄稼好，大春小春一片宝。"雨水正是小春管理、大春备耕的关键时期。生产活动逐渐增多，给油菜看苗施肥，清沟排水，除草防病，稻谷备种、选种、晒种。惊蛰，视为春耕开始的日子，主要准备早稻播种，换好良种，备好地膜，耕好秧田，备足秧灰，适时播撒。

村民多在春分、清明间浸种催芽，清明、谷雨间插秧，这与旧时"清明浸种，谷雨下种"的说法相吻合。每年农历三月，当太阳到达黄经 15°时为清明，是稻作开始的一大节气。《月令七十二候集解》说："三月节……物至此时，皆以浩齐而清明矣。"故"清明"有冰雪消融，草木青青，天空消澈明朗，万物欣欣向荣之意。"满阶杨柳绿丝烟，画出清明二月天""佳节清明桃李笑""雨足郊原草木柔"等名句，正是对清明时节天地物候的生动描绘。清明是万物复苏的节气，五宝田的耕作时序也从清明开始。"清明前后，种瓜种豆"是这段时间农事活动十分繁忙的写照。

立夏是水稻栽培和其他春播作物管理的大忙季节，田间管理要早追肥，早除草，早治病虫，促进早发。至小满，油菜、小麦等夏收作物进入收割期。早稻中耕管理，适时施肥，促进早生快发多分蘖。旧时还对苗齐的稻田及时排水晒田，控制无效分蘖，同时抓紧对稻田的病虫害进行监测与防治。

芒种，是村民最忙的节气，既要收又要种，更要管理。有所谓"芒种芒种，边收带种""芒种不种，再种无用""过了芒种，不可强种"。随着雨季的来临，气温逐渐升高，进入病虫草害、渍涝、冰雹等自然灾害高发期，稻培管工作到了关键时期，除追肥补水、除草外，主要是防治稻瘟病、纹枯病、白叶枯

---

① 据访谈录音整理。访谈时间：2018 年 8 月 9 日，访谈对象：萧守正。

病等病虫。此时，油菜收割煞尾，抓晴好天气晒干入仓。

夏至，预示热天正式到来，当地有谚语："夏至夜短，冬至夜长。"意思是夏至这天白天最长，黑夜最短。又有俗语："进入夏至六月天，黄金季节要赶先。"即夏至时，气温较高，光照充足，作物生长旺盛，所以夏种要抢早播种，充分利用光温资源，促进夏播作物早发壮苗。而这一时期，杂草、病虫迅速滋长蔓延，田间管理进入高潮。伴随着旱涝灾害的出现，防旱防涝的工作成为重事。

及至小暑，部分早稻处于灌浆乳熟期，村民此时要加强水稻的管理，防止花期高温伤害和成熟期的高温逼熟，并及时防治病虫害，特别是防止稻飞虱和纵卷叶螟的危害。接着大暑，俗语"稻到大暑日夜黄"，进入一年中最紧张、最艰苦、最吃亏、顶烈日战高温的"双抢"（抢收抢插）。"早稻抢天，晚稻抢时"，力争早稻抓住晴天晒干入仓，又让晚稻能及时插下，保证晚稻有足够的生长期。因此村民如何灵活安排成为大事，晴天多割，雨天多插，保水翻田，件件农事不可懈怠。

大暑之后，时序到了立秋，这个时期面临着水稻三化螟、稻纵卷叶螟、稻飞虱等病虫的集中危害，须加强观测与防治；既要保水蓄水防秋旱，又要开沟抬田防秋涝。而处暑，是二十四节气中气温下降的一个转折点，是气候变凉的象征。这时，早稻已收割完毕，晚稻抢插结束，各种农作物的田间地边管理到了重要时期，其中合理用水与病虫防治是主要农事活动。待白露节气暑气渐消，秋高气爽，需加强好稻田防低温和病虫害的管理，施肥治虫。及至秋分前后，是晚稻抽穗扬花期，五宝田村民这一时期的田间管理主要放在科学用水上，保持田间温度，防止低温冷害。

待寒露节到，气温更低，露水更多，且带寒意。此时正值晚稻孕穗、抽穗期，期间的晚稻管理，过去的办法一是晒好田，二是用好水。霜降，气温逐渐变冷，村民多忙收获，抢收晚稻。到了立冬这个节气，村民主要忙秋收秋种扫尾（晚稻、花生、红薯等抓紧收、晒、入仓），忙冬作物田间培管。小雪，意味着时节已进入初冬，旧时这一阶段称为"冬歇"，积肥、兴修水利、挖山植树等成为这一时段的主要活动。大雪时，五宝田已披上冬天盛装，村民主要抓越冬作物培管，油菜仍在缓慢生长，一方面看苗施肥、除草，另一方面看田清沟去涝。

冬至是农历中一个非常重要的节气，本地有俗语"冬至不冷，夏至不热"，意思是从这天开始，每九天为一个"九"，数到"三九"就进入了最冷阶

段。有的村民就定在冬至这天
杀年猪，腌年肉。杀年猪家的主
人要在堂屋点燃香蜡，放上酒饭
祭祖。小寒节通常处于"三九"
严寒，是一年中最冷的时候。特
别是从小寒到大寒的半个月是
越冬作物的关键时期，主要抓油
菜中耕松土、清沟沥水、培土护
根；稻田冬翻松土，熟化土层等。
大寒，天气进入入隆冬季节，这

图3-7　晒包谷

一时间，农事主要对油菜开沟排水，适时追肥等田间管理，尤其是前期施肥
不足的要加施腊肥。每到大寒节，不少村民便开始忙着除旧布新，制作年
肴，准备年货，在大寒至立春这段时间，有许多重要的习俗和节庆活动（如腊
月二十四日的"小年"、腊月三十日的"过年"、正月十五日的"元宵节"等）。

除农田水稻耕作外，五宝田的四季农活还有种豆、种辣、种瓜、种菜等。
如春分，要抢种豆角、春白菜、辣椒、茄子、南瓜、黄瓜等瓜菜；立夏，红薯抢
插，多种豆类抢种；小暑，萝卜等蔬菜正值种植时机，选好品种下种；寒露二
周后，蚕豆、菠菜、包菜、大蒜等蔬菜播种；立冬，对菜园中生长着的萝卜、白
菜、大蒜加强培管，等等。

五宝田村民对这些农活的劳作时令，摸索总结出的短小精悍的一套套
俗语，承载着他们的劳动经验，一直指导着大家生产。如"时节到来一阵风，
抢收抢种莫放松""二月惊蛰又春分，早育秧苗把田耕，瓜豆育苗抢时节，早
种早栽早收成""一日春谷十日粮，十日春种粮满仓""过了芒种，不可强种。
芒种芒种，忙收忙种。芒种不开镰，不过三五天""锄头犁耙不误人""过伏不
种秋，种了也白收""六月立秋样样丢，七月立秋样样收""小孩望过年，大人
望栽田""要想秧苗好，施肥要赶早""土地是宝，越种越好"，等等。

事实上，有的村民其实并不知道"节气"为何物，但是他们却明白耕种作
物需要关注时节，注意气候，种田要按照季节性，大致三月、四月要把种子种
下去，四月、五月要做的是栽秧苗，七、八月的时候将成熟的稻穗收割下来。
以下是笔者就节气与农事生产活动，对村民张玉珍、萧典军和萧守造的访谈
记录，村民对于节气的理解显然是同中有异。

访谈一

笔者:村里讲不讲节气的啊?

张玉珍:讲啊。不是过节的那个节庆咯,是种田的节气。你看现在七月初一,是立秋,我们这里的稻谷啊,过了立秋以后就慢慢地黄了,就要熟了,要打稻子了。到了八月初一,就可以种油菜啊,麦子啦。那么到上半年嘞,所有的谷子都要在清明以前下地,稻子啊,苞米啊,黄豆啊,苕啊,都要在清明以前种下去的。

笔者:哦,清明之前都要下种。那开春的时候做什么呢?

张玉珍:开春啊,立春的时候要犁田,要挖地,这些都要准备了。在清明之前什么种子都要下到地里去了,那么立春就要开始准备了。春分啊,整个春天都要开始做好准备,要准备种些什么啊,哪些地要去整一整、理一理啊,要买些什么种子回来,哪些田、哪些地要种些什么东西,你就要去买回来。要想好,要打算好。之前是把地犁好,春分就要开始准备种子啦,到清明的时候就要种下去了。等到了立夏啊,就把麦子之类的收回来了。村里面现在都是种水稻不种麦子了。没有种麦子,那么立夏就没有什么东西好收的了。

过了夏天嘛,立秋以后我们就开始收稻子了,收完稻子就准备种油菜。种油菜的话,是八月初犁的田,到九月种下去,那个菜籽种下去,压到地里,两三个晚上就长出来了。还有就是九月,有个霜降,过了这个节气我们就开始摘茶籽,这个时候摘下来的茶籽,榨出来的茶油会多一点。你看我这里有一本黄历啦,这些里面都有的啊。

笔者:那冬天呢?

张玉珍:冬天的时候就不要做什么了。你看这个黄历上写的,这是七月嘛,七月立秋啊。我们种田的来讲呢,半个月就有一个节气,想种什么,准备种什么,要种什么,都是按照节气来的,这个节气可以种什么,要做什么,都是要讲究的。我们这里的黄豆啊,和稻子一样可以种两季的,都要在立秋之前种下去,不然就长不好了。

笔者:这边的田地可以种两季啊。

张玉珍:现在不种了。

笔者:那田里面种完水稻不是还能种油菜吗?

张玉珍:那只有一季,稻子一季,油菜一季。

笔者:哦,那就是一年一季,有两熟的吗?

张玉珍:不是,这个油菜我们只种一季。就是这个黄豆,现在有种一季的,有种两季的。还有那些稻谷啦,那些种子,有早熟的,中熟的,还有晚熟的。要是像这个时候,快立秋的时候种下去,就是晚熟的。这个是今年最后一趟,种最后一趟就不要超过这个节气,过了立秋再种下去就不行啦,没有收成。

笔者:过了立秋再种下去就长不好了。

张玉珍:嗯,就不长籽了。在立秋之前种下去,苗要长出来,长到这么高,那才有可能长好。如果超过这个节气,再种几天,或者过了这个节气才长出来,都不行了。

笔者:要隔多少天啊?

张玉珍:那起码要半个月。

笔者:田里那些新稻子,现在还小小的,刚长出来一样的,那种就是最后一趟的稻子吗?

张玉珍:那个不是,稻子长出来有早有晚的啊,它那个种子是有生长时间的,有的是一百三十几天,有的是一百二十几天,它是长出来晚一些,不是最后一趟的稻子。

笔者:哦,就是周期长一些。

张玉珍:对的。①

图 3-8　田间的稻穗

图 3-9　村民在菜地里劳作

---

① 据访谈录音整理。访谈时间:2013 年 8 月 2 日,访谈对象:张玉珍。

访谈二

笔者：村子里种田讲不讲节气的啊？

萧典军：讲的啊，当然是按节气来的啦。

笔者：那是怎么个讲法啊？

萧典军：一般在清明节的时候种子就下水了，立夏之后就要开始插田了。

笔者：那清明节之前呢？

萧典军：清明节之前啊，一般是就在山上干点活。清明到谷雨，主要是种子下水，养秧。

笔者：那后面呢？

萧典军：秧苗下水了之后呢，什么时候有虫子，什么时候就打虫咯。一般是谷子下水要看时间的，以前是种两季的，现在么都只种一季了。种一季了么，秧苗最晚要在立秋之前下田，立秋以后再来种的话稻谷就没办法成熟了。立了秋以后插的晚稻子就没有谷子收了。一般立秋之前，提前八天到十五天这样都还是可以的。[①]

访谈三

萧守造：(念了一遍纸上的二十四节气)立春、雨水、惊蛰、春分、清明、谷雨、立夏、小满、芒种、夏至、小暑、大暑、立秋、处暑、白露、秋分、寒露、霜降、立冬、小雪、大雪、冬至、小寒、大寒。这些节气，一般我们都不太讲的，就是清明节、八月中秋很重视，村里面有很多人家都会杀猪(我自己家不杀，别个家里的杀)，很热闹的啊，那几天是天天有肉吃。

笔者：那种田的时候讲不讲？比如说立春的时候要做哪些事？

萧守造：种田啊，种田的时候都是有季节性的咯。比方讲，谷子下水了，气候暖和了，培得秧田了，等把谷子养成秧了，长成这么长的秧苗啦(用手比划了长度)，要先把田打理好了。

笔者：什么时候啊？

萧守造：哦，是三月份的时候，就是开春的时候。撒谷子啊，商店里面一包一包的种子啦，把它买回来。我们种的这种米，叫作"泰国一号"。这是种子的名称。

笔者：全村种的都是这种吗？

---

① 据访谈录音整理。访谈时间：2013年8月11日，访谈对象：萧典军。

萧守造:那没有的,现在有好多品种。种起来有高有矮,谷子有长的有圆的。

笔者:那你家种哪一种呢?

萧守造:我种的"泰国一号",全是"泰国一号"。

笔者:哦。那么种好秧田了呢,春天过了夏天要做什么呢?

萧守造:夏天种油菜啊,打完谷子了就种油菜。

笔者:打谷子不是这个时候吗?

萧守造:嗯,是秋天。打完谷子就种油菜了。

笔者:那秋天打谷子,夏天干嘛呢?

萧守造:夏天的时候谷子还没有黄的,不能收的。那么是在家里玩咯,没什么事情,农闲了。

笔者:那什么时候是农忙啊?

萧守造:三月份,春耕忙,那时候最忙。春天忙了以后,就要等到打禾的时候了。谷子黄了,可以收了,就又开始忙了。大概到了阴历七月二十,我们这里就开始打禾了。我们打禾的时候用打禾机,装上柴油机器啊,推着过去把那个稻谷一层一层打下来,打完了就开始晒谷子了。把禾打完以后,就把那个田犁一下啦,好种油菜。

笔者:油菜是撒种子的还是有苗的啊?

萧守造:有苗的。它有菜籽的,配一点地灰嘛。

笔者:地灰是什么?收完谷子把稻草烧掉吗?

萧守造:没有,稻草是一捆一捆扎起来的,我们这里不烧。天气好的几天时间,打完禾,把稻草全部收回来,把它们堆好,可以养猪啊,喂牛啊,做猪饲料和牛草。打完禾收完稻草,就把田整一整,开始种油菜,种小麦。

笔者:种油菜多还是小麦多啊?

萧守造:现在小麦已经没有什么了。都是北方的种。

笔者:油菜的苗也是像插秧一样放的吗?

萧守造:多种方式。过去是一行一行要插得很整齐的,现在都偷懒了,压下去就可以了。

笔者:那你们种稻子的时候,是抛秧的呢,还是自己插秧?

萧守造:没抛的,插秧的。都是自己一个一个插下去的。我们自己到田里去啦,一层一层插好。你像在江苏啊,洞庭湖那边,他们那个田宽得很,他们不插秧,站在田边上,一把一把地给秧撒到田里,丢到泥巴里就不管了。那个才是抛秧嘛,我们这里不,不这样的。[①]

图 3-10 地里的南瓜

图 3-11 菜地里的红辣椒

尽管就现代农业生产来说,由于气象预报等现代科技手段的运用,人们对自然律动的把握亦日渐精确,可不必再完全依赖传统的二十四节气。尽管村里越来越多的年轻人,对二十四节气越来越陌生,但二十四节气作为农事活动的基本时间指针,依然是五宝田人年度时间生活的重要节点与时间坐标,由此在一定程度上亦成为他们日常社会生活的时间指针。

(二)说打虫

在长出饱满稻穗的漫长时间里,稻谷将会受到蝇虫和病变的侵扰,若不及时"治疗",将会影响全年的收成。因此,村民需要在特定的时间内喷洒农药,这些农药或是"治疗"稻谷的不同病变,或是除去各种虫子的侵扰。

据了解,从 20 世纪 70 年代到 2005 年,村民先后用于稻田除草的农药主要有草甘膦、盖草能、乙草胺、除草霸、庄稼汉、精克草星等,使用过高效大功臣、蚜虱净等防治稻飞虱。如今使用农药的情况又如何呢?

访谈一

　　笔者:一年要打多少次农药?

　　萧守造:那要看季节的,最少打两次。刚种下去,秧苗长高了,要打
　　　　一次,农药的品种多得很。

---

① 据访谈录音整理。访谈时间:2013 年 8 月 5 日,访谈对象:萧守造。

笔者:是除什么虫的啊?

萧守造:有好多虫。

笔者:种下去第一次打农药是除什么虫啊?

萧守造:卷叶虫,它会卷叶子的额,有叶子在它爬到叶子上就把它都卷起来,卷到里面叶子就死了,变白了。还有一种叫作钻心虫,稻子一根苗嘛,它那个虫子爬到那个芯子里去,稻苗就死了。还有蝇虫啊,就是那个稻飞虱。

笔者:稻飞虱和蚜虫是同一种吗?

萧守造:不是,蚜虫也是一种虫,要打掉的。(进屋里拿出一个袋子,里面放着各类农药)这个白瓶子(藜芦碱)的一桶水放三盖。还要和其他药水放一起打的。(拿出一包吡蚜酮)这个呢,是打稻飞虱的,要和前面那种一起用的,一次放两包。(接着拿出一瓶敌敌畏)还有这个敌敌畏,很厉害的,放一点点,什么虫子都死得很快,那么想虫子死得快一点,就放它,敌敌畏啦,很厉害的。能飞的虫都能打。很厉害的,其他这些打菜打不到,用它打,敌敌畏啊,打南瓜、黄瓜、西瓜、辣椒,一用就死了。虫死了,瓜也死了。(最后拿出一盒"马拉•辛硫磷",里面是用小玻璃瓶装的药剂)这个,也是打掉那些虫的,还可以打辣子(辣椒)上的虫,用这个打辣子没事。

笔者:这个是放一瓶进去就可以吗?

萧守造:这个一桶水里面要放两支。

笔者:那还要放别的药吗?

萧守造:嗯,这些都可以配的。都是要配起来用的,大瓶的就放三盖盖。

笔者:敌敌畏也放三盖盖?

萧守造:嗯。

笔者:不单独用吗?

萧守造:不是,都要拼起来的。大瓶放三盖盖啊,小瓶的放两支,小包的放一包,都配到水里。①

访谈二

笔者:田里面虫多不多?

---

① 据访谈录音整理。访谈时间:2013 年 8 月 5 日,访谈对象:萧守造。

萧从顺：说多也不多，虫还是有的，要经常打农药。

笔者：都打什么农药啊？

萧从顺：那就讲不完了，有好多的。

萧明友：发病的要打什么农药，治病的。还有虫子多了要杀虫的。

笔者：发病的时候打什么药？

萧从顺：要看什么病了，有稻瘟病啊，纹枯病啊。纹枯病的话就打井冈霉素，纹枯病就是稻子的根，在泥土里的啊，空气不太流通，闷起的。稻瘟病要打稻瘟灵啊。

笔者：每种病只打一种药吗？

萧从顺：那不是的，不只打一种农药。比如那个纹枯病就是打井冈霉素的，很多药配在一起，起作用的还是井冈霉素。

笔者：要掺水吗？

萧从顺：要掺水的。

笔者：掺多少水啊？

萧从顺：一般都是一小包放到一桶水里面。

笔者：多大桶的水啊？

萧从顺：大概十多公斤吧，十七八公斤。一般都是放在打农药的喷桶里，一桶水里放一小包药。

笔者：稻瘟病打什么药？

萧从顺：以前是打的稻瘟灵，现在都是打"井唑多菌灵"。

笔者：稻瘟病是什么时候发病的？

萧从顺：这个的话秧苗成熟的时候就开始发病，一直到成熟了都会有，中间会随时发病的。它从生出来开始就有可能会有这种病，不一定是什么时候，但是随时都会有。[1]

访谈三

廖银银：这个是天灭（天灭牌的吡虫·仲丁威，白瓶绿盖，净含量300毫升）。

笔者：这个是打什么虫的？

廖银银：打稻飞虱的。

笔者：一次放多少量？

---

[1]　据访谈录音整理。访谈时间：2013 年 7 月 25 日，访谈对象：萧从顺；翻译：萧明友。

廖银银:这个一瓶可以兑四桶水。还有这个(噻嗪·异丙威,净重量30克),也是除稻飞虱的。

笔者:这个是一次放一袋吗?

廖银银:嗯,一袋配一桶水。和着"天灭"用,两种农药要和在一起打效果好。这么一瓶配四包可以打四桶水。

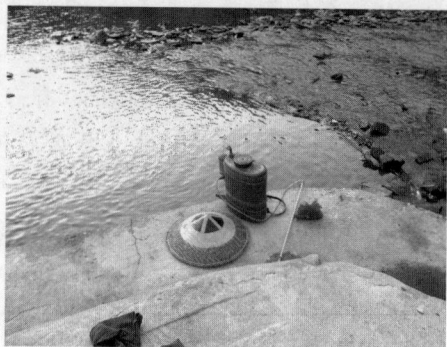

图 3-12　喷桶是村民们用来喷洒农药的工具

笔者:稻飞虱多久打一次?

廖银银:现在稻子快要成熟了,熟了之前打一次。我种的是一百三十几天的秧苗,这个秧苗种下去打了四次虫了。一般是打蝇虫的,就是稻飞虱,蝇虫还小的时候刚长出来就要把它打掉。

笔者:还有什么时候要打农药啊?

廖银银:还有一些病啊,秧苗生病了要打农药,比方说稻瘟病,就要打稻瘟灵。

笔者:稻瘟病是怎么样的?

廖银银:有稻瘟病的叶子就会发黄,发黄了以后呢,它就自己慢慢地躺下去,就死了。还没有见的稻子黄了,就瘦下去了,不长稻子了,过一段时间它自己就枯死了。

笔者:什么时候会发病?

廖银银:从秧苗长到稻子啊,一般是栽下去一个月的时间,有的时候才二十几天就会发稻瘟病了。

笔者:还有什么虫或者病需要打农药呢?

廖银银:没有了,一般稻田里面只长这么些虫子嘛。

笔者:今年打了多少次农药?

廖银银:今年打了三次了,还有一次。都是打蝇虫,今年稻瘟灵都没有用。①

---

① 据访谈录音整理。访谈时间:2013 年 8 月 16 日,访谈对象:廖银银。

从村民的回答中可以发现,他们使用农药的种类比较多,主要是用来除去稻飞虱、卷叶虫、钻心虫等对水稻生在有害的虫子,以及及时"治疗"稻瘟病和纹枯病之类的病症。

(三)聊耕种

顺着农事安排的季节性,村民们聊起了播种水稻的步骤。农历二月,村民们到集市上将谷子买回。集市上的稻谷种子多属于江苏或海南一带,怀化的生意人将它们买过来,带到团山、铜湾和龙头庵的集市上贩卖。种子买回来之后就开始养秧。村民们将种子放在冷水里泡上一整夜,待到种子开始发胀后,取出放置在温水里。如此一来,种子慢慢地长出了指甲盖长的芽和根,之后再将其播种到犁好的田里面。一个月之后,种子长成了秧苗,此时村民们把秧苗收上来,用绳子扎好。收上来的秧苗要在阴历四月至端午节之前种下。这就是稻谷下田之前的全过程。

常年耕种的村民对播种水稻的步骤非常熟稔,此外他们对其的耕种经历也记忆犹新。村民萧守造说起了他最初的耕田经历,随后还提到了过去借谷子的规定。

> 以前我们的老人家都不耕田,都是地主子弟啦。解放以后,我们也才十四五岁,那就开始劳动了,学耕田。那个简单的,种田没要什么技术,只要靠劳力。那时候看着人家怎么做,我们也怎么做,人家跟着牛走,我们也跟着牛走。过去我们这里还有帮别人家打谷子的,帮有钱人家打谷子,能得到一半的收成。这是个老规矩,谁家都是一样做的。还有呀,借谷子的话,那也有老规矩的。比如说你家没饭吃了,向我借,那么借一担谷子,要还三箩,一百斤啦,过去不用称,讲箩。四斗是一担。我借你一担谷子,你就要还我六斗。就是说,我借你一担,你还我一担,可是我还是要收利息的啊,那你就要多还我两斗。两斗是利息,四斗一担,再加两斗,借一担还六斗,就是三箩。六斗三箩,三箩筐啊。这个借谷子也是老规矩定的。那向别人租田的,也是有规矩的。一般是我的田你租去种,种好了之后得一半。我一半你一半。现在你去种别人的田,都没有人收你任何谷子了。[①]

由于村子里大部分年轻人外出,多数家庭分到的土地得到空闲,因此村

---

① 据访谈录音整理。访谈时间:2013 年 8 月 5 日,访谈对象:萧守造。

民中租借土地耕种的现象是比较普遍的一种现象。

访谈一

笔者：你家里种了好几亩田啊？

张玉珍：今年啊？今年种的有三四亩田的。

笔者：都是自己家的田还是有租来的？

张玉珍：自己家的，还有租别人的。我自己家没有好多田，最多就两亩嘛。就从别人那里租了一两亩过来种。

笔者：田是怎么租的？

张玉珍：田啊，他们不在家的，都到外面打工去了，他们不种，我就去种他们的田。

笔者：要和他们商量，写个东西的吗？

张玉珍：不要的。

笔者：租来是多少钱一亩啊？

张玉珍：租田就是给点谷子的，不用给钱的。①

访谈二

笔者：村子里那么多人出去了，但是每一块田都还有人种，是大家合着种的吗？

萧从顺：不是合着种的，是每家每户自己种的，就是有些人家是在别人的田上种的。现在种别人家的田也都不要租金的。我有一些田在比较远的地方，有人家的田挨在边上，我就把我的田给他们种了。我在山后面三公里的地方还有田，那里都属于中方县了，比较远了，就给别人种了。

笔者：你的田怎么会分在那个地方呢？

萧从顺：那是过去的事了。解放以后，那时候还属于五宝田的田，再远也是属于我们这个地方。那时候是自耕自足嘛，哪个种起的田就是哪个地方人的田。所以那个地方的田远是远，但是还是属于五宝田的田。

笔者：就是说那片田以前是五宝田的，现在划界到中方县了，田还是属于五宝田的。

萧从顺：是的，就是这样。村里还有田在远的地方，比我那块田还

---

① 据访谈录音整理。访谈时间：2013 年 8 月 2 日，访谈对象：张玉珍。

远。我们村子里面田算少的，人也不算多，但是每个人分到的田相当少，你不要看村子中间整块整块这么多田，实际上如果村子里所有人都在家的话，粮食根本不够吃。一个人可能只分到一石谷田，六石一亩嘛，想想一个人只能分多少。①

尽管村民之间租借土地进行耕种，但不少的农田依然成为了荒地。对于这种现象，萧守造老人说出了他的担忧。

现在已经有很多田，在山里面的那些啊，已经全部荒掉没有人种了。荒了多少田啊，他们都不种了，种田划不来，算算账都觉得划不来。年轻人都不愿意种田，有些年轻人也不会种田，年轻人都到辰溪去啊，到怀化去啊，外面做一天工，是两百块钱，一百八最低。现在谷米不贵啊，一年种田的谷子，只卖一百三十八块一斤。那还种田吗？做一天工有百把块钱，谁来种田啊。划不来的，年轻人都到外地去了，都到外面买房子了。我们这辈种完田了之后，这些田怎么办呢？②

即使是如此，传统农业耕种的生产方式仍是留守五宝田的村民的主要生计。也正因为耕种，农耕生活衍生出了五宝田以前"耕读兴家"的场景：耕读所楼上勤读书，楼下忙丰收。如今，耕读所已经停止办学，人们也不再在耕读所里劳作，但是"耕读兴家"的祖训没有被遗忘。五宝田汉族深谙"一分耕耘一分收获"的道理，他们日日早出，劳作于山林之间，用这一份辛勤耕耘着每一年的丰收，守望着农耕文明。

（四）灌农田

对于五宝田的村民来说，2013 年是一个干旱的年份。进入夏季以来，连续有近一个半月没有下过雨了。而种植水稻必须保持水源的充足，不然将会影响收成。眼看稻子进入成熟期，天公仍然不曾作美，担心收成的村民心急如焚。

这个天啊，太热了，又干旱，不下雨。温度太高，田里抽水的时候稻子要氧化的嘛，时间一长，稻穗上空壳的就多了。今年收成啊，可能不太好。③

---

① 据访谈录音整理。访谈时间：2013 年 7 月 25 日，访谈对象：萧从顺；翻译：萧明友。

② 据访谈录音整理。访谈时间：2013 年 8 月 5 日，访谈对象：萧守造。

③ 据访谈录音整理。访谈时间：2013 年 7 月 25 日，访谈对象：萧从顺；翻译：萧明友。

田里面种水稻需要水，要拿水灌田的，这段时间都没有下雨，干旱的很呐。我们这里从阴历五月二十日（阳历 6 月 27 日）到现在（阴历六月二十九日），将近四十天没有下过雨了。这两天忙着抗旱啦，修水渠。有些扛水管，拿个水泵到溪里抽水上来到田里。我家后面有山泉嘞，我家离田又近，我就从家里面牵水管到田里。水稻总是要水来养的，干旱了它就没有收成了。这几天就忙这个事情了，稻子快要熟了，再不灌水就没有收成了。过两天稻子熟了就忙收稻子。[①]

图 3-13　干旱无雨的夏季，有的村民用水泵
　　　　　抽取溪水进行灌溉

图 3-14　村民引山泉来灌溉农田

图 3-15　村民们清理田间的水渠

图 3-16　村民们使用打稻机收割成熟的稻穗

---

①　据访谈录音整理。访谈时间：2013 年 8 月 5 日，访谈对象：萧守造。

久旱之下,村民们如何解决灌溉问题?村民们寻找可利用水源,运用各种方式灌溉农田。

农田灌溉的主要水源是溪水。原本玉带溪的溪水可以经过水渠流进稻田。然而由于泥沙的淤积和丛生的杂草,溪水常常流过一处就被堵住了。于是村民决定疏通水渠。7月29日清晨6:30,村主任萧典军在村头吹起了哨子,发动村民们下田修水渠。在哨声的召唤下,不会一会儿就有十多个村民来到了田间。他们手上拿着铁铲、锄头和镰刀等农用具,分成三人一组,顺着同一个方向在不同的水渠道里开始劳作。手握镰刀的村民走在前面,挥臂除去水渠两边丛生的杂草,其他村民随后用铲子、锄头和长木棍将水渠里的淤泥清除出来。不一会儿,溪水流过的叮咚声就在田间响起。经过半个小时的疏理后,田间的水渠变得通畅,溪水流入水渠,注入田间,不再有阻碍。

然而长时间的干旱使得玉带溪的水位下降,导致溪水无法顺畅地流入水渠,稻田的需水量无法仅仅以水渠通水来满足。因此,村民们寻找新的灌溉方式,即用水泵抽水灌溉。一时间,每天都能在溪边见到提着水泵拎着水管的村民。新院区的木桥旁设有一座电表,村民们常常选择从此处抽水灌溉。他们找一处溪水较深的地方,使溪水没过水泵,水泵一头接上水管,根据稻田离水源的距离在田间小道上排布水管。而后将水泵的插头接入电表,拉下手闸,通电之后,水泵开始工作,于是溪水经过水管流入田间。

如此,溪水是灌溉稻田水源。在干旱的时候,村民们以疏通水渠和水泵抽水的方式来引水灌田。

(五)忙打禾

入秋以后,稻田的颜色开始由原来的青葱绿转为金灿黄,饱满的稻穗预示着丰收的时刻。这对五宝田的村民来说,"打禾"的时间到了。"打禾"是五宝田方言中"收割稻子"的意思。一向宁静的乡村,一下子就热闹起来,或男女老幼全家出动,或亲朋好友前来相助,从早到晚忙个不停。

据了解,过去割稻子的时候,村民们要弯着腰,左手捏住稻根以上的部位,右手把镰刀伸往稻蔸处,然后用力一拉,稻秆和稻蔸就分离了。割下来的稻要有序地放在一边。在烈日下,割稻是十分辛苦的……在没有电力和机械设施的年代里,要将割下来的稻脱粒,只得用古代流传下来的板桶[1]、谷撮箕和箩筐等工具。板稻一般由两个人左右对头来打,将稻禾紧紧地捏成一大把,交替用力打在板桶床上,一般是打四次后将稻把反过来再打四次,然后将稻把从中间翻到边上,再打四次。这样稻谷已全部落在板桶中,手里捏的就是一把稻草了。当然,对于板稻的问题,还有村民提到用木棒锤击稻穗打下谷粒的方法。到了 20 世纪 60 年代初,板桶改装成为脚踏打稻机。打稻的人边用力踩踏脚档,边将稻禾接近滚筒……推广使用双人脚踏打稻机以后,打稻效率大大提高了。

如今,村民们使用的是效率更高的动力打稻机。其外形犹如一木桶,由木板制成,底面木架长 180.3 厘米,宽 79.5 厘米,底下照样用木条嵌有两条拖泥,中空部分是一个梯形立方体,梯形上长 94.5 厘米,下底宽 135.3 厘米,高度 54.4 厘米,整个打稻机总的高度为 85 厘米。收割稻子的时候,村民将铁制的滚轮置于打稻机中空的位置,侧面装上柴油机。

图 3-17　村民之间互相帮助,一同收割　图 3-18　"打禾"过后,田间留下金黄的稻草

---

[1]　板桶上大(1.5 米)下小(1.0 米),高 0.8 米,有底无盖,呈一个倒梯形。全部用木板制成,以硬木隼拼接。底下装有两条两头微微上翘的木档,俗称"拖犁",为的是在拉动板桶时减少板桶和稻田的摩擦力。桶体上端的四角伸出四个拉手,供打稻人移动板桶时用力,20 世纪 60 年代以前,板桶是脱粒的主要工具。

图3-19　村民们使用扬风机筛选饱满的谷粒

图3-20　村民们在田边晾晒稻谷

稻子收割完毕之后,村民们将脱粒完的稻草练成捆,置成垛,以备冬春枯草季节喂牛或做他用。使用风车将谷粒中不饱满的谷壳去掉,留下饱满的谷粒。风车也是木质的农用工具,主要用于清除谷物颗粒中的糠秕。它上一个斗型口,中间是一个辘轳,下面有两个方形出口,一个是出米口,一个是出糠口。机身高129厘米,上斗长方形,长93.7厘米,宽64.9厘米,三角形斜边长40.5厘米,高26.2厘米,风筒半径37厘米,两柱间长89.6厘米,出米口宽19.8厘米,出糠口宽18厘米。人们将谷子倒入斗型的入口,握住把手转动辘轳,辘轳的旋转加速了风车内的空气流动,形成一股小风,将容易吹动的谷壳及轻杂物和沉甸的谷粒分离,谷粒和谷壳分别冲不同的出口落下。

如果天气晴好,村民们会在自家院子的空地上晒谷子,他们一般会把谷子均匀地摊放在篾席(用楠竹篾织成,约长3.5米左右,宽2米。两头用篾片和细棕索固定,两边用青篾锁边)上晾晒,不时用匀谷耙来回翻动。那个时候,院子空旷的位置晒满了谷子,远远望去像是给院子铺上了一层金黄色的地毯。

晒完的谷子如何存放呢? 五宝田每家每户都会准备一个谷仓用作储藏。谷仓一般是用木板制成的方形柜子,有的人家会在外面包一层铝皮。有的人家是将以前的板桶改装成了板桶仓。村民介绍说:

谷仓嘛,放在楼上的。就是用木板做成一个方形的柜子,大小没有什么讲究,由自己决定,田多,谷子收得多自然就要做大点,然后把谷子放里面去。谷子在放进去之前一定要晒干,晒一次够了。一般都不会

89

受潮的，我们收一年吃一年，就是吃不完也没有问题，可以放很久。[①]

图 3-21　村民使用碾米机脱去谷壳

　　稻谷收下来了，就放在这个谷仓里面，不会潮。它外面是铝做的，不会烂掉，也不会被老鼠咬的。要等谷子晒干了，才可以放进去，但是这个放久了也是会生虫子的，生起那种小小的，像飞蛾一样的虫子。如果生虫了，就弄出来晒一晒。其实，谷子放久了也不好吃了，现在生活好了，也吃不完那么多谷子，就拿来喂猪，或者是卖给那些酿酒的。[②]

二、农村集市：逢三逢八去赶场

　　五宝田方言中的"赶场"说的就是"赶集"。辰溪县境内的集市，一般由

---

①　据访谈录音整理。访谈时间：2013年8月5日，访谈对象：萧守造。
②　据访谈录音整理。访谈时间：2013年8月2日，访谈对象：杨小丽。

当地政府划地经营，纳入当地乡镇工商、税务等部门的管理，早启晚闭。选址在交通方便，人口较为集中的墟场。有的是一乡一处，有的是一乡多处。集日沿成定格，与相邻几个集市的日期错开，如甲地逢"一、初六、十一、十六、二十一、二十六，下同)，乙地逢"三、八"，丁地逢"四、九"，商贩们可以循环天天赶集。

图 3-22　龙头庵的集市

每逢集日亦称"逢场"，各路商贾云集墟场，有运货来卖的，有拿钱买货的，有采集市场信息的，有交流技术的，有来表演的，看热闹的，集市就像一个磁场，以其强大的引力，成为货物、资金、信息、技术、娱乐、人员最集中的地方。随着墟场城镇化进程加快，一些高楼大厦拔地而起，开铺坐店的商贾，大开店门，诸如百货店、日杂店、酒铺、药房、餐馆、理发店等，招徕生意；小商小贩，摆设摊位，陈列货物；修补工匠，架设桌台，接收业务。还设有农技站、畜牧兽医站、林业站、庄稼医院等服务机构。集市这个综合性的市场，农药化肥、工具种子、油盐酱醋、烟酒糖食乃至烟花爆竹、香烛纸草、彩电冰箱、服饰等各类商品琳琅满目。久盛不衰的商品交易是农副产品交易。在上市的农副产品中，一是粮食产品，如有稻谷及大米，红薯（红苕）、马铃薯（洋芋），小麦、大麦，有大豆（黄豆）、绿豆、蚕豆、碗豆等，有高粱、粟、荞麦等产品；二是经济作物产品，有菜油、花生、芝麻等；三是水果产品，主要有桃、梨、李、杏、柿、石榴、葡萄、弥猴桃等落叶果，有西瓜、甜瓜、菜瓜等食用瓜；四是畜牧产品,如生猪、耕牛、山羊、兔等家畜,有鸡、鸭、鹅等家禽产品;五是水产品,可买到本地产的青、草、鲢、鳙、鲤等鱼外,还可买到海产;六是林业产品,有油板栗、核桃、生漆、乌柏、五倍子、棕片、桐油、茶油等特产。

在赶集的人流中,亦有相当数量的人没有货物交易,如青年人约会、相亲,老年人消遣、看热闹,行业之人听信息、揽业务等。这些人在集市上偶尔见到称心的商品,也会购买。到了中午,相约下下馆子,喝点小酒,形成了集中的商潮。

五宝田所隶属的上蒲溪乡不设集市,因此五宝田的村民往往到周边的龙头庵乡和中方县的接龙乡赶集。集市的时间按照农历计算,无论是龙头庵集市还是接龙的集市,每逢农历带"三"和"八"的日子就是赶集的日子,即每个月的初三、初八、十三、十八、廿三、廿八赶集,两次赶集时间相隔四天。村民若要前往接龙的集市,则可以搭乘五宝田开往怀化的大巴车,大巴车途经接龙,就为村民们赶场制造了便利。若要去龙头庵赶集,则可以骑摩托车或者拼车前往。村子里有村民经营面包车运输的生意。到了赶集的那天,他们搭载村民们往返于村子和集市之间。面包车经营者向村民收取来回20元的搭车费,他们驾驶着7座的五菱面包车,若满座则往返一趟能赚到140元。

每逢龙头庵或者接龙的场日,五宝田的村民就会将自家盈余的东西如蔬菜、水果等拿去市场上出售,同时购进自己所需的生产生活用品。哪怕不做任何买卖,只要家里不忙,也设法到集市上看一看。因为赶场有的时候还会碰到文艺团体送戏下乡,会有各种各样的文艺表演,还有是赶场的群众自发

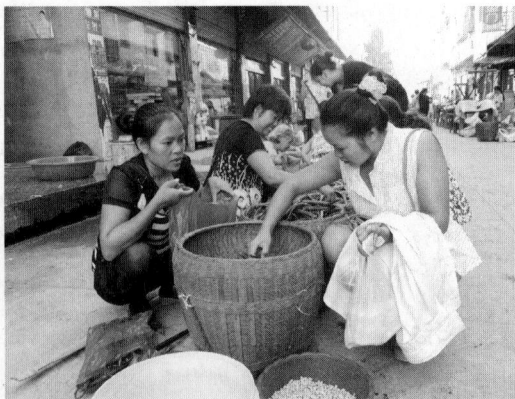

图3-23　村民们在集市上采购

组织的自娱自乐的文化活动,如舞霸王鞭、唱山歌等。

2013年7月31日(农历六月廿三日),丁苏安跟着房东夫妇萧湘武和杨小丽前往龙头庵赶集。萧湘武骑摩托车带着杨小丽和丁苏安,龙头庵离五宝田近50分钟车程,他们从早上6:25出发,7:15即到达了龙头庵集市。以下是丁苏安田野笔记中的记录:

　　龙头庵集市设在一条街道上，街道两边设有店铺。在店铺外面，商贩们早早地摆好了摊位。街边的商品琳琅满目，有西瓜、桃子、苹果、葡萄等各色水果，南瓜、冬瓜、空心菜等多种蔬菜，还有米豆腐、米粉①、酸萝卜②、发糕③、糍粑等各种小食。前来赶场的人群络绎不绝，美好家超市大声地放起了音乐，康佳电器门口的电子喇叭也开始播起了广告，加上商贩们的叫卖声，赶场人们寒暄、聊天、讨价还价的声音，整个街道热闹了起来。

　　我们先在街边的炒粉店里吃了早餐，之后我和杨姐他们一块儿采购，他们在市场上买了西瓜、茄子、苦瓜、南瓜、空心菜、猪肉、饺子皮、红辣椒、黄麦子酱、酸萝卜，又到超市里买了日用品和鸡精等调味料，最后还给家里的小孩买了果冻、棒棒冰、火腿肠等零食。萧大哥把买好的东西全数装到一个纸箱子里，放在五宝田村民的面包车上，让车上的村民帮忙带回去。当时已有不少村民买好了东西坐在车上等待发车回家。相比较而言，五宝田村民去龙头庵赶场的日子要多一些，主要是龙头庵

---

　　①　米粉是辰溪境内的传统风味特色小吃。其品种很多，有猪肉粉、牛肉粉、鹅肉粉、鸡肉粉、鸭肉粉等，色、香、味俱全，鲜美可口。辰溪米粉的制汤、选粉、烹码、佐料都有一定的讲究。制汤，即选择新鲜的猪肉及骨头做原料，配成一定比例的汤水，再加上桂皮、茴香等炖至适度；选粉，即选用本地产的新鲜的细小雪白的湿米圆粉，下粉时锅里的开水要充足，温度保持在摄氏80度左右；烹码，即选择新鲜的上等猪肉、牛肉、鹅肉等肉类，精心烹制；佐料，种类较多，有麻油、酱油、辣椒、醋、姜、蒜、葱等。

　　②　酸萝卜是辰溪名声在外的一种小吃，县境内几乎家家户户都会制作。据说曾经怀化市有一李姓归侨，专程租一辆"的士"携未婚妻来辰溪品尝酸萝卜。还有一个回乡探亲的老人，还特意买了一大塑料袋酸萝卜，带回美国去分享亲友。酸萝卜采用原始的"土"办法，由红萝卜浸泡酸水而成。秋冬初春均可泡制。制作时需选用表皮光滑、颜色鲜红、无疤痕的实心萝卜，先将开水冷却后倒入泡菜坛（口小肚大的翻水陶器坛），加入酸水原汁做引子，将萝卜切片，晾干水气入坛浸泡二三天，待萝卜成粉红色即可食用。酸水呈鲜粉红色，酸香扑鼻，是为"活水"，如水色暗淡且浮"白衣子"，则为"坏水"，可能是酸水中混入油污、生水或少盐，应倒掉重制。吃时，一般要蘸上"油发辣子"（即"油炸辣椒"，取干红辣椒切段入锅小火油炒至焦脆，起锅人陶制擂钵，冷却后擂成粉末，加食盐、酱油、姜末调成糊状）。酸萝卜酸、辣、甜、香、脆，其味无穷，既做小吃，也是逢年过节、亲朋聚饮，红白喜事，酒席筵宴常备的一道菜肴。

　　③　发糕是以糯米为主要材料制成的传统美食，因其"发"字，寓意着吉祥、发财、圆满发达等，自然也成为了普遍用于如寿诞、婚嫁等喜事的专用食品。其制作是先将精白的糯米用清水反复冲洗干净，再放在清水中浸泡3～6小时，待米粒泡胀后，滤水用湿米磨成米浆。接下来，将米浆过滤除去颗粒物，加上白糖（或红糖）、发酵粉搅匀，倒入特制的蒸笼内蒸熟，然后取出放凉，切成小块便可食用。

的商品种类要多一些,而且价格也要便宜一点,但接龙的墟场牲畜交易却要比龙头庵好得多,所以五宝田村有的村民就会把自家牲畜拿到接龙集市上去贩卖。如村民黄小兰在 2013 年 7 月 31 日就是去接龙赶场的:

> 我今天去赶中方接龙的场卖小猪儿。接龙和龙头庵是同一天,也是逢三逢八的时候赶场。我家里总共有 11 个小猪仔,自己留了 2 个养到过年的时候当年猪,其余的都拿去卖。我们村子里面到接龙去赶场的人不是太多,毕竟龙头庵在那个沅水河边上啦,发达一些,交通也要方便一点。再就是龙头庵那边的地平一些,能种的东西也多,他们那个河边嘛,就是专门种菜的,场上的菜、水果什么的,都比接龙的要便宜,所以大家还是喜欢去龙头庵一些。接龙在山里面,那边交通比龙头庵要差一些,集市呢也没有龙头庵的大。接龙那边呢,就跟我们这个山区差不多,它那里种不了什么东西,集市上的蔬菜、水果啊,都是从龙头庵、怀化边上那些地方贩卖过去的,比龙头庵卖得要贵一些。但我卖小猪儿还是赶接龙的要好一些,龙头庵那边小猪儿不好卖,价钱要差一点,接龙一斤这边大概可以卖到十二三块。再就是大热天去龙头庵赶场真是太阳太晒了,那里是露天的嘛,接龙那边是在市场里面,市场搭有棚子,就好一点。赶完场,准备顺便买点需要的日用品、肉、苹果、香蕉之类的回来。[①]

可见对于村民来说,集市就是一个买卖东西的场所,可以将自己的产品转化为货币,又能购回自己所需的物质生活用品,集市又是一个与人交往,获得精神文化享受的地方。

三、农家淡饭:舌尖上的乡村美味

在自给自足的时代里,村民们的吃穿用度一概来自山里,现在虽然买来的商品在村中较为普遍,但是他们在饮食上仍然保留着传统的习惯与方式。

五宝田村的生活与自然紧紧依偎,因此村民们的日常生活作息与我们这些在城市中的人们有一些差异。丁苏安在田野笔记中这样写道:

> 刚来的时候,听说五宝田的村民一天只吃两顿饭,早饭和晚饭,并

---

① 据访谈录音整理。访谈时间:2013 年 7 月 31 日,访谈对象:黄小兰。

且早饭吃得晚，大部分要过了八点才能吃上。真的是这样吗？

夏天的清晨，时钟指向六点，山林中、田间、溪水边已经有村民的身影，他们每一个都很忙碌：妇女们在溪水边洗着衣服，男人们有的拿着镰刀在清除田间水渠边的杂草，有的扛着水泵和长水管到溪边抽水灌溉，还有的早已背着篓子上山砍柴。这个村子早早的苏醒了。在夏季里，如果天气晴好，一到正午太阳高照之时，山上和田间就变得酷热难耐。因此村民们往往利用早上的时间进行劳作，劳作结束之后再准备吃早饭。如此一来，早饭和中饭两餐之间的时间间隔就缩短了，午饭常常是将早上的剩饭菜热一热，或者是下锅煮点面条。尽管午饭显得简陋，不像正餐，才会被误认为五宝田村民没有吃中饭的习惯。

其实，五宝田除了一日三餐外，他们仍然按照传统习惯来吃喝，村中的家常菜以蔬菜为主，蛋肉为辅，饮食结构仍保持着传统的模式。他们往往就地取材，山里有什么就吃什么，制作的方法和饮食文化也都与山区的环境和条件息息相关。因此，饮食上也就保留了地方特色。如白玉凉粉、豆腐、腊肉、板栗炒血鸭、粉糍粑、米酒，等等。

图 3-24 夏日里的农家菜肴

图 3-25 摘凉粉果

(一)打下木莲搓凉粉

夏日里，气温有时会飙升到 40°。在酷暑难耐的时候，凉粉是五宝田人消暑解渴的最佳珍品。与在超市里面贩卖的速溶"黑凉粉"、"白凉粉"不同，五宝田人用凉粉果自制白玉凉粉。

图 3-26　枝丫间的凉粉果

图 3-27　在树下等待打落的凉粉果

凉粉果学名薜荔，俗称木莲、木馒头、爬墙果等，为桑科常绿攀援或匍匐灌木植物，含乳汁。攀附能力强，常依附于大树和老墙上，一般株高 2～2.5 米，有的攀高可达 10 米以上。株冠为伞状，一般冠径 0.5～2 米。茎为四棱形。茎中空，茎的基部直径一般为 1.5～2 厘米，叶片如芝麻叶，叶质敦实，叶片最长达 26 厘米，宽 13 厘米，凌冬不凋；花为无限花序，花冠与瓣为天蓝色门喇叭花，花冠直径 3.5 厘米，花长 3 厘米，花期 4～5 月；果形像石榴，直径 1～2 厘米，每个果内有种子 600～800 粒，约 0.4～0.6 克，果期 9 个月，待绿色变为老黄色时，即可采收。唐代柳宗元有诗曰："惊风乱飐芙蓉水，密雨斜侵薜荔墙。"经测定，凉粉果中含有大量生命元素，如硒、铁、锌、铜、锰、钼等。这些微量元素的存在，对人的健康有益。凉粉果的种子和内果皮（总花序托内壁）含有很高的果胶量。据清吴其濬《植物名实图考》："木莲即薜荔，自江而南，皆曰木馒头。俗以其实中子浸汁为凉粉，以解暑。"薜荔茎、叶供药用，有祛风除湿、活血通络作用，常用来治腰腿痛、乳痛、疮节等。近代药理表明，它所含的 B-谷留醇有一定的抗肿瘤作用。此外，其藤蔓柔性好，可用来编织和做造纸原料。

在五宝田的玉带溪边几棵大树上就缠绕着凉粉果的藤蔓。在绿叶的藤蔓中，悬挂着一个个圆形果实。据村民讲，在深山的峡谷、泉流峭壁上，常常会见到匍匐着的凉粉果，用凉粉果制作的凉粉是村民盛夏季节的好饮料。食时或拌入红糖，或加入醋、蒜泥、辣椒等调料。凉粉味道清香雅淡，嫩滑爽口。

玉带溪边的凉粉果由于攀爬在树上，长得很高，村民必须爬到树上才能摘得到凉粉果。如果是用木棍将凉粉果打落的话，树下就必须有人将落在溪水里的凉粉果悉数拾起。

图 3-28　晾晒在屋外的凉粉籽

图 3-29　用纱布袋搓凉粉

待凉粉果带回家中之后,即将其逐个剖开,取出果内如同芝麻似的籽,放至簸箕、篾筛之类摊放晾晒。等晒干后,就可以用来制作凉粉了。凉粉果加工成凉粉,不用加热,也不用磨浆。

这凉粉的制作嘛,不是很难,但还是有讲究的。比如水要靠山边的井水或是高山峡谷流下的泉水,越凉越好。先抓取两手凉粉籽装入一块细纱袋,扎紧封口,放入装了清水的木桶里泡个十来分钟,然后双手反复搓揉挤压,就会慢慢渗出一股股透明的乳白色胶汁,汁很黏,直到桶里的水变成玻璃状,纱袋里的籽没有了粘连,这时候倒入一点石灰水就可以了。再盖紧木桶,放置在阴凉处约半小时后,桶内就会全部凝结成晶莹透明的凉粉了。还有呢,搓揉凉粉要特别讲究卫生哦,纱布、手、木桶,不能沾一点汗,因为汗里有盐,玻璃状不能凝固。[①]

根据村民们的介绍,五宝田凉粉的制作方法一般是:(1)取凉粉籽约50克左右,用干净的布袋盛好(布袋口扎紧)放在井水或冷开水中预泡5～10分钟。(2)取25克左右的生石灰,放在一碗水中搅拌澄清,取澄清液待用。(3)用瓷(木)盆盛井水或冷开水2.5～3.5公斤,将布袋浸没水中,洗净双手,用双手反复用力揉搓布袋,几分钟后,袋中便有白色胶状乳汁慢慢浸入水中。当袋内的乳汁出尽时(时间约为10分钟)即停止揉搓,再用手搅拌一下,使汁液与水充分融合。(4)取出布袋,将澄清的石灰水慢慢倒入乳白色

---

① 据访谈录音整理。访谈时间:2018 年 8 月 9 日,访谈对象:廖银银。

的凉粉混合液中,边倒边用筷子搅动,当乳白色的混合液开始转变成淡黄色时,马上停止加入石灰水。然后静 20 分钟就会变成晶莹透明、如雪似玉的凉粉。

吃凉粉时,用勺一片片地舀到碗里,比果冻还要柔软,似冰一样晶莹剔透,放熬制好的红糖液,味道冰凉爽口,非常解暑。

此外,五宝田人有时候还会用山间田埂边的绿色凉粉树叶做原料制作成碧玉凉粉。即将叶子摘来、洗净,在山泉水中揉

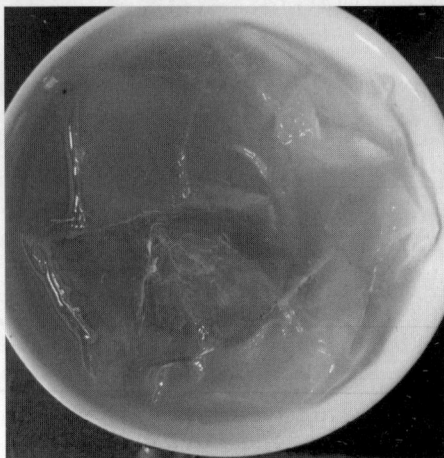

图 3-30　爽口的凉粉

碎后用细纱布过滤,加入草灰碱水,使之凝固即成,绿如碧玉,用刀切成块,再加入白糖,嫩滑甜爽。

(二)蹲坐火塘熏腊肉

腊味在瑶乡食品中占有重要地位,其品种有腊猪肉、腊牛肉、腊鸡、腊豆腐等。而最有特色的当属腊猪肉,即腊肉。而关于这些腊制品食物,正如《舌尖上的中国》第四集"时间的味道"中所言:

> 时间是食物的挚友,时间也是食物的死敌,为了保存食物,我们虽然已经拥有了多种多样的科技化方式,然而腌腊、风干、糟醉和烟熏等等古老的方法,在保鲜之余也曾意外地让我们获得了与鲜食截然不同,有时甚至更加醇厚鲜美的味道。时至今日,这些被时间二次制造出来的食物,依然影响着中国人的日常饮食,并且蕴藏着中华民族对于滋味和世道人心的某种特殊的感触。[1]

五宝田的腊肉就是通过这种腌制和烟熏的古老方法制作出来的。制作腊肉的主要目的是为了长久保存肉制品,因为在过去农村不是天天杀猪,再加之没有农贸市场,而在腊月杀猪后,将猪肉熏制成腊的,就可以在一年内

---

① 《舌尖上的中国》第四集文案解说词,http://www.360doc.com/content/15/0514/12/11468054-470403269.shtml.

保持家中有肉了。腊肉是五宝田人的待客之佳肴,也是送礼之珍品。每年一到冬至,家家户户都要杀年猪吃庖汤①,五宝田人就开始忙乎熏制腊肉,猪肉、猪头、猪脚、猪肝、猪肚、猪心、猪肺、猪舌、猪耳等全部做腊的。

腊肉的制作有其独特的工艺和手法。首先,用来熏制的猪肉都是用自家喂养的猪,由于喂的是米糠、红薯、南瓜、玉米及野草等,而且养的时间较长,所以肉质细嫩鲜香;其次,用来熏制的燃料也比较讲究,是柚子皮、橘子皮、油茶树、油茶籽壳等多种配合而成,由此可以增加肉的芳香;再次,熏制时间很长,一般是一个冬天甚至更长一些时间,慢慢熏来。在五宝田,家家都有一个冬季不熄的大火塘。火塘里任何时候都架着一个个很大的树蔸或树桩在燃烧,火塘上面则有一个能够升降的大铁钩,悬挂着鼎锅或水壶,用于煮饭烧水。把腌好晾干的肉条挂在火塘上面高高的屋梁上,利用火塘上升的青烟自然地去熏制腊肉。由于这样的烟熏过程时间长,缓慢而充分,加之燃烧的茶树蔸或树桩、柚子皮等不少都有特殊的香味,故这样熏制出的腊肉软中带硬,虽其貌不扬,但其口味咸香,油而不腻,嚼在口里满嘴生津,香醇可口。

食用腊肉的方法多种多样,炖、蒸、爆炒皆宜。尤以腊猪脚配腊豆腐火锅最为出名,是一道闻名远近的美味佳肴。先把腊猪脚煮熟,之后加以腊豆腐、大蒜、干辣子、花椒、香菜即可食用。还有鲜蕨炒腊肉、鲜竹笋炒腊肉等口感也极佳。

除了腊肉外,五宝田还有一道桌上佳肴,就是板栗炒血鸭。鸭肉味美,营养丰富,医食俱优。药用上,性甘味咸、凉,强身健体,为滋补之圣药。而板栗被称为"长生果",果肉厚,香甜可口,且含有蛋白质、脂肪、铁、碳化合物、维生素 C 等人体所需的物质,亦具有滋补作用。板栗炒血鸭的烹制颇有些讲究,先放入适量茶油,将鸭头、脚、腿炸黄后,再将鸭肉、鸭杂与板栗一起放入锅中翻炒,稍后加入生姜、干红辣椒、八角、桂皮、香叶,待鸭肉炒呈微黄色后,倒入不凝固的散鸭血(在接鸭血时用筷子不停搅动,可使其不凝固,入锅后能使血渗入鸭肉和板栗中,这样才能增强口味而为正宗血鸭),加水焖

---

① 吃庖汤:杀年猪时,要举行一定的祭奠仪式,燃香烧纸,鸣放鞭炮,甚为隆重。庖汤是屠夫在"解"猪时,随手将猪身上的各个部分:槽头肉、肝、肺、茵子油、小肠(粉肠)等与血一起煮为一大锅而成。其味尤为鲜美。主人家往往要烹制这样一大锅庖汤,邀上亲朋好友,大吃一顿,俗称"吃庖汤"。

熟后起锅即成。板栗炒血鸭营养丰富，色彩鲜丽，香辣可口。

图 3-31　火塘里烧腊猪脚

图 3-32　烧柴火饭

（三）停电大锅烧柴饭

五宝田人在灶台上用大铁锅炒菜，却用电压力锅或电饭锅煮饭。但偶遇村里停电，没有办法用电饭锅煲饭，村民就会烧柴火饭。

柴火饭，顾名思义，就是烧柴草，不急不徐做出的米饭。做出的米饭，其口感远不是现在电饭锅煮出来能够比拟的。柴火饭，一般是先用大火、急火煮开水和米，为了防止米粒粘锅，把米连带米汤一起捞出沥干，再将沥干过米汤的米放进大铁锅内，用筷子插出一些气孔，用小火慢慢将米饭闷熟。有村民介绍说，做饭火候很重要，却又最难以把握。炭火的火力猛，蒸饭却不适宜，炉火太旺，会糊锅；火小了，又不容易蒸熟。用柴火蒸饭是最好的搭配。柴火的温度没有炭火高，但它燃烧的范围大，整个炉膛都能覆盖到，让热量均匀地传遍铁锅。

待米饭的蒸汽开始冒出来不久，就能闻到香喷喷的焦米香溢出来。再让灶膛里面的柴火慢慢捂，锅里的饭慢慢蒸。这样做出来的饭，又松又软；贴锅都是焦黄的锅巴，一口咬下去，香脆不已。

图3-33 香喷喷的柴火饭

图3-34 刚出锅的豆花

(四)土法制豆腐

土制豆腐是五宝田村人餐桌上的一道家常菜,也是五宝田村每逢年节必备的食物。过年前夕,村民们都会提前自己打豆腐或者到村中专门做豆腐的萧典儒那里定制过年吃的豆腐。过年的豆腐,除了留用少量的新鲜豆腐外,一般都会油炸后放至坛子里。这种油炸豆腐保存时间较长,有的甚至可以吃到来年的3至5月。土制豆腐,让丁苏安的田野调查增添了别样的感受。在她的田野日志中这样写道:

> 如果一大早就能吃到热乎乎的甜豆花,真的是很有口服,它使人一整个早上的经历都变成了甜甜的。甜豆花是我在看豆腐匠做豆腐时得到的一个小惊喜。
>
> 8月26日清晨六点左右,我到萧典儒家看他做豆腐。还没走到他家,我先听到了机器呜呜的声音,顺着声音,我见到了清晨便起床忙碌的萧典儒。
>
> 他先是用磨米机的另一侧把豆子磨成豆腐渣,再用一个大木桶装好,并把泡沫舀去,而后开始过滤豆渣。他把一个小梯子横架在装满开水的锅子上,将一个框子放在梯子上,在筐子里套上布袋。布袋过滤了豆渣,豆汁流进锅里煮熟。在木桶里放上石灰水,把煮好的豆汁倒进木桶,豆汁与石灰水结合后开始凝结成固体。他拿勺子翻搅着,这时候一块块的豆花就出现了,装碗撒上白糖便是一碗新鲜的甜豆花了。若要做成豆腐,还要用布把豆花包好,放在正方形模具里,用盖子盖上,在压上石头滤完水

101

之后,豆腐就成型了。把切好的豆腐装在冷水桶里,就可以出售了。

萧典儒的爷爷和爸爸都是做豆腐的。他边做豆腐边说:"我做豆腐用的都是我们乡下的土办法,不像城里面都是用机器做的,城里那些有规模的一天就能做很多,土办法做不了太多。做豆腐很花力气的,要抬水、抬桶子、舀豆汁。"

图 3-35　过滤豆汁

图 3-36　制作豆腐的方形模具

五宝田村民日常食用的豆腐的供应主要来自于萧典儒。据了解,他一般除了留给自己家四块之外,他做好的豆腐,都卖给村子里的人。往往在前一天,需要豆腐的村民就会在他这里订好,等第二天豆腐做好了,他会把豆腐装在桶子里给人家送过去。每天做的豆腐都没有剩余。他还介绍了传统土法制作豆腐的七个步骤:选豆、浸豆、磨豆、滤浆、煮浆、点浆、成型等工序。

土制豆腐,特别注重原料的选择,即选豆。最好是选用本地产的黄豆,虽然新豆、陈豆均可,但新豆做豆腐的产量要比陈豆要高。色泽光亮、颗粒饱满且外形大小均匀的当年种植的新鲜黄豆最好。陈年黄豆,因长期贮存,会损失掉部分营养物质,制作出的豆腐容易变得粗糙。

选料后,要将去除杂质后的黄豆加水浸泡。浸泡的目的是使豆粒吸水膨胀,有利于大豆粉碎后充分提取其中的蛋白质。浸泡时,黄豆和水的比例为1:1.1~1.2,对于浸泡的时间会结合季节、室温、水温进行调整。浸泡的时间为5~7小时(水温15度约泡7小时,25度时只需要泡5小时),水中不可混入油、盐、酸、碱,对于黄豆浸泡程度的判定主要依据手感和豆子表面的变化程度。如果手感有劲,表面全部光滑没有皱皮,豆瓣内侧浅凹,表明浸泡适中。大豆经过浸泡后,蛋白质体就会变得松脆。

接着制浆,包括磨豆、滤浆、煮浆三个工序。

磨豆是将浸泡后的黄豆完全粉碎,让黄豆中的蛋白质、脂肪以及其他营养成分可以溶水,变成浆。传统磨碎采用石磨,现在取而代之了电动磨碎机。石磨磨制的豆浆更具有天然的甜味,可以最大限度地保留黄豆原有的甘香。

滤浆是指分离豆浆中有用的固态物质。滤浆的关键在于浆水的浓度,加水的比例要控制在合理范围内。如果浆水浓度过高,难以保证分离效果;如果浆水浓度过低,豆腐容易发生脱水,影响成品豆腐的表面质量。土制豆腐,一般采用纱布滤浆。将纱布做成方形布袋,并将四角吊起,磨碎的豆浆倒入布袋后就用力挤压,豆浆就会源源不断地流出。反反复复地挤压,直到豆浆完全挤出。

煮浆一是可以让豆浆中存在的蛋白质变性后形成胶体,实现豆浆中的蛋白质类物质凝固,消除豆浆中影响口味的多种酶;二是可以起杀菌作用,保证豆腐的长久存放。煮浆的质量受煮浆容器、温度、时间等多种因素的影响。传统的煮浆采用火灶和敞口大铁锅,使用柴火作为燃料。煮浆温度控制在 96~100℃,时间在 12 分钟以内。最为讲究的是对煮浆时间的把握,如时间不足就难以保证煮浆效果;如时间过长又会导致蛋白质变性,影响豆腐口感。还有就是采用敞口锅加热,浆的容量要控制在锅的 2/3~4/5,一来便于看到浆的变化,还可以保证浆受热均匀,充分析出豆浆中含有的营养物质,以保持豆腐的浓郁口感。

豆浆煮熟后需要再次进行过滤。熟浆过滤的目的是清除混入浆内的微量杂质和膨胀后的细小豆渣,最大限度地保留蛋白质,降低脂肪的含量,同时也提高了豆腐的出品率。

接下来就是点浆,目的是凝固。一般会放入适量的熟石膏水(石膏烤熟粉碎成石膏粉,加入适量清水搅拌成悬浮液状,弃去残渣,即得到熟石膏水),以调整豆浆的 pH 值,保证凝固效果,又保证成品豆腐的含水量和质地细嫩。豆浆温度一般控制在 75~85℃。如温度过高,会导致成品豆腐网眼大,失水率过高;如温度过低,会导致胶体结合慢,成品豆腐可塑性差,组织粗糙,易松散。操作时,一边向豆浆中加熟石膏水,一边要沿同一方向快速、不停地搅动,直到浆液中脑花密度均匀时即停止搅拌。然后加盖保温,静置二十多分钟，豆浆就会逐渐呈凝固状态，是为豆腐脑，即点浆完成。

豆腐制作的最后工序是成型，包括养脑、放脑以及压制三个工序。养脑就是静置使豆浆中的蛋白质在凝固剂的作用下凝结。温度控制在 80～90℃。如温度过高，凝固剂会导致蛋白质快速形成胶体，豆脑会不均匀；如温度过低，蛋白质胶体成形过于松软。养脑后即放脑，主要是为了将豆脑中存有的浆水排出，如不排出水泡，会影响豆腐的品质。放脑取决于豆腐成品类型。如嫩豆腐要保证豆腐的持水性，豆干需要长时间充分排浆。浆水排后就压制，目的是为了让豆腐内部更加紧密。嫩豆腐稍加压力即可。豆腐压制在箱模内进行，慢慢加压，豆腐完全冷却后就可以出成品。

据了解，目前五宝田村土制豆腐的制作依然要经过选豆、浸豆、磨豆、滤浆、煮浆、点浆、成型等工序。村民认为自己的土制豆腐比城镇纯机制豆腐要好很多，还与这里的水质好有关系。

> 现在嘛，磨豆腐的设备都发生了变化，石磨变成了电磨，但不管是电磨还是以前的老石磨，做豆腐的黄豆都要挑选上好的，等浸泡差不多一夜的时间，豆子便泡大了。磨成豆汁，滤去渣，再放进大锅里煮，煮熟了，把锅中豆汁，用适量的卤水去"点"，点过以后，豆汁中的豆粉部分就凝固起来，清水部分就分开了，这就是水豆腐了。我们这里的豆腐呀，制作大部分还是用土办法，口感肯定比城里的要好一些。最重要的还有一点，就是我们这里的水质比较好，所以做出来的豆腐又滑又细，爽口。①

土制豆腐，从选豆到成型，不仅劳动量特别大，而且需要有一定的经验积累，这种传统技艺的保存让五宝田人的餐桌有了满满的幸福感。

(五)围着婆婆包粉糍粑

粉糍粑是五宝田人津津乐道的特色传统小吃。

中元节前夕，丁苏安在村子里见到了村民做粉糍粑。她在田野日记里，对于当时的情景如是描述：

> 我遇到了正在厨房里做桐叶粉糍粑的米婆婆，她的一个孙女和孙子围着她，与她一块儿包粉糍粑。他们坐着小矮凳，面前放着一个大簸箕，里面放着一个个捏成碗状的糍粑面。米婆婆拿起一个碗状的糍粑

---

① 据访谈录音整理。访谈时间：2018 年 8 月 11 日，被访谈人：廖银银。

面，从边上的碗里舀一勺馅料，放入糍粑面中，之后轻轻捏动，用糍粑面将所有的馅料包裹起来，再将糍粑面滚成圆型，最后包上桐叶，蒸熟。

图 3-37　捏好的糍粑面

图 3-38　包粉糍粑

据了解，桐叶粉糍粑做法并不复杂，先将糯米磨成浆，用白包袱包裹，然后将包袱压上石头，待水分干后，揉成团，包上豆粉、芝麻、红砂糖等做成的馅，用新鲜的桐叶包裹成型，然后送到灶上锅里去，蒸熟即可。糯米、豆粉、芝麻、红砂糖等主配料经高温一番烘蒸，由于桐叶的浸润，原有的色相全被改变，全悉被染成了墨绿色。其味道香甜可口，绵软舒爽。

而据有的村民介绍，粉糍粑以前是要掺蒿叶的。八月中秋节到来之际，各家各户会把夏天采摘的干蒿叶放在碓中舂烂，然后兑上咸水，和匀挤干，再把上等的糯米用碓舂（如今多用磨粉机磨）成极细柔的粉末，然后把糯米粉和蒿叶裹揉成粉团。将芝麻、绿豆、豇豆、黄豆等炒香后，拌红砂糖放在擂钵里擂成粉末状夹心，再把绿油油的蒿叶糯米粉团包上夹心，最后用洗净的大张桐叶包上滚了油的夹心粉团，在大锅里蒸熟，香喷喷、甜丝丝的粉糍粑就做成了。

桐叶粉糍粑可以说是五宝田不可或缺的美食。摊开桐叶，一股清香就会徐徐地弥漫开来，直扑你的鼻翼，墨绿的糍粑，一点点地嚼进嘴里，越嚼越软，越嚼越香，越嚼越甜，那绵软的糯米，脆鲜的豆粉，喷香的芝麻糖，含在嘴里，化在肚里，甜在心里。那种唇齿留香的感觉，一定会让人经久难忘。难怪五宝田外出的人总是会想念家乡的桐叶粉糍粑。

（六）踏进作坊闻酒香

酒于瑶乡的人而言，似乎有一种说不清的情缘。走进上浦溪，你就会听到"不喝几碗米酒，你就没有真正到过瑶乡""如果要想和瑶乡人建立真挚感情，你就要端起酒碗来"之类的话语。在瑶乡，不论是定亲送彩礼，新年走亲戚，还是三朋四友聚会，酒是一定要有的。有的独酌独饮的瘾君子，甚至上山干活也要带酒解渴。

生活在瑶乡的五宝田人对酒自然也是情有独钟，村中的成年男性多喜欢喝自酿的米酒。据村民介绍，村里以前很多人家都会自己酿酒以备食用。酿酒多选择秋收以后，用大米作为原料（也有少数用玉米、高粱等其他原料的），酿好的米酒往往储存在陶制酒缸中。平时或家中来客，就从缸中取用，很是方便。现在村里自己酿酒的人家已经很少了，村里有一个烧酒作坊，是一个名叫萧从社的师傅在经营，村民用酒大都从他那儿买。关于如何酿制米酒，萧从社师傅介绍说：

> 这酿酒呀，还是有很多讲究的，就说用的水吧，我们用的是山泉水，这山泉水水质优良，清冽纯净，没有有毒物质。俗话说"好水酿好酒"，好水是酿好酒的基础。酿酒的稻谷最好是冷浸田的，它的营养更丰富，米质也更柔和。酿酒采用传统方法，用柴火烧，用草曲发酵。

> 先把糙糯米淘洗，用泉水浸泡 8～10 小时，将沥干的米上锅蒸，要求米饭蒸到外硬内软，无夹心，疏松不糊，熟透均匀。出锅后，要把它散开待冷，再散上一定分量的酒饼和红米曲，拌曲时，要放一层饭，加点酒曲搅拌，层层加，层层搅拌，之后就把它装进小缸里，然后在缸面和周围用稻草和棉被等遮盖严密保暖。几天后，缸里的糯米饭便发酵变成糟粕，而且渗透有许多液体。这时就用"酒类"（注：一种用竹篾编织成的小篓）放进缸里，让液体进入"酒类"，然后用碗或杯子把这液体舀进酒坛，这种液体就是"酒娘"。酒娘的度数很高，要掺入一定分量的开水。这样就算酿成了糯米酒。[①]

糯米酒色淡红，当地人有人称其为"红酒"，由于它兑进了沸水，故又有人称其为"水酒"。据说，这种农家自酿的糯米酒，味醇而香甜，少刺激性；饮量适当，能舒筋活络、强壮体魄。村民逢年过节或招待宾客时，必用此酒。

---

① 据访谈录音整理。访谈时间：2013 年 8 月 20 日，访谈对象：萧从社。

酿酒剩下的糟粕，再加上食盐混和后，叫"糟麻"。可以把它贮藏起来作为长期煮汤之用，亦有人把它和鲜鱼一起煮，味道极佳。甜甜的酒糟和辣辣的米酒，同一种东西经过几道工序，经由时间的历练，差别还真是特别地明显啊。

由于瑶乡植被丰富，野果花卉品类多，五宝田人在长期的生活生产经验中，认识掌握了诸如杨梅、刺梨、蜂蜜等物的特性功能，就将这些东西做成特色酒，

图 3-39　酿酒师傅萧从社

这些酒既有独特的香味，又具有良好的保健功能。

杨梅酒，是把野生杨梅洗净直接放在米酒中浸泡而成，色泽鲜丽，味道甜中微带酸味，易入口，利脾肺，有清热解毒、生津止渴的功能。因野生杨梅在瑶乡分布较多，因此杨梅酒的制作也就比较普遍。

刺梨酒（又叫金樱子酒），五宝田人常常将它作为佳酿，用以招待亲朋贵宾。刺梨，当地人又名其为金樱子，为蔷薇科多年生落叶灌木缫丝花的果实，呈扁球形或圆锥形，系纺锤形，果皮上密生小肉刺，生长期长，成熟的刺梨色呈深红。李时珍在《本草纲目》中已有记载，称其"可解闷，消积滞"。现代研究探明，其富含维生素 C，被称为"维 C 之王"。还富含糖、维生素、胡萝卜素、有机酸和 20 多种氨基酸，10 余种对人体有益的微量元素，以及过氧化物歧化酶，药用价值很高。不仅有健胃、消食、滋补、止泻的功效，利脾、肝、肾三经，壮阳生精，还具有抗病毒、抗辐射的作用，具有阻断 N-亚硝基化合物在人体内合成并具有防癌作用，因此在心血管、消化系统和各种肿瘤疾病防治方面，应用十分广泛。瑶乡遍地野生刺梨，五宝田人上山采摘那些颜色呈红的鲜刺梨果实，将其洗净杀菌后，放入米酒中浸泡封口。半月后即可开封。酒色微黄，浓郁清香，口感极佳。

蜂蜜酒，是五宝田人常饮的特色酒。蜂蜜性甘而和，能清热和中、解毒、醇香润喉、利肝，他们将来自于山林野花、不受污染、原汁原味的蜂蜜拌入酒中，温热即成蜂蜜酒。蜂蜜的甜、香中和了酒的辣味，口感更为柔和，当然也

能使你醉在不知不觉之中。

四、农户民居:整齐划一来建房

　　五宝田村保留着四个时期所建造的房屋:清代建筑,主要集中在老院区的南侧,包括十余栋民居以及耕读所和伏波庙。老院区的其他房屋则建于民国时期。在对门山的新院区,分布着 20 世纪 50 年代到 70 年代之间建设的房屋,整个院区有少部分是 20 世纪 80 年代以来所建设而成的民居。无论是哪一个时期所建设的房屋,眼及之处,均整齐划一。

图 3-40　整齐划一的房屋建筑

图 3-41　两层的木结构房屋

　　一直以来,辰溪县人民政府对农村的房屋建设就有着系统化的规定。五宝田村口的"农村村民建房用地政策宣传栏"里显眼的位置,将县人民政府和国土资源办所设置的建房条件、建房资料、建房程序、建房收费这四项规定传达给村民。其中建房条件包括:(1)申请人系本村村民;(2)符合农村村民"一户一宅"的规定;(3)符合乡(镇)土地利用总体规划和城乡建设规划;(4)农民建房不得超过规定面积,即耕地不超过 130 m²,荒山、荒地不超过 210 m²,其他土地不超过 180 m²。农村建房需要准备下列材料:(1)建房用地申请报告;(2)村委会讨论决定及公示表;(3)户主身份证、户口本复印件;(4)农村村民建房用地呈报表(在国土局所领取,到所在村组签署意见);

(5)新选址建房原宅基地退还集体的,应提交按期退还宅基地合同;(6)提交县城乡规划部门的规划许可证、审批单、红线图,独生子女户应提交独生子女证复印件;(7)法律、法规规定的其他材料。农村建房按照一定的程序展开:首先,申请建房的村民需要拟定建房村民书面申请,将其拿到村委会审查盖章并报乡(镇)政府,之后乡(镇)政府组织国土所、规划站到现场踏勘选址。勘查后,若符合建房条件的,则依法受理,不符合建房条件的,不予受理。若符合建房条件,申请人备齐资料,规划、国土组织报批。用地批文下达后,乡(镇)政府组织国土、规划到现场放线。而后,申请人方可按照规定展开建房施工。在房屋建成后,申请人需要领取土地证书。

除了以上规定之外,辰溪县人民政府还将对农村的违规建筑进行管理,管理办法作为行政公文下发到各个乡、镇、村。五宝田村口张贴着《辰溪县人民政府关于开展农村'两违'建筑专项整治的通告(辰政函[2013]18号)》:"我县农村违法用地和违法建设(以下简称'两违')现象明显反弹,个别地方乱占滥建行为严重,扰乱了农村的土地管理和规划建设秩序,影响了农村的长远规划和发展。为进一步规范农村用地和规划建设秩序,切实保护耕地,依法引导新农村建设,根据《土地管理法》和《城乡规划法》等相关法律法规的规定,县政府决定在全县农村开展'两违'建筑专项整治。"

从2013年3月18日起至2013年12月31日,辰溪县会在全县农村(重点是基本农田保护区,主要公路沿线、城镇周边)展开对未办理国土、规划手续的"两违"建筑的整顿工作,处理措施包括:(1)对已建成的"两违"建筑,依法依规能补办手续的,户主经依法接受处罚后,需在15日内向当地乡、镇人民政府申办规划、国土等相关手续;依法不能补办手续的,限期自行拆除。(2)对在建的"两违"建筑,户主必须立即停止施工,经依法依规处罚并补办国土、规划相关手续后方可继续施工,凡依法依规不能补办手续的,户主必须在规定时间内自行拆除并恢复土原状。逾期不按规定执行的,将依法予以强制拆除并恢复土地原状。(3)对积极配合处理,主动纠正"两违"建设行为的,将从轻从宽处理,对拒不停工、顶风新开工或占用公路预留范围的,将依法从重从严处理。

在村民眼中,政府对村内建房有着十分严格的要求。

访谈一

　　笔者:现在对建房子有些什么规定啊?就是说,村子要保护得好一点的话,对村里面建房子有什么样的特殊规定。

萧典军：建房子现在一般是不允许建的。有的房子都在腐烂了，要是政府能投资一点钱么，我们可以把烂了的房子自己维修一下。去年村子里有两面围墙快要倒了，都已经斜斜的了，我们就打一个报告送去县文化局批，上面投资了几万块钱把那个围墙维修了一下。就这个，其余的都是自己修的。

笔者：哦，那上面拨钱来修的就是那高高的几堵风火墙吧？

萧典军：是啊，风火墙。

笔者：那堵墙是哪个家的啊？

萧典军：萧典文家的。

笔者：像里面有一房子烧掉了的，那怎么办啊？

萧典军：烧掉的啊，现在政府也没搞什么样的，什么也没搞嘛。

笔者：村口那里有一栋砖房建起来了，是怎么批下来的啊？

萧典军：那个啊，只要是修在村子以外的就可以。山嘴嘴以外的就可以修，在山嘴嘴里面就不能修房子的。

笔者：它是按照村头小卖部侧面贴着的建房相关程序批的吗？

萧典军：那个不要这样批的。地是他自己的，他到国土局去办过就可以了。办个手续，和上面说一声，说他要造房子了，就可以的。在院子里建房子就必须要这个建设局啊、规划局啊等一些局批过的。

笔者：哦，那要不要经过文化局审批啊？

萧典军：文化局也要的。对面那个新房子就是要批过的，它造起来要和院子里的房子一样才行的。[1]

访谈二

笔者：村里可以修新房子吗？

萧从光：这个地方不好搞，都不允许搞建设，我们农民现在有点钱想搞搞建设，还不许搞。上面不同意啊，他们觉得一搞搞原来的东西都没有了。修面墙、修个厕所，在自己家边上搭一个猪圈，这些他们勉强同意，其他的都不同意。

萧明友：村里不允许建房，是不允许建砖房子，特别是院子中间这一块，这块都不允许动了的。尽量要保持村子的原貌。

笔者：那要是建的房子样子差不多呢？

---

[1] 据访谈录音整理。访谈时间：2013 年 8 月 7 日，访谈对象：萧典军。

图 3-42　不允许修建砖房，村民只能用砖砌个简单的猪圈或厕所

萧从光：一般都不许的，村子中间都不许起房子的。

笔者：像村子中间房子烧掉了的那家呢？

萧从光：也不允许起，没得修房子的。

萧明友：一旦政府要过来开发，你们又已经在上面建了新的房子，那么拆迁的成本就更高了。

笔者：那对面那个新起的房子呢？

萧从光：那就是我家的。那个房子没在院子中间，要是在院子中间就不行了的。

笔者：那你建这座房子怎么审批的啊？

萧从光：相当麻烦的。村里面要批，还要给县里的文化局批。这个房子造起来是我自己住的，弄起来以后外面有人到村子里玩，做饭给他们吃。

笔者：哦，就是弄农家乐啊。那干嘛要拿去文化局批呢？

萧从光：现在我们村子里就是不能建房子，上面不允许我们在村子里建房子，我现在还没有造好呢，造好了之后，房子外面的墙啊，瓦片啊，颜色样式都要弄得和院子里的房子一样。这是他们规定的。不过，这样也很好，毕竟我们村是文物保护单位嘛，总要顾及吧。①

① 据访谈录音整理。访谈时间：2013 年 8 月 7 日，访谈对象：萧从光、萧明友。

图 3-43　新建房屋的外形与院区内其他民居风格一致

图 3-44　"八字门"

　　在五宝田，说到建房，谈起房子的样式，村民对政府成文的规定似乎有一种无以言说的无奈，却又有一种发自内心的坚守。那就是老院区中间不得建房，若要在院区内建设房屋，则要通过申报和审批；房屋建成之后，其建筑风格要与原有房屋风格一致。这也就造就了整个五宝田的房屋建筑风格整齐划一的特点。

五、农闲时光:悠然自得笑声长

村民们居住于深山之中,受到各方面条件的制约,娱乐活动比较单一,在紧张的劳动之余或闲暇的时光里,主要借用打牌、听戏、下象棋以及"打三棋"等娱乐活动来放松自己,达到娱乐与健身益智的目的。

(一)"跑胡子"与"二百四"

农闲时间,五宝田村民常聚在一起打牌,主要玩"跑胡子"和"二百四"两种。另外,聚在一起边干活边聊天、摆上桌子下象棋也是村里最常见的现象。

"跑胡子"是一种纸牌游戏,不同于扑克牌,呈长条形。它的正面是白色底子,印着大、小写的中文数字;背面一般为红色,有时也能看到带有金色花纹的暗红色和其他颜色。一副跑胡子牌共有八十张,从汉字的一、二、三到十,以及壹、贰、叁到拾,各有四张,其中二、七、十和贰、柒、拾是红色字体,其余字体全是黑色。据村里人讲,在玩法上,它的规则和麻将相近,但比麻将有更复杂且更灵活的组合,同时在出牌、吃牌和和牌上,又具有比麻将更多的限制,所以玩起来变化万千。

"跑胡子"有八十张牌,一般是三个人玩,其中叫牌的抓 21 张牌,其余两个玩家每人手持 20 张牌。牌面的数字可以组成房牌,比方"一二三"等连牌(大小写均可)、"捌捌八"等双大写带单小写牌以及"二七十"(大小写均可)等特殊牌面都算作一房牌。如果对家出单牌,若你有两个相同的数字,可以碰,小字碰牌得 1 胡,大字得 3 胡。若自己手上有三个相同的数字牌,就可跑牌,别人再打一张,大字跑牌得 9 胡,小字得 6 胡。要是自己抓的,大字得 12 胡,小字得 9 胡。就是这样来计算胡数计输赢的。还有名堂,就是翻倍计胡数,什么海底要翻 3 倍啦,一时说不清楚哦。

有时候四个人在场,坐在庄家对面的人只是负责给大家数牌,这种被称为数"醒",轮到数"醒"时,就可以休息下,也可以搞下子后勤了。[①]

---

① 据访谈录音整理。2018 年 8 月 12 日,访谈对象:萧辉。

图 3-45　下象棋

图 3-46　打"二百四"

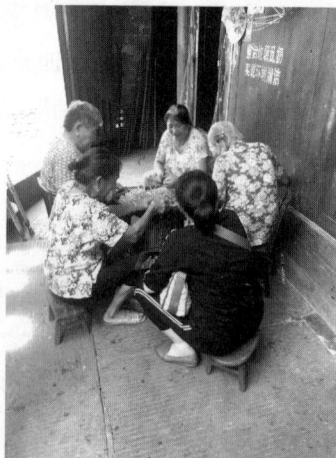

图 3-47　边干活边聊天

　　"二百四"则是以扑克牌作为游戏的工具。据观察，4 个人玩 2 副扑克牌，其中大王、小王、5、10、K 都是为分牌，分别为 5 分、10 分、10 分、10 分、10 分，总共有 240 分。牌点由大到小排列为：大王＞小王＞2＞A＞K＞Q＞J＞10＞9＞8＞7＞6＞5＞4＞3。牌型有单张、对子。拖拉机等。单张：任意一张单牌；对子：任意两张点数相同，花色也相同的牌，一对大王、一对小王也是对子；拖拉机：分两种情况，一是凡大小顺序相邻且花色相同的连对均构成拖拉机,如 JJQQKK,334455 为拖拉机;二是有叫主花色时,如主花色为红桃,主 10 副 10(红桃 10、红桃 10、梅花 10、梅花 10),主 2 副 2(红桃 2、红桃 2、方块 2、方块 2)即为拖拉机,如反成无主时,主牌中只有 2 张大王和 2 张小王组合才是拖拉机,其他主牌组合都不能组合成拖拉机。常主牌:2、10、大王、小王。亮主:用 10 亮主。一对即可以反牌,反牌大小按方块＜梅花＜红桃＜黑桃＜小王＜大王的顺序。与亮主 10 相同花色的牌成为主牌,其他花色即为副牌。如果一对大王或一对小王反成无主,主就只有 2、10、大王和小王,这时候所有的 2 一样大,所有的 10 也一样大。

四位玩家各打各的,每个人每局以 60 分为基数,胜负判断:游戏中的 5、10、K、小王、大王所有玩家出完最后一张后,按照各玩家所得的牌分计算每局游戏积分。牌得分＞60 分为赢家,牌得分＜60 分为输家,牌得分＝60 分的玩家和局。

> 打这二百四呀,有很多讲究的,按花色讲,方块最小,其他的都比方块大。如果我是方块十,你是黑桃十、梅花十、红桃十,那你的牌就比我的大。我打一张,你打一张,你的牌比我的大一些,有分子就可以收,没有就不可以。看哪个的分子多,哪个就赢得多。[①]

村民们玩纸牌和扑克牌,一方面是因为牌局中的千变万化给他们带来了无穷的快乐,另一方面也是在农闲时间聚众作乐的一种方式。

当然,五宝田村有多种传统的活动,如打三棋、五子飞棋等。

在村落的青竹石板、地面铺装或者石墩上,都可以看到刻有如蜘蛛网形的方形棋盘(由三个不同尺寸的方形组成),村民称之为"打三棋"。棋盘上共有 24 个交点,这些交叉点是双方对弈时落子的地方。另外还有 20 条直线,每条直线上有三个交叉点,是双方对弈时占点抢线的焦点。打三棋往往就地取材,一般采用小石子、小纸团、小木棍或者小叶子作为棋子。

五子飞棋盘是由四个"米"字形的方块组成,共有 16 条直线 25 个交叉点,每条直线上的交叉点,是对弈时双方抢线占点的焦点。五子飞棋是两人对弈,双方各持不同色的五个棋子,布在各自一方端线的五个交叉点上,然后走子。走子先后一般由猜拳而定。走子时,在一条直线上的棋子可进可退,一次可走一步。

打三棋、五子飞棋都能提高大脑思维能力和增强判断能力,能培养人们

---

① 据访谈录音整理。访谈时间:2018 年 8 月 12 日,访谈对象:萧辉。

克服困难,知难而进的意志。

(二)小蜜蜂里听大戏

傍晚的时候,村子里经常会传出高亢的戏曲声,这是五宝田老年人在听机器"唱戏"。据观察,村里的老人们常会拿出一只"小蜜蜂"扩音机,在扩音机里插入一张手机 SD 卡,打开扩音器,高亢的戏曲声就会在宁静的空气中闪烁飘荡。

"小蜜蜂"里唱的戏剧便是辰河高腔,它是流传于沅水中上游一带的地方戏曲剧种。2006 年 5 月,辰河高腔被国务院列为首批国家级非物质文化遗产。

辰河高腔源于戏曲四大声弋阳腔。清李调元《雨村剧话》言:"弋阳腔始弋阳,即今高腔,所唱皆南曲。又谓秧腔,秧为弋之转声。京谓京腔,粤俗谓之高腔,楚蜀之间谓之清戏。"弋阳腔在明朝享有极高的声誉,流行区域广泛。明代戏曲家徐渭撰的《南词叙录》记载:"今唱家称'弋阳腔',则出于江西、两京、湖南、闽、广用之。"表明弋阳腔除在江西本地,还在北京、湖南、湖北、福建、广东等十多个省市区域流行,当时有剧目一百种、曲牌四百多个,在中国戏曲发展史上具有举足轻重的地位。

关于辰河高腔的源流沿革,《辰溪县文化志》记述:"有山东高唐州卢公,佚其名,四川为官。明末清初去官回籍,时值战乱,遂客居辰溪,游于士绅中,以琴棋书画为娱。卢公因精音律,谙戏文,乃与诸绅结合地方土调,创曲牌,定唱腔,是为辰河高腔之始。"①到清道光年间,醇亲王府"小恩荣"弋阳戏班,部分戏子流落到辰州府,把弋阳腔和地方曲高进一步融合,使辰河高腔在民间得到流传。辰河高腔起源的另一说法是:明初,朱元璋为修养生息,发展生产,"扯江西、填湖南",鼓励移民迁徙,开垦荒地和经商,辰河(指流经旧时辰州府管辖的沅陵、泸溪、辰溪、溆浦等县的这一河段)地域遍布江西移民,弋阳腔此时可能由众多江西移民传入当地。

民国《泸溪县志》载:

> 明末,江西巡抚衙门的书办弋阳曾氏兄弟二人,因避乱来浦市,寓居于江西会馆万寿宫,为生计,授徒教唱弋阳腔。当时客居浦市的一些江西殷实商贾,常唱家乡戏自娱。初结合傩愿戏,以人声帮腔融进祭祀

---

① 辰溪县文化志编纂小组:《辰溪县文化志(1821—1988)》,内部资料,1988 年。

音乐。清雍正、乾隆年间试以唢呐、笛子帮腔，自此便形成独具特色的辰河高腔。

清《湖南通志》记载：

> 浦市产高腔，虽三岁孩童亦知曲唱。

由此可见，弋阳腔传入辰河地域以后，经过与当地语言、民歌、号子、傩腔及宗教音乐等长期结合，逐渐衍变形成辰河高腔，成为艺术风格独特的大型地方剧种。辰河高腔在旧辰州府所辖的沅陵、泸溪、辰溪、溆浦四县流行，康熙年间各地先后修建了大量配有戏楼的庙宇、会馆和祠堂，为辰河高腔艺术的发展提供了有利的条件。到了清雍正、乾隆年间，祀神活动更加昌盛，配合繁多的祭祀酬神活动，演唱辰河高腔戏，已成为不可缺少的内容。

辰河高腔剧目颇丰。据《湖南地方剧种志丛书(二)》记载："辰河戏现存高腔剧目有连台本大戏六个，整本戏四十七个，单折戏五十九个，以及有部分定本的条纲戏七十一个。"[①]在全国诸高腔剧种中，辰河高腔保留剧目的数量仅次于川剧，是湖南省地方大戏中高腔剧目保留最多的剧种。过去，在辰河戏班里有"唐三千，宋八百，唱不尽的《封神》和《三国》"之说。除醮戏所必唱的《目连》《香山》《梁传》《金牌》等连台本外，尚有大小200余出，大多是直接继承元代杂剧本及明、清传奇本子。如《黄金印》《大红袍》《一品忠》《琵琶记》《九里山》《楚荆山》《大江东》《金钗记》《烂柯山》《老绿袍》《少绿袍》《青袍缘》《拜月亭》《百花亭》《红梅阁》《玉皇阁》《大审白玉霜》等。

辰河高腔曲牌丰富。据《湖南地方剧种志丛书(二)》记载，辰河高腔各类曲牌有近200支。丰富的曲牌连套体系构成辰河高腔独特的音乐属性，适用于表达喜、怒、哀、乐等各种不同的思想感情。曲牌名称多借用古词牌名，其中常用的曲牌有《归朝欢》《降皇龙》《汉腔》《锁南枝》《解三酲》《甘州歌》《风入松》《浪淘沙》《江儿水》《四朝元》《耍孩儿》《红衲袄》《赖画眉》《香罗带》《点绛唇》《新水令》《一封书》《红头巾》《浪淘沙》《步步欢》《满江红》《磨房序》《梳妆台》《下山猫》《泣颜回》《五更转》《淘金令》《玉芙蓉》《驻云飞》《桂枝香》《桂坡羊》《半枝花》《倒板桨》《吹破》《引子》《扑灯蛾》等。传统以唢呐定

---

① 湖南省戏曲研究所编：《湖南地方剧种志丛书(二)》，长沙：湖南文艺出版社，1989年，第26页。

调，称为"三宫八母调"①。

传统的辰河高腔器乐是由管乐器（指唢呐）和打击乐器（大小锣、大桶鼓、旗子鼓、板鼓、课子、头钹、二钹、铰子等）两个部分组成。各种乐器以不同的形式组合，在组合中突出唢呐的独特的帮腔作用，来表现不同的情调、气氛。唢呐是辰河高腔中的特性乐器，它在高腔中的地位可以和声腔并列，声音高吭，发音柔和，音色优美，近似于女高音，能与唱腔融为一体，在帮腔和伴奏中作用重要，特色浓郁。如果没有唢呐，那么辰河高腔就不会有不同于其他戏曲种类的个性。辰河高腔有各种各样的器乐曲牌，打击乐也有各种各样的锣鼓点子，它们是组成剧中场景音乐的手段。

辰河高腔早年分为生、旦、净、丑、外、副、末、贴八个角色行当，称之为"八角子弟"（业内有"八顶网子打天下"的说法），到清末民初由繁而简，归纳为生、旦、净、丑四大类。民间则将其分为生、旦、花脸三类。生又分为正生、老生、小生，旦又分为正旦（青衣）、小旦（花旦）、老旦、摇旦（彩旦），花脸又分大花脸、二花脸，三花脸（又称小花脸.即丑

图 3-48　部分乐器

角，大致可分为罗帽丑、方巾丑、公子巾丑、紫金冠丑、纱帽丑、硬盔丑、抓子巾丑、无名巾丑）等。辰河戏早期化妆简单，略施朱墨，不着重彩。戏脸谱的色彩，以红、黑、白三色为主，以这三色为基础的调和色为辅，又在这主色和辅色的基础上，以饱和程度的不同而生出很多变化，形成一套较为常用的脸谱。

辰河高腔基本技法有用嗓、手法、眼法、步法、脸子功、髯口功、彩发功、

---

①　三宫八母调：母调是曲牌分类的准绳。辰河高腔共有八个母调，即"驻云飞母调""锁南枝母调""汉腔母调""红衲袄母调""锦堂月母调""新水令母调"和"汉入松母调各个母调中分别包括若干类，每一类又包括若干曲牌。同一个母调中的曲调都是同一宫调，它们的基本腔调都来自于母调牌子之中。在辰河高腔各种形式的演出活动中，唢呐帮腔一般只采用"三宫"即上字调（C宫）、乙字调（B宫）与凡字调（F宫）。所以说辰河高腔在宫调吸纳使用上为"三宫八母调"。

扇子功、翎毛功、罗帽功、水袖功、踩桥功、软毯子功、硬毯子功、把子功、堆罗汉等。特有技法有抖翎、涮翎、罗帽四方掸、彩发、扭花、彩发太极图、泪眼、血泪眼、鬼脸壳、耳功、结髻、抖鼻须、挽手花、丢扇、旋扇、绕袖、挽袖、绞袖、软瘫功、抖色、搓眉、打校场、溜马、夜摸、十四种"跳"、打八彩、打叉、金鸡独立、飞蛾巴壁、岩鹰晒翅、獠牙功、高台拖椅、空顶上梯、滚灯、吊辫子、滚火刀、飙台口、变脸等。①

辰河高腔演出有坐堂、矮台和高台三种形式。

坐堂，地方俗称唱坐堂戏，其组织称"围鼓堂"。高腔流传到辰河地域之初，只在文人、绅士中流行，慢慢风靡到市民、村民阶层。清道光《辰溪县志》载："城乡善曲者，遇邻里喜庆，邀至其家唱高腔戏。配以鼓乐，不粉饰，谓之'打围鼓'，亦曰'唱坐场'。士人亦间与焉。""善曲者"中"士人"只是"间与焉"，更多的是民间艺人的广泛参与。据《辰溪县志》（1994 年版）记载，咸丰初年有刘家传在县城组织的"桂和堂"。稍后，有张盛煜、杨廷楷组织的"积庆堂"以及"协和堂"、"佳乐堂"等。民国时期，有杨锡焘、张仲珠等组织的"中和堂"，刘阜安、萧继和组织的"少和堂"等。20 世纪 50 年代初有"解放堂"。

矮台，即木偶戏，亦名傀儡戏，地方俗称木脑壳戏。清道光《辰溪县志》载："秋收岁稔，乡民酿钱建醮，或演傀儡，或集优人作剧以酬神。"《辰溪县志》（1994 年版）记载，道光年间辰溪县内木偶戏表演者多来自黔阳、溆浦等县，县内仅大水田乡社塘村罗姓一家有木偶戏班，称罗家班。中华人民共和国成立后，罗家班仍于农闲时外出流动演出，远至贵州玉屏、黎平一带。②

有村民介绍说，木偶戏是围鼓戏的一种发展形式，"先有矮台，后有高台"。高腔艺人唱"矮台戏"时，手握用木头刻成的生、旦、净、丑各个角色，一边表演，一边唱戏。木偶戏的角色活灵活现，有的能手执兵器对打。矮台班一般由七至九人组成，有"七紧、八松、九快活"之说，即是说七人班子演出时很紧张，累人；八人班子演出时较松动；九人班子演出时就轻松快活，没有压力了。矮台戏演出对场地要求不高。有的四根竹竿插在一丈见方场地的四角，用青布帐幔围住四方，中间再垂悬一布帘，分成前台和后台，演出舞台就

---

① 湖南省戏曲研究所编：《湖南地方剧种志丛书（二）》，长沙：湖南文艺出版社，1989 年，第 122～131 页。

② 参见辰溪县志编纂委员会编：《辰溪县志》，北京：三联书店，1994 年，第 666 页。

算扎成了。它的剧目、音乐、排场与高台班(即舞台演出)完全相同。

高台,即舞台演出(演员化妆在舞台上演出),俗称"唱大戏",其班社称"大戏班"。现在辰河高腔的演出多采用这一种形式。演出前演员会一丝不苟地化妆、装台、对戏等。旧时高台,也称江湖班,或由艺人创办,或由地方有名望的官绅、富户、商贾等出资兴办,班名大都带有吉祥兴旺、荣华富贵、仁和喜庆之意。班主(亦称"本家")是整个班子的总负责人,通常是衣箱的所有者,提供全部演出行头,如盔头、道具、服装等。班主组建戏班,实行应聘制,有经济核算和分配权。戏班一般为二三十人,多至四十人。本家下设管班一人,对内是业务上的负责人,对外代表本家接洽联系演出事宜(旧称"拜码头"),并与雇主接洽、订立合同。《辰溪县志》(1994 年版)记载,清末,县内有影响的班社有邬世敬、尤吉祥的"仁和班",杨学贵、向瑞卿等的"四喜班",龚超良、游家梁等的"大红班"以及"双喜班"、"德胜班"等。民国时期,有余配卿、姚祖宣的"双合班",向代健的"双少班",罗保元、杨仕元的"双元班"等,每班有演职人员 15～20 人不等。以"双少班"历史最为悠久,声誉最大。1950 年,艺人杨仕元等组建剧团演职人员 20 余人,专演汉戏,剧团遂名"辰溪高汉剧团"。1955 年,辰溪高腔《班超投笔》参加湖南省第二届戏曲观摩会演,杨仕元获演员二等奖。"文化大革命"期间,剧团被解散,直到 1980 年恢复,每年在城乡演出 150～200 场。由于戏剧不甚景气,收入菲薄,需县财政补贴。[1] 20 世纪 90 年代后,传统戏剧演出市场萎缩。老一辈高腔艺人年龄老化,演出队伍青黄不接,高腔传承后继乏人。2000—2005 年,县委、县政府加大辰河高腔文化遗产的保护力度,增加财力投入,整合文化资源,将县影剧院划入辰河高腔剧团,解决高腔剧团县城演出无固定场所的历史问题;逐年提高剧团在职人员的工资待遇;民间拔尖人才进入高腔剧团学习;组建辰河高腔戏曲艺术班等,[2]使辰河高腔逐渐焕发了新活力。2018 年 8 月,辰溪高腔艺术传承保护中心被邀请进北京参加中央电视台节目录制,古老的辰河高腔以全新的面貌呈现在世人面前。同年 12 月,辰溪县高腔艺术传承保护中心的传统折子戏《抢棍》代表湖南省参加 2018 年全国戏曲百戏(昆山)盛典展演,惊艳亮相昆山昆曲大剧院,让全国观众领略了国家级非物

---

① 参见辰溪县志编纂委员会编:《辰溪县志》,北京:三联书店,1994 年,第 666 页。

② 参见辰溪县志编纂委员会编:《辰溪县志(1978—2005)》,北京:线装书局,2012 年,第 533 页。

质文化遗产辰河高腔的风采。

图 3-49　辰河高腔惊艳亮相全国百戏(昆山)盛典

　　五宝田的老人对辰河高腔情有独钟。他们说,听辰河高腔,在戏里可以看见历史故事,可以品味百味人生。因此,他们酷爱听戏。在外工作的子女便为他们买回了"小蜜蜂",并将辰河高腔的曲目放入存储卡内。夏日劳作之后,村民们打开"小蜜蜂",辰河高腔流淌的古老旋律便会伴着晚霞回荡在院落上空。

六、民间技艺:渐行渐远的风景

　　在五宝田,我们遇到了一些民间手艺人,比如木匠。还有民间艺人,如民间乐师。但随着时代发展,这些民间技艺已成为五宝田一道渐行渐远的风景。我们主要通过对他们的访谈,将他们的口述辑录下来,以展现五宝田村人的汉文化生活的图景。

(一)老木工:为生计走木工

　　五宝田村周边森林资源丰富,盛产木材,以前木匠的从业人员不少。据村民说,五宝田村木结构的房子都是由自己村子里的木匠师傅建造的。村民廖银银告知笔者,目前村里还有萧守儒、萧守满、萧典礼、萧典义、萧崇贵、萧崇顺、萧崇云、萧典柏等几位木匠。他们制作的生活项目，从建造房屋、制作农具家具与生活用具，到装饰工艺品，门类齐全。如今村里的木匠，多外出从事建筑行业、装饰行业，较少加工制作农具和家具。在他们眼里，现代木工较以前的木工比起来简单得多，工具机械化、智能化，材料随手可取又是加工好的各种规格，你只需做好切割、拼装、涂饰。

据了解，当地木匠以前可以分为大木、小木和细木三种。大木，也称为大脉，就是能做屋架盖房，做门窗的粗木工。瑶乡所建造的房屋有立柱、双架梁、三檩两椽、五檩四椽等结构，大门为双扇硬木板，窗棂有菱形、田字形、云纹形、丁字拐与腰三慢二等式样。小木，也称小脉，主要是制作农用与生活用具的木匠等。农具如犁、耧、耙、磨、牛革头等，生活用具如箱子、立柜、桌椅、板凳、木床、水桶、木盘、案板、橱柜等。细木工是指能动手刻花制作木雕工艺的木匠，如镜框、插屏、花盘、枕匣、梳妆盒等，五花八门，数不胜数。

木匠的工具比较多样，有锯子、刨子、斧子、钻子、凿子、曲尺、方尺、平钩、刻刀等。木匠多带领徒弟组成多人作业单元，走村转乡揽活挣钱。他们敬奉"鲁班"（相传鲁班创造了"机关备具"的"木马车"，发明了曲尺、墨斗等多种木制工具，还发明了磨子、碾子等）为祖师，在收徒授业时要请出"鲁班"的牌位，举行庄重的拜师仪式，才能正式确立师徒关系。徒弟入门后，要先干粗杂活儿，担水、扫地、拉锯、磨刨刃、锉锯，干上一年左右，师傅才叫跟着学推刨子、凿眼等下手活儿。以后逐步捉锛、抢斧、打线、开料。师傅对徒弟管教很严，徒弟如刨子推不平，拉锯跑了线，砍斧过了头，脾气坏的师傅常常劈脸给徒弟一巴掌，但徒弟不能计较。特别是木工关键技术凿眼（俗话说"木匠好学，斜眼难凿"、"木匠怕的朝天眼"），师傅都要留一手，很少将凿眼的技术传于徒弟。所以民间有"祖传木匠本领高"的说法，就是说凿眼的功夫代代相传。

传统意义上的木匠多是当学徒打杂，多看多问，然后自己动手琢磨。从锯刨这些开始起步，技术上还要看自己的兴趣、耐力和天赋。一般徒弟需三年方能出师。

木匠以前在瑶乡颇受人敬爱。俗话说："木匠受人敬，剩余都能用；石匠惹人嫌，石渣倒不完。"一般在木匠后面都要加上"师傅"两个字，因为他们以木头为材料，用推刨、墨线、锛、凿子之类的手工工具，制作日用的家具比如桌子、板凳、火盆、书案、木桶等之外，立房子（修木房子）和装板壁（装修）都要木匠做。有的木匠一年四季都在外面做活儿，甚至做到大年三十才回家的都有。如今,随着工业化的发展,木质用品大都实现了工厂化生产。木匠没有了家具做,年轻一点的木匠外出打工,年纪大一些的木匠就默默坚守着这份手工技艺,除了可以添补些生活费用外,却也不乏对这份职业的虔诚。

村民萧守儒就是一位木匠。年届 67 岁的萧守儒,从 18 岁开始跟着师傅学习造房子、修家具等木匠技术。为了生计,年轻时代的萧守儒曾徒步奔波于各地,主要是为他人建木房子。在那段日子里,他不断结识老木匠,认识新师傅,向他们取经学习。日积月累,他的木工技艺也日趋成熟,成为五宝田周边家喻户晓的木匠。现在木制品逐渐被价廉物美的塑料和不锈钢制品所取代,传统的木匠技艺已经慢慢不被人关注。但是萧守儒那份对传统木工技艺的坚守却已扎根心中。

访谈一

笔者:您是木匠?

萧守儒:嗯,我以前是做木工的。在外面造屋、装屋子啊,做家具啊,这些我都做过。过去我到怀化、洛阳,还有这边的龙潭,溆浦县的龙潭,到处都要做的。那时候年轻嘛,年轻时候就在外面做工,背着工具跟着别人一起去做事。

笔者:带什么工具啊?

萧守儒:刨子、斧头、锯子,还要带尺子啊,那时候背上工具就出去做工去了,哪个家要造物,我们知道了就自己带起东西去做工。过去出去的时候都是走路的,没有车子,从修车路上走过去,往中方县那个方向,走过去就到铜头溪(音),就是现在的铜湾。如果要去龙潭的话,就顺着这条小溪走,走到丁家村。现在从怀化到我们村子,要经过一个叫幸福村的地方,过去我们就是往那个方向走的,那边属于接龙了。我还去到接龙上面的那种小院子做工,那些地方一个院子只有几户人家的,丁家村这边还有几个小院子。年轻的时候每天都在外面,到处去做工。

笔者:您从什么时候开始做木工的啊?

萧守儒:我啊,从村里面还刚在大队上的时候就开始做木工了。那时候我十八岁,跟过两三个月的师傅。师傅呢是隆回县的,属于邵阳那边的。他也是走木工,他在这边啦,来我们村子里走木工,我就跟着他学了。跟着他做了两三个月,就可以自己做事了。当时村里面跟着他的就我一个,但是他自己带了一个徒弟过来,那个徒弟年纪比我大一些,有三十多岁了,他家里都有小孩了的。

笔者:跟着师傅学些什么呢?

萧守儒:起屋,造屋子,他在那里做,我们在边上跟着,边做边看,有的时候问一下。我们这里一般是家里修屋子会找木工。后来我真正开始做的时候,那修屋子修得厉害,那几年我在外面做到三十,就是过年的时候啊,大年三十早上可能还在外面,晚上才回来。那时候家里面需要钱啊,小孩子要读书,要赚生活啊。

笔者:做一天多少钱啊?

萧守儒:我开始做的时候是一块两毛钱一天,那时候每个月工资都才几十块钱,现在都是一百多一天了。大概是1980年的时候,我开始走出去造房子,还带了好多人出去,跟着我的有七八个人呢,他们跟着我学。

笔者:带村子里的人吗?

萧守儒:带啊。萧书记的父亲就是跟着我学的,还有我远房的一个老弟,也跟着我。院子里面还带过两个,我外甥也跟着我的。其他的么,龙头庵那边还有人跟着我。现在年纪大了,退下来了,也不搞这些了。

笔者:木工怎么起房子啊?

萧守儒:要先采日子,从外面找个师傅来采个吉日,我们就开始动工了。修木房子就是用木材的,要砍树,之后就先起柱子的,岩匠师傅把地基起好,我们就开始定柱子,先把柱子定好。再打框架啦,上梁把横梁什么都做好,那么就是一个房子的框架了,再举起板子,拿木板把墙做起来。我

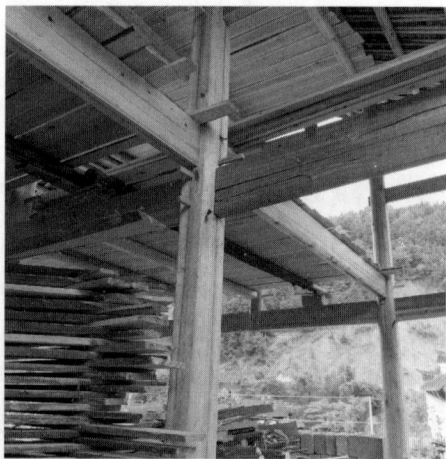

图3-50　房屋内的横梁和椽木

们修房子不用钉子,一根木头上打一个孔,另一根搞一个栓子,就把两根木头固定了。

笔者:上梁要选日子吗?

萧守儒：不用的，上梁是同一天的。那些木头啊、木板啊都要提前准备好的，开工了之后同一天把柱子起起来，梁也上好。[①]

村民萧典柏也说起了自己做木工的经历，还说他的两个儿子跟他学艺也是木匠，并介绍了诸如选梁木、上梁、材料来源、价格与运输等相关建房事宜，洋洋洒洒的话语中充满着自豪感。

访谈二

笔者：你住的这座房子是分家的时候分的吗？

萧典柏：没有，这个是分家了以后我自己做的。我是木匠，自己造了两个房子。

笔者：您是木匠？

萧典柏：嗯，是的。我也会锯木，我两个儿子也会锯木。

笔者：你家里有没有做木工的工具啊？

萧典柏：现在都没得了，就还留了锯子，上面还有一把锯子。那些砍柴火的，其他的一些都没有了。

笔者：您大儿子说他在工地上面做事，做的就是这个吗？

萧典柏：嗯，他也会的，都是我教的。我现在这么大年纪了，身体也不好，自己就不弄了。

笔者：那么，您是跟谁学的啊？

萧典柏：我师傅都是怀化的，怀化铜头溪的。我从十八岁就开始学了。学了有两三年时间就会了。开始我是锯木，锯木板嘛，像这种墙一样的，锯成一块一块的。后边呢，我就做木工了，就开始修房子了，建房子了。先是跟着师傅去帮别人做事，以后就能自己做事了。我的大儿子，他只有十四岁的时候，就跟着我做木工，到现在他又会锯木板，又会修房子，木工的活他都会了。

笔者：过去在哪里做木工啊，在村子里还是在外面啊？

萧典柏：我那时候啊，就在村子里做。村子里每年要搞建筑，要修房子，我就在村子里做。现在都是到外面去打工了。

笔者：麻烦说一说怎么修房子吧？

萧典柏：哦，一般建房子前要找地理先生择屋场，然后选一个黄道吉日"动土""发墨"。建房子是人生中的一件大事，房子中的"梁木"（堂

---

① 据访谈录音整理。访谈时间：2013 年 7 月 31 日，访谈对象：萧守儒。

屋中央顶部的檩木)一定要讲究的,这是房子中最重要的部分啦。选择梁木需要有"双生杆",就是长在一起的两棵树。去砍这梁树时,要带上香纸、花生、纸钱等供山神,砍好的梁木还要绑上红绸带。抬梁木回来的路上要不停地燃放鞭炮。弄回来后,把它弄光滑一些,再用蜡笔把它涂一下,然后要在上面凿洞,那要固定的话还是要用钉子的。

笔者:那柱子呢?

萧典柏:柱子啊,我们木工有那个尺子嘛,尺子要量一下的,哪个地方要打梁,哪个地方要修个什么东西,都要把它量好再弄出来。

笔者:上梁怎么上啊? 要拜师傅吗?

萧典柏:那不要的,不用拜的。我们木工自己弄就好的。有些老人家啊,他们相当古板的,你跟着他做事,到上梁的时候他会说,现在我要上梁了,要拜一下的。就是说一下好话的。我们木工把梁木(用红布包裹钱币或茶、米,寓意着子孙功名不断,吃穿不愁)抬起来(需要二人同时抬),爬楼梯往上走嘛。我们爬一个梯,他说一句好话。爬一个梯子,说一句好话。另外,上梁时一定要从梁上抛红糍粑、花生、糖等。

笔者:讲哪些好话呢?

萧典柏:那我现在记不太清了,比方:一步一举成名,二步二老齐全,三步三元作中,四步四季常青,五步五子登科,六步六位高升,七步七星高照,八步八月科堂,九步九堂快发,十步十全十美。好话要讲很久的,起码讲半个小时才能讲完。原来我们还有书的,木工专业书,现在都找不见了。

笔者:哦。上梁的时候就是要讲好话。

萧典柏:他讲好话你就要封红包了。

笔者:像我们村子里造房子啊,木头是哪里来的啊?

萧典柏:木材就是自己山上砍来的。我们这里的木头呢,自己修房子,它属于自用木材,自己用的木材呢,国家的林业税就相当低了,只有三四十块钱一个立方。如果是到外面,那些商品林啊,就是卖钱的,我们山上的树砍来,卖给国家单位,那个税收就高了,要三百多一个立方。相差几倍了。那外面的那种呢,现在是八百块、九百多一个立方。原来只有两百多一个立方。

笔者:哦,那你修这座房子的时候,那些木板多少钱一个立方?

萧典柏:那个时候还没有出什么钱,那个时候就是四十多块钱一个立方。

笔者：这些木材怎么运下来？

萧典柏：扛的，人上去扛下来的。我年轻的时候，最重的可以扛三百多斤，像这种树，一个人可以扛一根回来。以前那些木头都是我们自己扛回来的。

杨小丽：以前的人力气好大的。

萧典柏：我的大儿子，现在扛木头还可以扛三四百斤。我年轻的时候那也差不多的。我年轻的时候我也厉害，那种水泥电杆，好高好重的，我们六个人抬一根。

杨小丽：以前没有马的，来来去去都是自己扛下来。

萧典柏：马只能拉四米长的木头，太长的它也不能拉的。

笔者：那现在呢，这么长的木头怎么办？

杨小丽：把它锯断嘛。

笔者：那如果要用到那么长的木板呢，是拼起来吗？

杨小丽：不是啊，还是扛回来啊，用到了就扛回来的。长的木头也扛啊，就是几个人一起扛。

萧典柏：我们是没有办法了……木房子有一个好处，它歪了都不会倒下来。砖房子的话稍微歪一点就倒下来了。

杨小丽：像村子里的砖房子是请外面的人来修的，都不是本地师傅修的。[1]

(二)猎人：扛枪带狗打小兽

瑶乡境内山峦绵延，气候温和湿润，森林茂密，动物种类繁多，哺乳类如野猪、刺猬、獾、獭、野兔、麂、黄鼠狼、松鼠、田鼠、白猸、穿山甲、聋猪等，鸟类红腹锦鸡、野鸡、竹鸡、斑鸠、岩鸡、秧鸡、岩鹰、鹞子、岩鸽、鹊鸭、画眉、八哥、丁丁雀、夜鹰、白头翁等。瑶乡人喜打猎，最初是出于生存的需要，上山捕猎野兽来添补食物之不足，也是为保护庄稼和人身安全，因为有很多很大的凶猛动物如野猪等，常出来毁坏庄稼、影响收成，且常出没村寨，危害民众人身安全，久而久之便养成了喜打猎的习惯。

---

[1] 据访谈录音整理。访谈时间：2013 年 8 月 22 日，访谈对象：萧典柏；翻译：杨小丽。

据了解，瑶山打猎主要有两种：一种为猎人持猎枪（基本上均为火枪）带猎狗[1]，多为结伴而行（也有一人带狗上山的），这就是"赶山"。由于个人去打猎往往很危险，于是多为成群结群结队去打猎，这样人多枪多力量大，既便于猎取一些野兔、山鸡、豪猪之类的小动物，也可以为成功围捕野猪之类的大动物增加机会。打野猪之类的凶猛大动物，就必须众人分工合作才行，上山后凭经验判定了猎物所在地之后，首先要找好"点口"，枪法好的猎手"坐点"，当各处"点口"的猎手到位后，便由余下的猎人带着猎狗，拿着竹竿或木棍，从几个方向驱赶，有时还敲锣击鼓，猎狗则吠叫不止，其目的就是要把猎物往"点口"上撵，"坐点"上猎手严阵以待，只要猎物"上点"，十有八九逃脱不掉。他们遵守"沿山打猎，见者有份"的习俗，意思是打猎时，打猎的人打得大一点的野兽如羊、野猪等，即不论你是否参与了打猎，只要获猎时在场，甚或是偶尔路过的，都是有缘的，所谓"有福同享"，都可分得一份。在分配时，先点在场人数，再将兽肉按人数砍成若干块。

赶山嘛，一般在农闲时节。这个时候大都闲在家，山中的野猪、獐、麂等野兽也已经膘肥肉满了。主要是打糟蹋庄稼的野猪。最好的时节是隆冬，下大雪，冰封大地，野兽在饥饿难忍时就出来四处寻找食物，白雪上就会留下一串一串的脚印。赶山的多三五人为一小组，带着猎狗，备好火枪，分头上山去找点。这赶山呀，讲究配合，有跟踪猎物的，有堵卡的，有闹山的。这闹山由嗓音宏亮、眼快、脚快的人配猎狗组成，还有围场的，男女老少都可参加。一旦枪响猪倒地，不论男女老少，见者有份。按照规矩，肠肝肚肺一般是给猎狗吃。赶山分肉，不管拿到好肉差肉都没有任何意见，高高兴兴地提回家。[2]

另一种狩猎方式是猎人不用猎枪猎狗，而是用"等鱼上钩"的方法获取猎物。方法主要有箭刀与箭枪、饵炸、施榨板、安套索、安铁夹、烟熏、挖洞等等。

---

[1] 猎狗是旧时"赶山"的重要成员和第二主角，在特定的情况下还会"有条好猎狗，不必枪出手"。所以猎人们都会善待猎狗，训练好猎狗，利用好猎狗。"赶山"人如果拥有一只好的猎狗，不但能捕获到更多的野兽，而且还会在突发情况下帮助主人躲避与化解危险。好的猎狗"眼似铜铃耳似叉，毛如钢针尾如塔，腿似弯弓背如虾，腰似油榨舌黑花。脚板像钉耙，跑起才溜巴，鼻子大而通，闻路才正宗，眼皮长得薄，性格如烈火，眼包长得大，虎狼都不怕……"一条外型美观的狗，如果不能"赶山"，在"赶山人"眼中只能算作废物，没有任何价值。

[2] 据访谈录音整理。访谈时间：2018 年 8 月 10 日，访谈对象：萧典文。

一般瑶山猎手上山打猎有"三禁":一禁起尽杀绝,二禁贪得无厌,三禁捕杀怀孕的野兽。还有,就是铁夹子不能支在人走的地方,不随便动别人的铁夹子,也不动别人夹的猎物。瑶山猎手上山打猎还有一种坚韧,就是一旦发现一点猎物的踪迹,如脚印、毛发、粪便,便会循迹而找,待猎物出现,不管时间多少,几天乃至十天半月,不管环境多险,爬山涉水,也要将猎物猎到为止。更有一种蛮劲,就是有时碰到野猪之类,受伤以后乱咬,那长长的獠牙,只进不退的拼命架式很是可怕。但猎手们以蛮对蛮,绝不放过。据说20世纪60年代,

图 3-51　健壮的黄狗

瑶乡有一猎手,竟然徒手和一头受伤的豹子搏斗,将手伸进豹子口中扯舌头,这事一直在瑶乡是猎手饭后茶余的聊天话题。

进入21世纪后,政府先后颁布了有关法律法规,加强了猎枪管理,并提出了保护野生动物,带生产性的狩猎活动才与历史告别,在不少地方狩猎渐成一项娱乐活动。但在瑶乡,业余狩猎一直未间断过。农闲之时,或一人或成群结队,带着猎狗,跋山涉水,享受着那份男人野性的回归。

五宝田村的萧典柏就是一位业余猎手。64岁的萧典柏从年轻时候开始就喜好打猎,如今每到冬季,他还会扛着猎枪,带上家里的土狗,前往周边的山林里打猎。不仅可以满足他的特殊兴趣,又能获得一些野兔、野鸡、野猪等狩猎产品换得一些金钱贴补家用。为了更加详细了解五宝田村猎手的狩猎情况,笔者对萧典柏进行了访谈:

笔者:您是什么时候开始爱上打猎的?

萧典柏:过去集体的时候,我在山里帮别人放松油啊,在那个松树上划一道口子,然后放一个竹筒,松油就留下来了。去山上放松油,山上有豹子,有蛇,豹子很凶的,你一个人去,它就要来咬你。我在山上放松油的时候,就开始打猎了。那时候我在山上啊,给别人放松油,看到山上有小野兽,我就去买了一支火枪,去山里放松油了,我就把枪带上,看到小野兽,就打一下。就是那个时候就开始打猎了。那支枪我用了

二十几年了。枪里面放火药,火药赶场的地方就有卖。

笔者:您这些年还打猎吗?

萧典柏:打的,天气凉一点就去山上打小野兽。去年就去打过。我上山打猎,就把这只狗一起带去。每到了冬天,我就去山里打猎。

笔者:能打到些什么啊?

图 3-52　萧典柏和他心爱的猎枪

萧典柏:一般都是小野兽,有斑茅草鼠,就是吃斑茅草根的老鼠。那个老鼠一只有三四斤,打回来拿到市面上去卖的话,能卖到六十块钱一斤,有只三斤的斑茅草鼠就能赚到一百八十块钱了。

笔者:打来的东西都卖出去吗?

萧典柏:嗯,都拿出去卖的。就是好难打到的。还有一种小野兽,它是钻到土洞里的,白天躲起来,晚上才出来。我的儿子女儿在浙江义乌工作,我到那边也去打过猎,那里的动物就多一些,野兔啊,还有身上长刺的那种。

笔者:刺猬?

萧典柏:我不会叫。那些小野兽都跑得很快的,要追好久。

笔者:那怎么猎到它们?

萧典柏:到了晚上啊,你看到它从对面窜过来,就拿手电筒照在它眼睛上,那么它一下子就看不见了,不动了,就把它捉住。过去我到义乌那边的高山上,到森林里面去打猎,那山上的野猪,一头就有三四百斤。

笔者:那边打猎可以随便去打吗?

萧典柏:没有,就是自己摸过去打。浙江那边管得严一些,没有办猎枪证就不合法,就不能打猎。办了持枪证就可以。

笔者:在这边用什么打猎?

萧典柏：家里的土狗可以带上山的，比方说小野兽钻到洞里去了，那么土狗就可以帮忙挖，我也带东西上去把洞里的小野兽给挖出来。但是狗到山上走路要跌跤的，要是小野兽跑出来了，我就用炮子打，拿猎枪啊。

笔者：你家有猎枪吗？

萧典柏：有呀。（走进屋里，拿出一把93.5厘米长的猎枪）

笔者：你这个枪是在哪里买的？

萧典柏：辰溪，在辰溪买的，五六十块钱一把。

笔者：现在还有卖吗？

萧典柏：现在没有卖了。我这把枪之前坏过了的，原来是一个木头的枪托，坏了之后我自己补了一块修上去。现在的枪是有长有短的，有一种是一米二的，有些短的才六十多厘米，大概六十到八十厘米吧。太长的很重，拿到山里面不方便的，这把枪大概有个三斤重左右。我上山打猎，带着家里的土狗一起去，习惯了，枪一响它就跑过去了，有打中的话它就叼回来；如果没打到什么，要它回来，我再打一枪他就自己跑回来了。[①]

如此，靠山屹山，打猎既是五宝田村民的谋生和生活技艺之一，也是一种娱乐。

(三)民间乐师："红白喜事唱大戏，哪里都有我"

唢呐是一种民间吹奏乐器，它发音开朗豪放，高亢嘹亮，刚中有柔，柔中有刚，明正德年间已有此器，那时称之"唆哪"，先为军中之乐，后入民间。明代武将戚继光曾把唢呐用于军乐之中，在他《纪效新书·武备志》中说："凡掌号笛。"即是吹唢呐。明代后期，唢呐已在戏曲音乐中占有重要地位，用以伴奏唱腔、吹奏过场曲牌，在辰河高腔中则称"欠"，且是主要乐器。

唢呐有单管（单唢呐），也有双管（双唢呐）。瑶乡人尤偏爱双唢呐。双唢呐制作讲究，精致美观，与一般唢呐由"碗口、弦管、信子、哨子、嘴封"五部分组成有所差异，它由两个碗口（当地俗称为喇叭）、两根木制弦管、两个信子和两个哨子组成。关于那两个喇叭，据黄始兴先生观察，以前都用桐木（桐木质脆，容易产生共鸣，又便于雕琢）制成，俗称"木碗口"，现在多改用铜

---

① 据访谈录音整理。访谈时间：2013年8月22日，访谈对象：萧典柏；翻译：杨小丽。

碗口。那两根长的发音管，叫作"妹妹红"，并排各钻七个孔（上面六排的十二个音孔为音阶，最下面一排的两个音孔不发音，可用来排气），是用枣子木（枣子木有木蕊，便于通孔，且质地坚硬，发音清脆）做的。再用一块铜制的掩板，将两根管子上的音哨（用龙草来做，质地柔韧，发音尖利，两个音哨的音调要完全相同）扣结在一起；那两个碗口，则用铜丝扎连。这两支唢呐就成为一个整体了。

图 3-53　双唢呐

双唢呐作为瑶乡的重要传统民间艺术，其音色圆润丰满、悠扬动听，与众不同，独具一格，乐曲结构，曲牌名称，旋律特征，表现风格，演奏技巧等，没有被外来音乐影响或同化，至今仍保持着原汁原味的原始风貌，现已引起一些专家学者的关注。

双唢呐可单独演奏，也可配合其他乐器如锣、鼓、钹，以增加热烈气氛。双唢呐在许多场合都能用到，如婚嫁、丧葬、竖屋、造船、打三朝、做寿诞、玩龙灯、划龙船、庆典，等等。特别是嫁女迎亲都离不开双唢呐，还配得有一套锣鼓。因乐班由八个人组成，故称为"八仙"。双唢呐，也叫"八仙唢呐"。锣鼓点子节奏分明，气氛热烈，把双唢呐烘托得更加欢快和嘹亮。迎花轿、新娘新郎堂屋里拜堂、恭请客人上席、宴后新媳妇给男方长辈们赠新鞋以及晚上闹洞房，双唢呐师都要大显身手，为主家添喜助兴。

双唢呐固定的曲牌不太多，可分为红（婚礼、节庆）、白（丧事）两部分。红事曲牌有《满堂红》《燕子还》《阳雀翻坳》《娘送女》《喜逢春》《舞龙灯》《龙船调》《号子歌》《和旗》《小开门》《大开门》《迎客曲》等，白事曲牌有《猫翻瓦》《浪淘沙》《苦一子》《苦三子》等。这些曲牌音乐在调式音列、曲式结构、旋律形态、节奏节拍方面显示出独具一格的风格特征。曲牌用于喜庆场面的，或欢快热烈，激情奔放；或生动活泼，如言似语；或委婉柔和，诙谐幽默；或高洁清雅，威武雄壮。曲牌用于白事的，则悲哀凄凉，与肃穆痛哭之祭奠场面配合贴切，相互感应。

双唢呐吹奏的音量高亢，响亮悦耳。在吹奏上十分讲究运气，民间艺人常用鼓腮换气法，以便于长时间的连续演奏。演奏技巧主要有颤音、滑音、花指以及吐、吞、打、垫、抹等，吹奏者需经长久练习，方能掌握一定的技巧。瑶乡会吹双唢呐的人却不乏高手，他们吹奏时，常先把音哨用热水烫软，这样吹起来才省力和顺畅。吹时会换气，能一口气变气变换多个音调，有一种连续流动的整体音乐美感。由于双唢呐的固定曲牌不多，唢呐师都是临时根据场面上的氛围，在几个常用牌子的基础上来加花添色，因而形成了各自的风格和不同的门派，故一般场合只有一个乐师吹奏。如果图热闹的话，要请两个以上的唢呐师，就必须是师徒或师兄弟才行。如果不是同一师承，则要轮换着吹，各显其能。吹双唢呐需要花较大的气力，乐师不但要会吸气，还要会运气。如果技巧欠佳，坚持不了多久就会败下阵来。而那些技艺高超的唢呐师，则一口气吹上几小时都脸不变色又不发喘。所以，瑶乡那唢呐吹得好的乐师，很是荣耀。五宝田村就有这样一位在周边小有名声的唢呐师——萧崇和。

图 3-54 萧崇和在吹奏双唢呐

图 3-55 萧崇和给双唢呐扎上红绸子，吹起满堂红

萧崇和很少在家，抑或周边的村子有人家要做红白喜事，或是中方、辰溪等地哪个戏班要唱汉戏，他经常会被邀请过去演奏。我们总共见到他三次。丁苏安田野期间在村子里面见到过他两次。第一次见到他时，是他为外地游客表演双唢呐，由于他当天有农事要忙，未能对他进行访谈，便约好了择日来访时间。第二次是提前预约了时间专门对他进行了访谈，就在访

谈的第二天，萧崇和又带着他的双唢呐离开村子，到外面忙碌去了。第三次见到他，是2018年夏在五宝田村补充调查的时候。萧崇和很健谈，并且非常愿意把自己学习吹奏和演奏经历与人分享。

笔者：来村子这么久都没怎么见过你。平常都在哪里啊？

萧崇和：我前两天刚回来的，平常都不怎么在屋里。就在外面吹唢呐。结婚啊，做丧事啊，红白喜事咯，还有唱戏，都会叫我去的。

笔者：你会那么多种啊？

萧崇和：就是唱戏啊，吹唢呐，打戏鼓啊。唱戏的话，主要唱汉戏啊，我有照片的，拿来看一下。这是我在打戏鼓啦，他们在唱汉戏，辰河高腔啦。

笔者：你是属于这个戏班的啊？

萧崇和：嗯，他们在武冈的。

笔者：在戏班里呆了多久了啊？

萧崇和：二十多岁的时候开始的，大概九几年的时候。

笔者：吹唢呐是跟着师傅学的吗？

萧崇和：嗯，是的。但不是同一个师傅的，唢呐是一个师傅，戏班子里面又是另外一个师傅。就是跟过一个唱戏师傅，一个唢呐师傅。

笔者：你当时跟的唢呐师傅是哪里的啊？

萧崇和：我的师傅也是姓萧的，也是本乡的，他是胜泥冲的。那时候我们村里有人死了、有结婚的，都找他来吹，我就知道有那么一个师傅了。我们那时候小啊，才十多岁，他过来吹，我们就在边上看，觉得好玩，就跟着他学了。他带了两个徒弟，另外一个是龙脑上那边的，他在我前面学，比我早三年，但是他不会换气，节奏啊、曲子啊这些都很对的，就是不会换气，吹不长久的，吹了一下，中间停一下，等一下又吹，吹了还要停，变成一段一段的了。会换气的话就能吹得长久了。

笔者：唱戏的师傅是教你唱曲还是什么？

萧崇和：教打鼓，打戏鼓。

笔者：多少岁开始跟师傅的？

萧崇和：十多岁的时候吧。

笔者：学了多久啊？

萧崇和：那也学了好多年了。以前一开始我不会，就慢慢练。打那个戏鼓啊，用两根鼓槌，还要配合边上的人，他们敲板锣啊，拉二胡的啊,拉京胡的。要是台上唱辰河高腔的话,就没有这么多乐器,辰河高腔只要打戏鼓和吹唢呐。

笔者:辰河高腔吹单唢呐还是双唢呐?

萧崇和:就吹单唢呐的,不吹双唢呐的。

笔者:单唢呐和双唢呐吹起来有什么不一样?

萧崇和:曲调不一样,它出来的音不一样。双唢呐的音高一点的,这个单的呢低一些。唢呐上都有音孔的,按住拿来发音的,单唢呐有 7 个孔,双唢呐有 14 个孔,单管唢呐的话,吹的时候朝下的那边还有一个孔。

笔者:双唢呐是很少见的,你跟着师傅学的时候就有双唢呐了吗?

萧崇和:嗯,我就跟唢呐师傅学的双唢呐。小时候就是先吹双的。吹唢呐好用力气,就用鼻孔换气嘛。鼻孔换气,嘴巴吹,我跟师傅学的时候先练的这个,鼻孔吸气嘴巴吹,嘴巴换气的话就没声音了,一练就是半年的。练得起来就快一点,专心一点练半年就会了,练不起来的话那就一直都不会。不会的话,这个师傅就不教吹曲子了。那时候学吹双唢呐,师傅是哪里请他了,就叫我到哪里去,我就跟着他。

笔者:现在都有什么事找你去吹啊?

萧崇和:红白喜事啦,喜事也吹,白事也吹。喜事是喜事,丧事是丧事,吹的曲不一样的。喜事的话就吹满堂红嘛。还有划龙舟也要吹的,嫁女、结婚也要吹的。

笔者:嫁女和结婚吹得不一样吗?

萧崇和:不一样的。嫁女的话就是在娘家吹嘛,吹的曲子就是《娘送女》,就是母亲送女儿嘛,好像不舍得,那就吹得伤心一点;结婚的话就是在男的家里,结婚就是喜庆的咯,吹吉利一点的。结婚时,迎亲途中就吹《满堂红》;迎亲队伍到达新郎家时,就吹《大开门》迎接新人进门;欢迎客人就吹《迎宾曲》;新人举行拜堂要吹《拜堂调》;最后又是《满堂红》。

笔者:那白事的时候呢?

萧崇和:白事也有不一样的,一种是坐堂唢呐,就在家里面做的,儿女要跪拜啊;一种是上山的,把棺材送出去的时候吹的。摆在家里,就吹《万家颂》啊,《浪淘沙》啊,《苦一子》《苦三子》啊,吹出很伤心的。送葬的时候就不一样了,有人要抬棺材的,那就要吹得有劲一点,让他们有力气抬棺材。其实吹唢呐还是有讲究的,还是有区别的。红事白事不一样的。你不用听,还可以一眼就能看出来的。做白事,人家会给你一块白布或者白毛巾,我就拿来把它缠在双唢呐上;去吹喜事,又有一条红绸子,也拿来挂在双唢呐上。唢呐上有红色的就是结婚,不是红色的,挂白布的,那么就是丧事了。

笔者:你一般在家吹什么曲子啊?

萧崇和:就是《满堂红》啊,一般没事自己吹的时候就吹《满堂红》,吹丧事的那个听起来也不高兴的。一般我自己吹或者是家里有人来让我吹给他们听一下,我都是吹《满堂红》的。我自己在的时候也是吹《满堂红》的,我们这里的人听得懂的,外面的人听不懂的。

笔者:哦,那你在戏班也吹唢呐吗?

萧崇和:不怎么吹的,戏班辰河高腔吹的是单管的啊,我很少吹单管的,一直都吹的双唢呐。在戏班的时候,我就打戏鼓,也没有机会吹那个单的了。其他地方的话,我都是吹双唢呐的,哪个地方人家家里有人结婚或者有白事,就给我打电话,我就过去吹双唢呐。前段时间吹的一场白事是在中方县的铜湾,那边有个七十多岁的老人过世了,他家里人就找我过去吹丧事。

笔者:老年人和年轻人的丧事,会吹的不一样吗?

萧崇和:一般没有,有些年龄太小的走的时候就不吹了,直接埋掉的。要吹丧事的都是二十以上的,二十以下的基本就不找人吹了。有些二十岁出头的结婚了的嘛,算是有家庭的,那么他们打电话过来,我们还会过去;有的还没结婚的,或者是走的时候年龄太小了,他们家里也会打电话来请,但是基本上都不会去的。

笔者:你现在出去吹唢呐,都穿什么样的衣服吹呢?

萧崇和:一般好事的话,那就不穿白色,红的可以啊,花的也可以,带红边的也可以,青的也行的;白事的话,就不穿喜庆的颜色。

笔者:那你用的唢呐是在哪里买的?

萧崇和:在怀化买的。但他们的店里面都没有双的了,只有单的。单的也可以的,买两个吧,自己回来加工就成。我现在用的双唢呐就是自己加工的,开始买来的时候只有一点点长的,我嫌它太短了,自己加了一段上去。

笔者:哦,自己回来加工的呀,怎么加呢?

萧崇和:去那个打铁的人那里,让他帮你补上一段。

笔者:让打铁的加啊?

萧崇和:打铁的啊,都有啦。在铜湾那边啊,那边有人唱汉戏的,也有人会弄这个。

笔者:双唢呐确实比单唢呐的声音要大一些。

萧崇和:那肯定的,双的比单的要响亮多了。

笔者:吹曲子有谱子吗?

萧崇和:有谱子的。自己都全部记下来了。

笔者:谱子是怎么样的,是写着数字那种吗?

萧崇和:好像没有打谱子,没有见过谱,我就是全靠听,听出来的。那时候有人请我师傅去,我就坐在旁边听。(萧崇和母亲插话:他师傅讲他聪明嘞。)

笔者:你小时候也在村子里读书?

萧崇和:嗯。就是前面那个房子啊,里面有个礼堂的,我们那时候在楼上读书的。读了有三四年这样,后来我就没有读书了,那时候家里困难了,就跟着师傅去学唢呐。

笔者:哦,那戏班跟的又是哪里的师傅呢?

萧崇和:戏班是怀化的师傅。现在中方县的。

笔者:中方县什么地方呢?

萧崇和:就是中方县城的。他教的我打鼓,他们也唱戏的,我就打鼓。

笔者:唱戏的师傅带了好多徒弟啊?

萧崇和:他啊,就带了一个,后面又带了一个徒弟,那个人后来出了车祸了,就死了。

笔者:和你一起学的有多少人啊?

萧崇和:就两个。总共有五个,有两个没看见过,有一个死了。

笔者:哦,那就是你们两个徒弟一起到师傅那里去学的?

萧崇和:嗯,那时候我去师傅那里学,和他一起在外面唱戏。现在也是这样的,哪里要唱戏,打电话过来我就会过去的。

笔者:平常在家里吗?

萧崇和:很少在家的,都在外面,不是唱戏,就是吹唢呐。

笔者:你去学唱戏的时候,已经会吹唢呐了吗?

萧崇和:嗯,对的,能吹唢呐了。

笔者:什么时候出师的啊?

萧崇和:吹唢呐啊,后面我师傅死了以后我才出师啊。

笔者:哪一年的事情啊?

萧崇和:他是 1998 年嘛。但是我跟他没有好久。

笔者:跟了多久,有几年吗?

萧崇和:就跟了几次,时间加起来都没有一年。

笔者:去了几次?

萧崇和:嗯,具体也记不清了。后面我师傅死了以后我才会一些,他还在的时候我还不会换气。他教过我方法。

笔者:他是怎么教你换气的呢?

萧崇和:杯子里打半杯水,再弄一个吸管,拿着吸管练着吹。

笔者:用水先练,再吹唢呐。

萧崇和:嗯,是这样的。我手机里录的有去外面做事吹的曲子,我放来听听吧。

笔者:视频啊,这是个白事咯。

萧崇和:嗯,除了我们吹唢呐的,前面还有打腰鼓的。两边是放炮仗的。你看他们把那些花折起来放在棺材上,还有金童玉女,这个是画起来的。

笔者:多少人抬棺材?

萧崇和:这个具体搞不太清楚。

笔者:他们用什么抬啊?

萧崇和:用两根杆子啊,和抬轿子一样。这段炮仗声音太大,吹唢呐的听不着了。还有乐队的啦。

笔者:这个乐队是干什么的?

萧崇和:他们唱歌的。有我们吹唢呐的,有唱歌的乐队,还有打腰鼓的。

笔者:乐队唱什么歌?

萧崇和:那么就点歌给他们唱,和卡拉 OK 一样的,点什么歌他们就唱什么歌。

笔者:乐队都搞什么乐器呢?

萧崇和:乐器啊,他们请乐队过来,想要丧葬办得隆重一点,就请起他们，请起乐队、腰鼓队。乐队就搞起那些鼓啊，长号啊，他们带着帽子，穿起整齐的衣服，打起鼓，吹起乐器，嘭恰恰、嘭恰恰。晚上就唱歌嘛，拿那个架子鼓出来。他们还有节目的，小品、相声啊。

笔者：就是现代的那种乐队啰。

萧崇和：嗯，对对对，现代的。送葬的时候，他们就几个人嘛，就吹起乐曲。

笔者：这个是你在哪里拍的？

萧崇和：在龙头庵拍的。

笔者：那你们这边办丧事呢？

萧崇和：我们这里办丧事呢，有钱的，就办得隆重，没有多少钱的，他就不搞那些了，这些乐队啊，乐器啊，就没有了。

笔者：你给村子里的做白事吗？最近一次是什么时候啊？

萧崇和：做呀，只今年没有啊，都是死在怀化殡仪馆，火葬的，就没有搞。就前几天，我还在中方县那边做白事。

笔者：要搞土葬才会搞这个？那现在村子里面是土葬多还是火葬多？

萧崇和：肯定土葬多啊。刚刚说的这个是死在怀化的，就葬在外面了。

笔者：土葬多，那还要买坟地吧。

萧崇和：嗯。坟地买在山上，要找人来看风水的，请起先生来看呢，先生和他关系好，就给他看看，谁灵一些就请谁来。

笔者：像你做完白事，比如说送上山再下来，回到自己家里面，有什么样的讲究啊？

萧崇和：一般我回来之前，老板家都给我一块肉，我就把肉摆起来，敬一下我师傅。

笔者：敬你的师傅？

萧崇和：嗯，他已经死了嘛，他没死是不能敬的。

笔者：除了工钱，一般雇主家会给你点什么呢？

萧崇和：一般就给钱。

笔者：给多少呢？

萧崇和：以前和师傅在一起只有五十多块钱一天。

笔者：一天要吹好多小时？

萧崇和:红事白事它有规定的嘛,一般吹一会儿,停一下。有吹半个小时停一下,也有吹几分钟停一下的。现在一天里面连起来,最长久吹两个多小时吧。

笔者:那很要力气的。

萧崇和:但是会换气了就一点不吃力了,就是腮帮涨起来痛。

笔者:那雇主家除了给你工钱,还会给你肉吧。

萧崇和:有时候给,有时候没有就不给。不给的话就换成钱。工钱是一开始就讲好的,肉的话也不一定要,要看主人家怎么给的。我平常都在外面,也习惯了。村子里面他们都知道我在外面的,像书记啊,他们都知道的。

笔者:嗯,也听到他们说过了,说你经常在外面,吹唢呐吹得很好。你这两天回来是要打禾吗?

萧崇和:嗯,回来给家里打禾啊,收稻谷。

笔者:你家几个兄弟啊?

萧崇和:就我一个。

笔者:也没有姐妹?

萧崇和:嗯。

笔者:你现在和那些原来一起学唢呐的人还有没有联系啊?

萧崇和:有联系啊,唱戏的时候经常碰到啊,师傅也在的。

笔者:唱戏的师傅?

萧崇和:嗯,师傅还在的,他才四十多岁。就不知道我师公还做不做了。

笔者:师公?

萧崇和:嗯,我师傅的师傅,他是安江那边人。

笔者:像你们找师傅的时候,师傅收徒弟嘛,都怎么收啊?

萧崇和:好像我师父收我做徒弟的时候,也没有要什么。就是后来成为他徒弟了,他家里有什么事情,我都会去。他家里建新房子我也去了,后来他儿子结婚,我在外面嘛,那次就没有去。

笔者:刚刚跟着师傅的时候呢,要不要拜师傅啊?

萧崇和:要拜一下的,就是说想要跟师傅学,和他讲,然后再拜一下,不拜也不要紧的,师傅也没有要什么东西,要东西啊,要好多钱啊,都没有的。

笔者：那你拜过吗？

萧崇和：拜过啊，要拜三下。拜了之后还敬酒的。我拜那个教唱戏的师傅，拜的时候他还拿鼓槌敲了一下。

笔者：那拜唢呐的师傅呢？

萧崇和：唢呐的师傅啊，我没有跟他好久的，一年都不到，就几次。即便没有拜，他还是我的师傅哦。[①]

显然，双唢呐作为一种表现力很强的乐器，既是表达喜怒哀乐的物质载体，也是进行情感交流的语言工具，在瑶乡婚丧嫁娶、节庆、祝寿等民俗活动依然具有顽强的生命力。它为大喜的人祝福，为快乐的人助兴，为逝去的人送行，那声声唢呐，深深地渗透在五宝田村的肌肤里，记忆着乡村土地上斑驳的往事，让山村一代代欢乐下来，也温馨下来，也让我们在那悠远而宏亮的唢呐声中，感受到抑扬顿挫里的喜怒哀乐，或许这就是五宝田最坎坷最古朴的抒情。

---

① 据访谈录音整理。访谈时间：2013 年 8 月 25 日，访谈对象：萧崇和。

第四章
守望礼俗:汉族风俗的文化表达

礼俗是指家庭和社会为个人通过一生的重要阶段而设置的礼仪和风俗。作为日常生活世界的重要组成部分,日常交往以及规约日常交往活动的礼俗无时无刻都在影响着人们的生活,是透视人们传统日常生活世界的一把钥匙,也是其传统文化的表达。虽然随着社会的进步,生活的不断提高,五宝田村的礼俗也在不断地注入新的内容,但其自在自发的日常交往礼俗,凸现了五宝田村传统社会中经验化的和人情化的文化模式,是五宝田村一道亮丽的文化风景线。

一、生育礼俗的文化表达

生育是生命的延续,是人类生生不已的根本。马林诺斯基在其名著《文化论》中曾说:"生殖作用在人类社会中已成为一种文化体系。种族的需要绵续并不是单靠纯的生理行动及生理作用而满足的,而是一套传统的规则和一套相关的物质文化的设备活动的结果。"[1]由此,有学者指出,繁衍既是人类自然属性的表现之一,又是人类文化属性的表现之一,求子风俗是生殖崇拜文化叠合沉淀的整合,从孕子到产子风俗是创造生命过程文化叠合的积淀,贺生风俗是对创造生命人文关怀文化叠合的心理表现。在养育生命的过程中,养子风俗也往往表现出种种文化叠合的现象和特征。[2]

---

[1]　马林诺夫斯基:《文化论》,费孝通译,北京,商务印书馆,1987 年,第 25 页。
[2]　徐桂兰:《中国育俗的文化叠合》,广西民族出版社,2002 年。

在五宝田村,妇女生育的冲动是发自内心的。当然,这种内心的冲动是在千百年文化习俗的深深影响之下,内化到心灵深处的。她们把生育当作人生最主要的使命,一生中最值得一做的事情。

(一)孕子、"坐月子"与"打三朝"

在五宝田人看来,生命的孕育是家族繁衍的基础。生儿育女,传宗接代,可以说是每个家庭的头等大事,他们把怀孕称为"有喜"。一旦得知儿媳或女儿怀孕了,婆家和娘家便会喜上眉梢,非常重视此事。除了要给孕妇好的饮食(以鸡蛋、鸡汤、鱼汤等,为孕妇补充一下营养),不让孕妇干重活之外,还有许多特殊的孕期禁忌。这主要是因为在过去,由于科技医疗水平的落后,有的妇女怀孕后,会出现流产、死胎、畸形儿等情况,因此在欣喜之际,也多了几分担忧。为了避免不幸的事情发生,在日常生活和饮食活动中,便形成了许多孕育禁忌。这些禁忌带有较强的主观性、神秘性,更具有很强的约束力。在整个瑶乡境内,把怀有身孕的妇女及其丈夫统称为"四眼人",并对"四眼人"有多种禁忌。关于此,五宝田村生长的萧守资在其《"七姓瑶"风俗记略》一文中说:

> 婚嫁喜庆时,忌"四眼人"抬花轿、闹洞房;烧酒、磨豆腐,忌遇"四眼人";头茬瓜果,忌"四眼人"摘食;产妇床枋,忌"四眼人"坐,否则产妇易断奶;等等。对于"四眼人"自身,亦有多种禁忌:某家有了孕妇,切忌在房子周围动土、掷笨重物体,防惊胎;孕妇忌站在劈柴人前面,以防胎儿破相。为使孕妇平安,要请巫师"酿倒海"、"暗房"并画符贴于孕妇房门口,或缝入孕妇衣角内以避邪。孕妇床顶要罩上鱼网,床前挂上刀枪,窗子上插上桃树枝叶以镇邪。临产时要挂钟馗像,祈求母子平安。[①]

大多数人包括孕妇本人大多都抱着"宁可信其有,不可疑其无"的心理,而恪遵这些孕期禁忌,并代代相传,流传至今。

"十月怀胎,一朝分娩。"一个生命在母亲腹中孕育成熟后,便要来到这个世界,分娩便成了胎儿到婴儿的转折点。对于产妇来说,这是一个前途未卜、生死难测的"鬼门关",用五宝田村老一辈的话说就是"儿奔生,娘奔死,离阎王只隔一层纸"。产妇生孩子无论多么顺利,也是遭受过一定的痛苦的,因此生完孩子则需要通过"月子"补充元气。

---

① 萧守资:《"七姓瑶"风俗记略》,《怀化师专学报》1994年第1期。

"月子"是指胎儿、胎盘娩出后到产妇机体和生殖器官复原的一段时期，一般需要 6～8 周。在医学上将这段时间称为"产褥期"，民间俗称"坐月子"。《辰溪县志（1978—2015）》载，妇女自生产之日至一个月内，称"坐月子"。"大月"40 天，"小月"30 天。在此期间，产妇头缠帕巾，足穿鞋袜，闭门静养，以鸡、猪肉、鸡蛋、米饭为主要食物，忌吃酸、辣、凉性食物；忌沾冷水、吹冷风，洗、浴均用热水。产妇忌走亲串友，忌怀孕之人看望产妇及婴儿，否则视为不吉利。[①] 五宝田人一致认为："坐月子"对于女人来说是一生中的头等大事，月子期间调理得好，可以幸福健康一辈子。反之，则会落下"月家病"，一生难以治愈。丁苏安在村中采访了萧爱凤和杨贵秀两位老妇人。她们回忆了自己坐月子时的情景。下面将访谈整理如下：

访谈一

我们这里坐月子都要吃鸡的，鸡肉、鸡蛋，每天都要吃。但我生第一个小孩子时，坐月啊，饭都没吃的，那时候穷嘛。……那时候，一个月乡里只供应有两斤糖啊。那你自己家里拉得关系呢，就给你多称几斤糖（多称五六斤）。我啊，一个月称得八斤糖，别人嘛，那些没有人熟悉的，一个月只称两斤。我刚生完小孩就下床了。没有得父母力，都是靠自己劳作吃，早上要起来做早饭，晚上要煮晚饭，都自己搞起吃。煮点甜酒，再装一点饭，把甜酒拌到米里面，就那么吃。甜酒好下奶，小孩子就有奶水吃。等到我家大儿子（1966 年）出生，那时候家里面亲戚走来走去送点糖啊，送只鸡啊，就有吃的了。

坐月子都是在婆家的，不到娘家。婆家一般也不放你回去的。要是回娘家坐月子，娘家就要请人给你做法事——福禄式（音），要做仪式啊。它的意思就是说，你产下小孩了，要回自己家坐月子，如果回娘家坐月子，那么神灵祖宗都会怪罪的，因为你是女儿，不是媳妇，做法事的目的就是让神给你进门，同意你回娘家坐月子。法事请先生来弄，要烧纸、画符，将符贴在家门口，这样神仙过来就找得到了。

做月子，那你家里没有大人，什么事情都还是要自己做的。比如说，你今晚小孩生下来，那么晚上老公做饭给你吃，到了第二天早上，你要自己爬起来做饭吃。他们也要出工的，白天不能留在家里做饭的。

---

① 辰溪县志编纂委员会编：《辰溪县志（1978—2015）》，北京：线装书局，2012 年，第 583 页。

坐月子的时候没力气挑担,那老公就会帮你。坐月子,上山下田那是不去的。家里的老人家也不会让你去的。你上山下田做事了,累到自己了,那也就是自己的事情了。坐月子的时候,老人家会说的,不能上山,不能下田干活,不然就要害病,得病了就要死了。这也是个风俗习惯。还有,月子里,带毛毛的东西不能碰。拜祖先也不用你拜的啊,老公拜拜就可以了。

坐月子时间三十天或者四十天,一般我们三十天之后就出月子,就能上山下田了,可以干重活了。现在条件好了,四十天都不够了,她们想坐多久就多久。现在的妈妈要带小孩了,还做什么事啊,带小孩就是做事了。现在条件好了,吃的也好了,一天可以吃两只鸡了。[①]

访谈二

我大儿子是1952年生的,农历三月初十生的,那时候我也有八九斤糖,还要杀鸡吃,喝鸡汤。杀一只鸡就几个人吃了,汤啊,肉啊。我的女儿呢,是1954年生的。生完孩子,哪里得家人服侍哦,没有的,你要自己弄起来吃饭的。

坐月子都在自己家里,在娘家坐月子的话,就要请起先生做法事,点起灯。坐月子的时候,不能上山下田,就在家里做事。老公只是当天做饭给我吃。月子里不拜菩萨,拜菩萨是不灵的。[②]

从两位老妇人访谈来看,产妇和新生儿生理上的脆弱为众人的关怀取得一个契机,月子是女性身体重塑的关键时期,包括产妇的饮食、行为等,表达的是家和亲人之间的关爱和支持。女性为了自身的素质,对坐月子也相当重视,明确首要任务就是恢复身体、养精蓄锐。她们一般都会选择在婆家坐月子,若是回到娘家则通过法事来祈祷母子平安。坐月子期间可以做些轻活,但是活动范围仅限于自己家中。此外,坐月子的妇女还要遵守一些禁忌,比如不能上山或下田干活,不能挑担子,不得拜菩萨、祖宗和土地,等等。"月子"之后,产妇就顺利完成了身份、角色和地位的转换,伴随而来的是婴孩的养育。

俗话说"生儿容易养儿难",可见在完成痛苦的生产后,等着她们的是更加艰难而又漫长的养育。报喜、洗三、"打三朝"或"送祝米"等生命仪礼,是

---

① 据访谈录音整理。访谈时间:2013年8月12日,访谈对象:萧爱凤。
② 据访谈录音整理。访谈时间:2013年8月12日,访谈对象:杨贵秀。

婴儿从母胎世界过渡到现实世界,步入社会的前奏曲,生动地展现了成年人对出生婴孩的欢迎和接纳,是婴儿被正式承认为社会一员的过渡仪式。据《辰溪县志》(1994 年版)记载:旧时,妇女生育头胎,夫婿要到岳父母家报喜,舅子挑糖酒作贺,外婆则带上鸡、蛋、红糖一类营养品去服侍女儿。生后第三天,谓之"三朝"。生子,家族邻居为其亲属脸上抹黑,并燃放鞭炮,称"打喜"。婴儿满月,称"满月红",满百日称"百载",外婆及其他亲友上门贺喜,馈赠衣、裤、鞋、帽等礼物。新中国成立后,仍有贺"三朝"、"满月红"、"百日"之习俗。[①] 五宝田村的习俗大致与此相类。

在五宝田村人的眼里,婴儿呱呱坠地,一个新生命的诞生,给人带来了无限的欢欣和希望,极重"香火"的人们十分重视贺生庆典。其中,"打三朝"在村民的生活中扮演着重要的角色。

> 村里人若是生了小孩,女婿当天就要去娘家报喜的哦。若生男就用公鸡,生女就用母鸡,再加上一挂炮仗。到娘家炮仗一响,娘家人就晓得女婿报生来了,只需看一眼带来的鸡,不用开口相问,就晓得女儿生的是男还是女。等把女婿迎进屋,就商量什么日子"打三朝"。这"三朝"嘛,也叫"洗三",是小孩子出生的第三天,用煎好的艾叶水给小孩子洗澡,去除小孩子身上的污秽。"打三朝"是说娘家人要请人挑去糯米甜酒、鸡、蛋、红糖什么的,还有摇窝、摇窝被、小孩衣服啊,庆贺小孩子出生,一来是表示娘家对女儿的重视,二来也有给女儿撑腰的意思。但这"打三朝"的日子,不一定就是"三朝",可以双方商量来定,一般是由产妇婆家"约期"。娘家准备的这些东西,都是在三朝酒当日送给婆家的。

> 现在,报喜都是电话,有的也不办"三朝"酒,只办满月酒。[②]

五宝田人从孕子到产后"做月子"、"打三朝"习俗,充分说明了他们对生育、对种族繁衍的重视,也体现了他们希望通过某些生命仪礼实现对婴孩的社会生活习惯养成。

(二)犯将军剑与立分路碑

人们在经历了求子、孕子、产子、贺生等一套套繁缛的信仰与仪式后,为

---

① 参见辰溪县志编纂委员会编:《辰溪县志》,北京:生活·读书·新知三联书店,1994年,第 781 页。

② 据访谈录音整理。访谈时间:2018 年 8 月 10 日,访谈对象:廖银银。

了婴儿的健康成长，虽对婴儿的保育及衣、食无微不至，但依然会面临各种不顺。为了化解这些不顺，五宝田村民还盛行为小孩立分路碑和寄名的习俗。

在从怀化行车前往五宝田村的路上，一块块低矮的石碑树立在路边，这些石碑常常设在岔路口的位置，且石碑上大多刻有"小儿难养"的字样。据了解，在瑶乡，如果小孩子生下来不好养，老生病的话，家里就会在路口立分路碑以求禳灾祛病。地处瑶乡的五宝田村自然也有这样的习俗，只是有村民认为立分路碑的主要目的是为了求子，然后是为了保佑求来的小孩子平安。

> 他们那种是为小孩子求的，就在路上竖起牌子。我们生小孩的不求，生下来之后也不去求。没有小孩的或者不会生的会去求，没有生小孩的、来了多少年都没有怀上的，他们都会去庵里面求菩萨。求过菩萨，生得小孩了，那么再去还愿，还愿的时候抬头大猪去。如果小孩生下来以后，不好养啊，好比说小孩经常生病，他们就又去庵里求菩萨。那些竖起牌子的是求来的，他们去庙里面求了，就带了牌子回来，竖在路边。竖牌子的都是没有生之前求来的啊，是求来的小孩子难养才会竖牌子的。[①]

沿着五宝田村的龙脉山往上走，一块分路碑树立在一个三岔路口的地界上。从材质上来看，这块分路碑以玉竹石制成；从外形上来看，它的高度约为 50 厘米，宽度近 40 厘米，石板厚度约为 10 厘米。石碑上横刻着"分路碑"三个大字，底下为文字走向从右往左的纵向的碑刻字样。石碑中间刻有"箭来碑挡"四个大字，左右两侧分别写有"弓开弦断""长命富贵""易养成人"，中间则刻着树立此碑的目的：

上走上蒲溪

下走土溰溪

右走烂岩溪

信人父萧典亮　母周满爱　为儿萧斌草

公元一九九三年四月初九日立

从碑文上看，立碑的主人是为了儿子能够"易养成人"，所以初步可以认定这块"分路碑"的作用在于父母祈求儿子容易生养。为证实我们的判断，

---

① 据访谈录音整理。访谈时间：2013 年 8 月 13 日，访谈对象：萧爱凤。

图 4-1　分路碑

我们特意找到了立碑的主人，对他们进行了访谈。

> 那个碑啊，是这样的，我小儿子小的时候生病了，老人讲人要做点好人好事，这样小孩子好养一点。这也是很迷信的说法，还是我父母，他们那些上年纪的老人家信的东西。他们讲小孩子常常生病，那么就立一块分路碑，那些人走到岔路口，看到这个碑，就可以找到方向了。算做好事的。立分路碑啊，要先采日子，请师傅，封礼金、封红包，还要杀鸡（用一只大雄鸡），还要有肉。我们请起的师傅是村子里的，叫萧典修，现在不在村子里了，搬到外面去住了。立碑的时候，就在碑前放一块肉，要烧纸，烧香，师傅要念咒语的（念了什么，这个我们是不清楚的，他念的我们听不懂，很小声的，我们也听不到）。立碑的时候，家里其他人都去了的，那时候我没在家，我在怀化。①

---

① 据访谈录音整理。访谈时间：2013 年 8 月 13 日，访谈对象：萧典亮。

立碑的主人系五宝田村村民，他们的小儿子在 7 岁那年得了重病，一直不见好，当时家里的老人即小儿子的爷爷、奶奶认为这是犯了"将军箭"，于是建议请师傅来立"分路碑"。在地理上，"分路碑"之所以处在交叉路口，其作用在于为途经的人们指明方向。在老人们看来，立"分路碑"是一种做好事的表现，做了善事，可以化解邪恶，可以冲克疾病，那么小孩的病情就容易好转。

什么是"将军箭"呢？将军箭在传统命理学中流传已久。经常为五宝田做法事的米师傅介绍说，"将军箭"是一种小儿犯的关煞。俗话说"男怕将军箭，女怕阎罗关"。将军箭，只论男命，不论女命。将军箭是男命最忌的第一要煞，可令命主身心残疾。轻者无伤大雅，无外乎弄个伤疤之类；重者，脸破大相，缺手少脚，瞎眼少耳，一生残疾，或者精神疾病等，与日俱增者，夭折短命，遇凶而亡。应凶灾于三六九，如果破解不当，绝难活过五十九岁，破大相和一生残疾则除外。在判定"将军箭"时，巫师有一个口诀："酉戌辰时春不旺，未卯子时夏中亡，寅午丑时秋为忌，冬季亥申巳遭殃。一箭伤人三岁死，二箭须教六岁亡，三箭九岁儿难活，四箭十二岁身亡。"在这一口诀的基础上，他们再以生月对照时辰而查，即春季逢酉戌辰时为一箭，夏季逢未卯子时为二箭……以此类推。常用的化解方法即石碑法，即出钱打一座"分路碑"，刻上"箭来碑挡，弓开弦断"两句话，选一个路口，挖一个坑，放上这个人的生辰八字，再把石碑压上去。还有替身法，即做一个草人当替身，将孩子生辰八字写在草人上，再用竹箭射过草人后，用纸钱一起焚化。

就碑刻的内容上看，"分路碑"上面一般刻有"长命富贵"几个字样，石碑中间主要会刻有"命带将军箭，寄在石上面，请君念一念，开弓即断线"，然后"分路碑"的两边刻有"左走某某处，右走某某处"字样，最后在一些空白处写明立碑日期，以及某某为某某立碑等。其实，我们观察到各个地方的碑刻内容不尽相同，格式也有所不同。有的"分路碑"没有"长命富贵"字样，有的就把"命带将军箭"写成"命犯将军箭"，"寄在石上面"写成"寄在石山面"，"请君念一念"写成"君子念一念"等。格式上面，有的石碑并不是把指路字样写在两边，而是统一写在一边。尽管"分路碑"的内容有些差别，但是大概意思都能够表达出来。

就立碑的具体仪式与安置方法上看，有村民告诉我们，先要由家长请算命先生来确定小孩是否带有"将军箭"，然后选择一个黄道吉日请石匠打造"分路碑"，准备些酒菜请石匠吃饭，最后找一个十字路口安置"分路碑"。安置"分路碑"时，要把小孩的生辰八字写于纸上，在十字路口旁边挖一小坑，将写有生辰八字的纸放在坑内，再把"分路碑"放在上面即可以了。

"分路碑"除了挡关煞功能之外，还融入了一些风水观念。家长出于对孩子的关心，在安放"分路碑"时，往往会考虑安放地址的选择，要请阴阳先生或者其他懂风水的人看好风水宝地。在安放时，也会考虑"分路碑"的朝向，希望能够获得最佳的效果。

"分路碑"从最初的挡关煞的功能到后来作为做好事的象征，积善成德的方法，已实现了很多转变。中华人民共和国成立之初，国家实行"破四旧""破除封建迷信"等活动，"度关""看相算命"等被戴上"迷信"的大帽子，受到严重的打压与破坏，自然"将军箭"信仰习俗也受到一定的遏制。随着改革开放和市场经济发展，国家实行宗教信仰自由的政策，给了民间信仰习俗发展的空间。以前被扣上"封建迷信"的民间信仰，现在也变得不是那么难以启齿，"将军箭"的分路碑常常成为人们生活中的谈资。这与他们崇鬼信巫的心理也分不开。他们的孩子如有病灾，便相信是犯了"将军箭"，如果遭到"将军箭"的射杀，就有生命之忧。为解救小孩，便打一块青石碑，立在分叉路口，给陌生行路之人指明路径。这碑成了孩子的护身，青石坚硬，可以挡住箭，不伤及身体。所以，瑶乡人觉得立一"分路碑"，自然能够获得一种心理安慰，能自由地实践自己的想法。是故将军箭"信仰习俗日益复苏，正如在从怀化到五宝田的行车过程中所见的那样，很多十字路口的"分路碑"又开始林立起来，在瑶乡山中行走，你可随时发现很多这类碑石。

除了立分路碑外，还相信星命术（它以"天人合一"的汉族传统思想为理论基础，以星辰变化推断人事吉凶。人们通过观察天空星象的变化，来推测人间的福祸吉凶。三垣四象、二十八星宿、七政四余等都是进行星命推断的依据）。据村民说，如果婴幼儿因体弱多病或通过算命看相认为命大难养，或哥哥姐姐夭折难以存活者，就寄拜于桥梁、碾房、古树、奇石或土地菩萨等，并改名为桥梁保、土地保、碾子佬等。

五宝田萧从顺家里收藏有此类占卜文本 16 本，时间从光绪二十二年（1896 年）到民国三十五年（1946 年）。这些占卜文本对身命、财帛、兄弟、田宅、男女、奴仆、妻妾、疾厄、迁移、官禄、福德、相貌等按十二宫位进行划分。命生为人的生存之本，相貌构成人的身体表面，因此命宫排在第一位，相宫排第十二位。并以此预测个人命运。

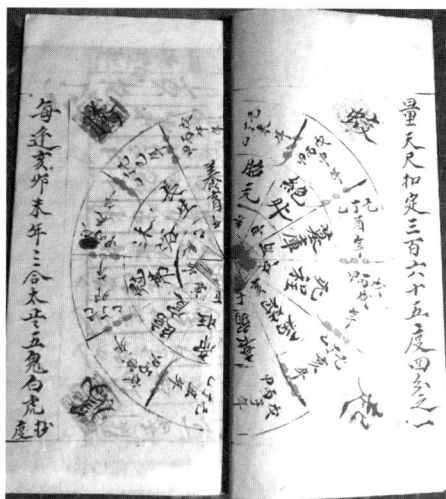

图 4-2 占卜文书

图 4-3 占卜文书

如此，生产与养育下一代是五宝田人非常重视的行为，充分体现了家庭、家族、亲族对新生命的关怀，是对生命的礼赞，尽管其中很多隐含的禁忌，不少带着浓厚的迷信色彩，但更多的是融入了祝福和期望，折射出"可怜天下父母心"的真正意蕴所在。

二、寿诞礼俗的文化表达

"汉族习俗，对生日的祝贺分两类：一类是对 60 岁以下的人称之为过生日，另一类是对 60 岁以上的人称之为做寿。"[①]辰溪县境内，大人小孩每逢生辰，都要改善伙食，小孩吃几个荷包蛋，大人吃酒肴果品。部分地区有 36 岁祝寿之俗，意在做寿冲灾。60 岁后，十年一大庆，俗称"大生日"。尤以 60 岁为盛，俗称"满花甲"。无直系前辈的老人，一般男进 60 岁，女满 60 岁祝寿最为隆重。其规模随家境而定。下请帖或捎口信，邻居家族及亲戚等邀合祝寿，多送衣料、酒菜、糕点、糖果等礼物，也有送寿烛、寿联的，并燃放鞭点炮。主人则设宴招待，并焚香烧纸，敬祖祭神。有的还请戏班唱戏助兴。1990 年代以后，人均寿命普遍提高，人们开始习惯在 70 岁、80 岁时做大生

---

① 徐杰舜、徐桂兰：《中国汉族》，银川：宁夏人民出版社，2012 年，第 243 页。

日。做生日送礼多以红包(礼金)替代礼物,有的在电视台点歌或点播节目以示祝贺。除做大生日外,其他各年的生日都不太重视。[①]

对于寿诞的礼俗,五宝田汉族也不例外。村民普遍认为"百善孝为先",为老人过寿即是尽孝心的表现。他们习惯给老人过"整寿",即到了60岁以后的整十年头,如70岁、80岁、90岁,那年的寿辰被称为"大寿"(七十大寿、八十大寿、九十大寿),等等。据调查,该村的儿女都会为到了一定年龄的父母庆寿,亲戚们也都会参加。除去天灾人祸等特殊时期,祝寿的风俗一直没有间断。祝寿活动并没有一套完整的祝寿程序可循,但在"大寿"当天,宴请宾客当然是必不可少的了。

访谈一

生日年年过啊,每年都有生日嘛。就是做大寿的话,讲的是十年一次。做大寿不能乱做的,像六十岁、七十岁、八十岁这种就是过大寿了。也有人认为六十岁不算什么大寿啊,说六十岁做大寿不好的。年轻人都不兴做生日的,但可以在自己家里过没事的,不做大寿嘛可以在自己家里小过啊。生日啦,不一定要送什么东西的,吃吃饭啊,买点东西啊。做大寿就不一样了,要送钱啊,和做喜事(结婚)是一样的,要给人情的。

做寿的时候,要请专门管账的人。一个收钱,一个记名字。来了一个人,叫什么名字,送了多少钱,都要记下来的。这和结婚是一样的,程序都差不多的。我们这里,红事白事都是要请客吃饭的,只不过做白事的菜就没有那么好了。喜事吃的菜要好得多,像做大寿的时候请起的菜就多一些。

过大寿请客,一般是村子里面一家来一个人帮忙的,我们村子里面都是互相帮忙,没有说特意去请谁来的。基本上的一户来一个人帮忙,你会做什么就帮什么,分工已经分好了,就那么几件事,一件事多几个人一起做也没关系的。以前我就有去过啊,人家家里有人生日,我去帮他们倒茶喝。不讲工钱的,做寿本来要请客嘛,你去帮忙了,他们管饭的,然后主人家还会给礼信,就是给你一个小红包,一般里面装十多块

---

① 参见辰溪县志编纂委员会编:《辰溪县志》,北京:生活·读书·新知三联书店,1994年,第781页;辰溪县志编纂委员会编:《辰溪县志(1978—2005)》,北京:线装书局,2012年,第583页。

钱，几十块的也有。①

访谈二

我六十岁过大寿是在家里过啊，他们来祝生日，到家里吃饭，要放起炮仗（放鞭炮）。请了多少人啊？那也有好几桌的，起码也有十多桌。请的亲戚朋友啊，街坊邻居，你一做生日了，整个院子的都要来，都来给你祝生日的。人家来祝生日，你要请大家吃饭的。就在自己家里办，要请院子里的人来烧菜、煮饭、洗碗、端盘、摆桌子，事情很多的，请的人也多，就厨房里干事的，切菜的要一个人，洗菜的也请一个人的。切菜的是切菜的，洗菜的是洗菜的，煮饭的是煮饭的，烧火的是烧火的，烧菜的是烧菜的，都是分开的。厨房外面还有传菜的，搬凳子的。②

访谈三

我是 2004 年过的七十大寿，那要请客啊，摆酒啊，请大家吃饭咯。做寿的时候，会请人来帮忙的，那年请了三十几个人，有炒菜的、洗菜的、烧饭的、摆桌椅的、上菜的。客人的话，请了有二十四桌吧，一桌坐八个人，请的除村子里的人，还有一些外地的亲戚。酒席就摆在自己家里，堂屋里摆了两桌，坐的都是贵宾。楼上也开席了，其余的就摆在屋外了。

和以前相比呀，现在没有那么讲究了。就说坐席吧，哪像以前有各种规矩，现在座位都是随意坐了的。那过去收媳妇（娶亲），要专门请一个有威望的老大哥，他负责安排所有的事情，就是喜宴的总管啦。过去吃酒排席位，是按照辈分来排的，以舅父为大，就是舅舅最大，舅舅做主位，坐主席的左边，所以说以左为大啊。从大门口看过来，辈分最小的坐在最前面的右侧，辈分最大的坐在最里面的左边。上菜的时候也是从最里面上起，舅舅那桌最先上菜。舅舅没有来，所有人都不能动筷子，要等到他来了才能开席。现在不一样了，就算舅舅不来，那他的那桌就空着，就不坐人，从旁边开始坐起，来的人自己可以开动的。

现在嘛，有些习俗不像以前那样遵守了，但尊老爱幼，孝顺，国有国法、家有家规，都还是要讲究的。过去我们读书的时候，无论在哪里看到你的老师，我们都要立正站好，要敬礼。现在的人皮一些，他们不会

---

① 据访谈录音整理。访谈时间：2013 年 8 月 16 日，访谈对象：杨小丽。
② 据访谈录音整理。访谈时间：2013 年 8 月 16 日，访谈对象：萧爱凤。

这样,老师走老师的,学生走他自己的,都不搞那些礼貌了。过去我们讲究忠孝仁爱、信义和平、礼义廉耻、亲爱真诚,现在新时代了,更要教育后辈了解这些,不能只为了钱,干一些和传统道德不合的事情。①

虽然五宝田村的寿礼,似乎并没有特别的礼俗,但确是对老人步入老年阶段的认可与尊重,是晚辈对老人的孝心的表现,是传统孝道文化的体现。儿女及晚辈为老人祝寿既是孝敬老人,同时也是对老人未来生活的祝福,希望老人能够健康长寿。

三、婚姻礼俗的文化表达

恩格斯曾言:生产本身有两种,"一方面是生活资料,即食物、衣服、住房以及为此所必需的工具的生产;另一方面是人类自身的生产,即种的繁衍"。② 男女嫁娶,结为夫妇,称为婚姻,意味着新生命的即将诞生,即种的繁衍。但婚姻不仅仅是简单的男女嫁娶,它关乎着人伦纲常、礼仪大体维系,更是社会发展与和谐的根本。《易·序卦》语:"有天地然后有万物,有万物然后有男女,有男女然后有夫妇,有夫妇然后有父子,有父子然后有君臣,有君臣然后有上下,有上下然后礼仪有所错。"③"婚俗是一个民族在长期的历史演变中形成的婚姻习俗"④,具有传承性和一定的稳定性,同时因为受到具体社会情况的影响而又具有变异性。在传统社会,婚姻必须依礼而行。

五宝田因地处瑶乡,相对封闭,虽然周边文化对它有一定的影响,但其汉族婚俗传统已然坚守。从整体上看,大体沿用"六礼"的形式,但根据特殊的社会生活环境增加了许多地方特色的内容。

---

① 据访谈录音整理。访谈时间:2013 年 7 月 26 日,访谈对象:萧守造。翻译:萧明友。
② 恩格斯:《家庭、私有制和国家的起源》,《马克思恩格斯选集》第 4 卷,北京:人民出版社,1972 年,第 2 页。
③ (魏)王弼,韩康伯注,(唐)孔颖达等:《正义·周易正义》卷九,《序卦》,上海:上海古籍出版社,1990 年,第 189~190 页。
④ 鲍宗豪:《婚俗文化:中国婚俗的轨迹》,上海:上海人民出版社,1990 年,第 1 页。

(一)从说媒到结婚

一个人从出生到死亡,充满着各种不同的仪式。结婚则是男女的一件人生大喜事,"昏礼者,将合二姓之好。上以事宗庙而下以继后世也"[①],这对于生活在五宝田的男女也不例外。

据了解,瑶乡嫁女是非常隆重的,家里人尽心操办。当然,还得根据各自的经济条件而行,正如俗话所说:"上等之人,头戴凤冠、身披云肩、八仙过礼;中等之人,养女发女,两床铺盖、一顶帐子;下等之人,送条菩萨,自己装金。"男方迎娶时更不遗余力,大肆张罗,一般都得请一套八仙一路吹吹打打前往女方家接亲。此外,还得安排一班八仙在家里等候迎亲。

遗憾的是,我们在五宝田进行田野调查期间,村里并没有人家举行婚礼,因此,我们对村民们进行询问,在他们的回忆中了解五宝田汉族的婚礼习俗,以下是对三位村民的访谈。

访谈一

萧守造,78 岁,1962 年结婚,妻子杨先梅系中方县铜湾人,两人均为汉族。

　　我的老伴她姓杨,她是中方铜湾那边的,中方那边有很多姓杨的。我和老伴是通过媒人认识的。我们结婚之前要经过很多手续。那时候我要到她家里去走一走,去提亲,挑个篮子放猪肉,要给姑娘带去新衣服。还要带上生辰八字去定日子,把两个人的八字放在一起,看看然后翻翻日历,看看哪个日子好就定在哪一天。那时候穷啊,没有钱,只送了三十斤肉。我是解放以后结的婚,那时候 27 岁(1962 年),我老伴比我小十岁,结婚的时候才 17 岁。[②]

访谈二

萧守儒,汉族,67 岁,1969 年结婚,妻子米碧桃系罗子山乡瑶族人。

　　我老婆她是罗子山的,是瑶族的。我们这里结婚是有媒人的,要有媒人介绍的。我们的媒人就是她的亲姑姑。她姑姑嫁到我们这个村子里的,就是她介绍我们两个认识的。认识了之后呢,那是要谈一段时间

---

① (汉)郑玄注,(唐)孔颖达等:《正义·礼记正义》卷六十一,《昏义》,上海:上海古籍出版社,1990 年,第 997 页。

② 据访谈录音整理。访谈时间:2013 年 7 月 26 日,访谈对象:萧守造;翻译:萧明友。

的,起码要年把。我那时候都过去她家,过节要去她家送礼,中秋节啊,端午节啊,去给她家里送东西的。要弄个猪腿过去的,带点糖啊,带点水果啊,也送酒的,还要打两壶酒给他爸爸。之后就谈结婚了。

我们当年没选日子的,结婚的时候是毛泽东时代,不选日子,现在是都要选的。我们就自己讲好结婚的时间,没有请起先生来选日子,这事家里爸爸妈妈也基本同意的,就自己定好了再和家里讲好。就我们那时候结婚不请人选日子,不允许看八字,也没有算命先生敢来算,谁敢来算啊,要罚的,要骂的,要斗争,要拉去开会的。后来邓小平时代之后,他们又开始请先生来选日子了。

定了日子,那么就要结婚了。结婚也不准铺张浪费,就自己家里搞会餐啊,请了两桌客人来吃饭。我们这里吃饭是一桌八个人,来的客都是自己家里的,没有请院子的。来的都是亲戚的,我们摆了两桌,她家一桌,我家一桌。两桌咯。

我是1968年结的婚,那时候我有二十一二岁了,她有一十九岁了。在那个年代,我们结婚算结得迟的,我结婚的时候,有年纪和我一样大的,小孩都会跑了。那时候结婚,给女方的东西不多,就给女方做两身新衣服啦,还送起开水瓶子或者是脸盆,别的就没有了。①

访谈三

张玉珍,瑶族,61岁,20世纪70年代的时候嫁入了五宝田,丈夫萧守改系五宝田汉族。

我嫁进来的时候是他们屋的一个人的老哥说媒的。那时候是七几年嘛,他们屋都是在给集体上做事,一个是修水库,一个是修公路,一个是做改装的,他们都是外调劳力,被派到外面去做事的。他在外面认识了一个老哥,就是结拜的兄弟啊。和他结拜的那个人和我在一个大队,那个时候这个老哥就看到我肯劳作,那时候我家里姊妹八个,我是老大姐,我要照顾他们,那我每天出去干活,像个男子汉一样。老哥看到我肯劳作,他就帮我介绍,给我做媒。他做媒之后呢,我爹妈就肯了,就嫁进来了。

那时候不兴谈恋爱,我们那时候不是自己谈,都是要我们爸妈同意的,不是你说那个地方不好,不想嫁过去,就能不去的,没有权利,都是

---

① 据访谈录音整理。访谈时间:2013年7月31日,访谈对象:萧守儒。

父母之命、媒妁之言。是他的父母请了个人同我家里讲，我爸爸、妈妈觉得好的，那么就是同意了。连面都没有见的，不能见面的，没有那么个权利，都是父母在讲的。后来就定亲了，定了一年再结婚啊。定亲的时候，他家就送给我两套衣服，花布做的衣服，我现在还留起的。没有别的了。[①]

访谈四

陈玉英，瑶族，20 世纪 70 年代的时候嫁入了五宝田。

我是 1973 年从铜鼎嫁过来的，我是瑶族。以前也是汉族，从罗子山搬过去的，就变成瑶族了。我没有陪嫁什么。和我老公结婚的时候请了媒人。当时谢媒就是有衣服、鞋子，还有猪腿。那个年代，亲戚来就送肉。我老公家也是给一点肉，一点牛肉，对只鸡对只鱼，肉一般五六十斤。他还送了四身衣服。就送这些，给了 60 块礼金。那时候 60 块好值钱啊。我们家里穷，我就陪了两床被子，家具就是一个衣柜和一个四方柜。送亲来了七八个，都要封红包的，他接亲就要头一天到我家去，包括媒人四个人。

图 4-4 村民张玉珍穿起了当年的嫁衣

访谈五

萧桂梅，汉族，20 世纪 90 年代由五宝田出嫁。

我是 1996 年从这里嫁出去的，我老公他舅舅是这里的，他妈妈也是这里的，是他的舅妈介绍认识的。那必须还要有一个媒人，谢媒人要两双鞋子、猪腿和一匹布。

当时走路呢，没有通公路，有十几里路。接亲来了一二十个。我陪了不少家具，有高低柜、衣柜、沙发、十二床被子。还有脸盆，摆脸盆的架子（是自己做的），还有马桶（木的，上面有一个盖子），还有火桶（既可

① 据访谈录音整理。访谈时间：2013 年 8 月 2 日，访谈对象：张玉珍。

以坐也可以提），圆桌配八张凳子。

嫁出去的时候早上摆两桌，吃离娘饭。要哭，我妈妈也要哭。就早上出嫁的时候，出闺的时候哭。吃饭的两桌就是舅舅、姨妈、叔叔、伯伯、伯母，主要是我爸爸、妈妈两边的至亲，还有哥哥姐姐兄弟姊妹啦。

从男方来的亲戚不要打发钱，女方这边的亲戚到男方那边去就要打发钱。接亲的头一天早上就来了，新郎也一起来，要在女方家住一天，女方家里办流水席。第二天是看时辰走，有的走的早，有的走的晚。一般都是早上，那也要天亮，出闺也有个时间，要先放炮仗，再吃了离娘饭再走。放炮仗要看时辰，饭可以慢慢吃。还要拜祖宗，中堂仪式搞完就丢筷子，要哥哥背出门，男方给哥哥一个红包啦。陪过去的就是自己的叔叔、姐姐、姨姨、姑妈，实际上还是长辈送，媒人也要送亲。哥哥和舅舅也送亲。以前，我们这里送亲的几十人，现在也只有几个人。

接回去女方快到男方家时，就要杀公鸡，绕鸡血什么的转一圈，还要点蜡烛，这么做是为了辟邪。意思就是用公鸡、肉、蜡烛香敬路神。家里送亲的人中，抬箱子、被子的，拿钥匙的、拿蚊帐的，拿聚宝盆的，这五个人是必须要有红包的，其余的就是男方打发一下，按人头分。[1]

从几位村民的回忆中，我们可以了解到五宝田村婚俗的基本情况，即五宝田的婚礼习俗，从说媒、提亲、选吉、定亲到婚礼，遵循着一套完整的礼仪。

如今，这样的婚礼习俗依然保留了下来。据了解，现在村子里的小伙子大概需要花费11万～13万才能把姑娘娶回家。当物色到合适的未许嫁的姑娘，要请媒人从中牵线，有所谓"天上无云不下雨，地下无媒不成亲"之说。一般是两人经媒人牵线见面后，了解相处一段之后便上门提亲，并选定婚期。提亲的时候，男方要准备三金作为定亲彩礼，若双方家庭同意，则按照选定的日子进行婚礼。结婚的时候，新娘子可以骑马也可以坐轿子，这天新娘往往身穿新衣服，头戴金花。到了五宝田，新娘需要在桥对面祭拜，并从火盆上跨过去，寓意把家里带来的不好的东西去掉。此时男方家已经在堂屋里点上蜡烛，准备拜天地了：一拜天地，二拜祖宗，夫妻对拜。亲人们则要在门外放起炮仗，并给新人父母给红包，将拜堂后的新人送入洞房。

事实上，这套礼仪的内容都包括在汉族婚礼"纳彩"、"问名"、"纳吉"、"纳征"、"请期"这"六礼"中。因此，五宝田的婚俗属于汉族婚礼，且从村民

---

① 据访谈录音整理。访谈时间：2018年8月12日，访谈对象：萧桂梅。

的叙述中来看,汉瑶通婚与汉族喜结连理在婚礼习俗上并没有太大的区别。

(二)萧氏汉族的婚制禁忌

婚姻是男女两性的结合,并被一定历史时代、一定地区内的社会制度及其文化与伦理道德规范所认可的夫妻关系。我们在五宝田了解婚姻情况时,曾听村里的老人说,无论双方是汉族还是瑶族或是其他,民族成分都不会影响村民结婚,但是不允许村里的萧姓子孙相互缔结。也就是实行严格的外婚制,萧氏只可在萧氏之外选择配偶。其间贯穿的主要原则是人伦。正如《白虎通·姓名》说:"人所以有姓者何? 所以崇恩爱,厚亲亲,远禽兽,别婚姻也。故纪世别类,使生相爱,死相哀,同姓不相娶,重人伦也。"当然,同姓不婚也有遗传的理由。在他们看来,血缘近亲婚配是有违伦理的,所造成的后果对后代的繁衍是有害的,近亲结婚很容易使后代造成聋、哑、瞎、痴、呆或其他畸形状态的先天性、遗传性疾病。

在五宝田村,曾有一对萧姓男女结成夫妻,在村子里面掀起了巨大的波澜。

田野调查期间,我们见到了族内婚的女方 XHY。由于担心当事者排斥,我们找了房东杨小丽一同前往。杨小丽和 XHY 有姻亲关系,杨小丽的姑姑嫁给了 XHY 丈夫的哥哥,并且她们平时都住在辰溪,两人比较亲近。

但与 XHY 的访谈进行得并不顺利。她很亲切,说话的时候带着笑意,可并不健谈,属于问什么说什么的访谈对象。一开始,我们只是一问一答地说着话。慢慢地聊开了,开始聊有趣的事,一起开着玩笑,气氛变得轻松愉悦。然而一旦提及她的婚姻,她就回到了原来一问一答的对话模式。我们尝试了两次,并不是连着问,中间有一小段轻松愉快的话题。如第一次问的是:"你和你老公是怎么认识的?"XHY 却低头看起了手机,无意回答。第二次问的是:"你们什么时候结婚? 谈了多少年? 婚后多久生的第一个小孩?"XHY 用简短的语言草草作答,便站起来去摆弄门外的东西。两次尝试均告失败,当时的处境确实有点尴尬。看来 XHY 并不愿意谈论有关她婚姻的事。

于是我们尝试着找到当时的管事者和见证者,希望他们能够给予一些解答。

访谈一

我们村子里两个姓萧的是不好结婚的。在法律上来说,有一些是可以的,但是村里风俗习惯上来讲是不行的。这个呢,我们村里不管,不归村委管的。要管的话,就是村里那些老年人啊。具体么,哪些人记不清了。但是事情是这样的,比如张三李四都姓萧,那院子里就有些老人有意见。九几年的时候,我当村主任的时候,我们村子里就有一对的,他们两个都是姓萧的,又都是村子里的。

后面院子里的人还杀他们家的猪啊,我在外面犁田,那时候乡政府管司法的人,他和我讲啊,萧主任他们要杀那家的猪,你不要去阻止啊,他们不杀那家的猪你也不要去做什么,不要添油加醋,他们两个在法律上是允许的,因为他们隔了好几代了的。那时候我刚当村主任啊,乡里面就是这样和我们说的。[①]

访谈二

这个村子里面姓萧的相互之间是不能结婚的。我们整个院子都是姓萧的,是一大家的,法律上是出了几代就可以的,但是我们这里不可以的。

院子里还是有违规的,他们结婚过了,当时也受到处分了。村规民约么,把他们家里喂的猪杀掉吃肉,杀了两头猪,还让他们家请客,请全村人吃饭,吃掉五百多块钱,那是九十年代的事情了。现在他们住在外面了,小孩子也很大了,放在外面读书。那时候他们结了婚,一起去到广州打工,他们在外面生了两个小孩,一直到小孩都会走路了才回来。院子里面不允许他们结婚,他们就跑到外面了,后来他们都抱着小孩回来了,我们想想也就算了。罚完款他们才跑出去的。我们过去有个村规民约嘛,由村规民约罚他们的。

那时候是我和我的老弟两个人为首的,把他们家的猪杀了,又罚了款,让全村人都在耕读所里面吃大块肉,吃了两顿饭,酒啊、烟啊也吃他们家的,所以又吃掉五百块钱。之后,我们和他们讲,这次以后,两个人要断绝关系,不要再在一起了,最后他们就跑到广州去了。后来,他们小孩大了,他们带着小孩回来,乡里面还是罚过他们几千块钱。乡里是这么回事,我们吃他们家的猪肉,乡里面不管,就我们村里的村规民约来管。在他们两个结婚了之后,村子里面就没有遇到过了。[②]

① 据访谈录音整理。访谈时间:2013 年 8 月 21 日,访谈对象:萧典军。
② 据访谈录音整理。访谈时间:2013 年 8 月 24 日,访谈对象:萧守造。

显然,婚姻是一种社会行为,男女两性是否能结合为夫妻,以及采取什么方式结合,是由社会生产方式和社会生产力发展水平以及社会传统文化、风俗习惯决定的。婚姻本身表达了一种文化,即男女两性的结合,要通过一定的程序,要举行被社会所承认的仪式,正如汉代郑玄所言:"婚姻之道,谓嫁娶之礼。"

四、丧葬礼俗的文化表达

人皆有一死,但传统社会中,人们常把人分为灵与肉两个层面,认为人死后灵魂还在,死亡既意味着死者今世生活的终结,同时也意味着他踏上了新旅途,在另一个世界开始了一种新的生活。"丧葬是对死者的一种文化处理方式和方法"[①]。五宝田人奉行土葬,十分讲究墓地的风水,重视葬礼相关事宜。

(一)讲究墓地风水

"入土为安"是汉族传统的丧葬习俗。在人生最后一项礼仪上,汉族后辈们无不希望先人能够在一方土地上安生。五宝田人也莫不如此。在他们看来,人在这个世界上要生存,衣食住行等都是不可或缺的,居住是人类生存最重要的形态之一,死不过是阳世肉体通过灵魂进入了另一个世界——阴间,到了阴间的灵魂同样要居住,而墓地就是死者的安身之处。很多人相信,墓地不但直接关系到逝者入土之后是否为安,而且还会影响到家人与后世子孙世世代代的幸福与否。一个好的地方,既可以让死者永远的心满意足,也可以给死者子孙后代升官发财、诸事如意。正是在这样的观念支配下,墓地的选择就自然成为五宝田人最重要的事情来对待。而墓地的选择又与风水有着千丝万缕的关系。

被尊称为风水鼻祖的郭璞在《葬经》上说,五行气在地下运行,它们升腾变化,孕育成世间万物,人们的身体从父母那里得来,当然父母的骨骸在地下受五行生气的熏陶,他的下辈子就会得到父母的庇护,尸体在地下受到气的感化,相应地它的福气就会波及到子孙,所谓"百年幻化,离形归真。精神

---

① 陈淑君、陈华文:《民间丧葬习俗》,北京:中国社会出版社,2006年,第5页。

入门,骨髓反根"。① 正是这种祸福感应说的影响,才有祖坟的风水环境越好,子孙越兴盛。据了解,以前村子里大户人家还专门养有风水先生,主要就是替家主看墓地风水的。

在萧从顺家,收藏有杨兴睕为逝者萧昌亮老人做的葬课,也就是造葬文书,即风水学上为逝者挑选坟宅做的文书。所谓"造葬"有两个意思:一指丧葬时的祭祀;一指修坟安葬,与年月日时的选择以及朝向等风水事项紧密相关。② 因为人们相信风水能择吉避凶,福荫子孙,因此在选择坟宅时不仅要求形局景观佳美,而且要求地质层次佳美。

我们村子里面老人一般都葬在外面的山上,我爷爷就是葬在隔壁的中方县,沅江河边上。我的曾祖父也葬在中方县,在中方县铜鼎乡那边买了一块墓地。那块墓地就是我们家的,也有对面山那么大,是我曾祖父时候买的,后来他们都葬在那边。

我们这都相信风水,听说这里山上风水不好的,边上的风水都不属于五宝田的。风水先生说不适合葬在这里。以前,村里面还在家里面养先生的。我最大的那个曾祖父家里就养过一个风水先生。先生是一个月两石谷,那两石谷就是他每个月的工钱嘛,有这两石谷,先生家里的老婆孩子就有饭吃。两石谷,在旧社会也就差不多一两百斤米,那一天就有六七斤米嘛,就可以养活家里人了。所以那时候,风水先生还是一个比较好的职业。除了两石谷,主家每个月还给两块银元的。

听说我大曾祖父养的风水先生是溆浦人,他在这边五年了,才做了两件事情,一件事就是帮我曾祖父的父亲找一块墓地,最后这个先生把我家先人葬在了仙人湾那一带。仙人湾有一座山叫作凤凰山,先生去看了一下,算一算觉得不错,就把我曾祖父的父亲葬在那边。还有一件事情就是给我曾祖父的家屋装了一扇大门,他看过风水,觉得有一面的朝向好,很吉利,就在那一面上开了一个大门。他帮我的曾祖父家干了五年,五年里面就做了两件事情。最后他帮我曾祖父家里买了一块墓地。那个风水先生当时帮我曾祖父家找墓地,买墓地的时候他还和我曾祖父提了一个条件,他提出来说,他死的时候也要葬在我祖先的墓地那里,当然不是在我家墓地,就是在边上。他说如果找好了要出钱,那

---

① 徐志文:《实用风水指南》,北京:中国物资出版社,2012年,第262页。
② 陈杏留:《买地券中"复连、造葬"考》,《语文学刊》2009年第16期。

么也要我曾祖父家里出钱。后来我大曾祖父也在那里给他买了一块墓地。后来，这个风水先生和我的曾祖父葬在同一块山上，没多远的，大概隔了十几米。这个风水先生的后人，后来发家了嘛，条件特别好，每年清明节都要去挂青，他家去挂青的子孙好多都开着小车去的。

那时候，买了那块墓地给附近村子里面的一户人家好多钱，因为离墓地太远嘛，自己子孙照顾不了，就在周边找了一户人家，每年给他们家里一些钱，让他们帮忙照顾我们的墓地。现在帮忙挂青的那家，他那一家的孙子都有将近七十岁了，还在挂青的，还在照顾我们家的墓地，我们不去挂青的话，他还要去挂青呢。都照顾了有三代了，都到重孙了的。[①]

按照萧湘武所说，五宝田的风水并不在村落地界当中，因此村民们大多葬在外地。其他村民也是这样理解的。

我们这里讲风水，比如说这一片山的树林是你的，不一定风水是你的。好比讲我们村子这些山上的风水，不是我们自己的，这边的风水是中方县接龙乡那边人的。龙头庵乡那边都有我们村的风水。所以我们这里的墓地大部分都买在外面，人也埋在外面。对面山上的风水是接龙人的，之前都看着他们棺材过来，放着炮仗（鞭炮）上山去的。

墓地不分你家我家的，不是有那个风水先生嘛，他给你选，如果你的风水在这里，但是地是别人家的，你也可以葬在这里，只要是村子的风水，那么死人最大，都说"死者为大"，即使是别人家的地，他们也不会为难你的。谁家都有老人，每个人都有老死的那一天，你一开始为难别人，要是你到时候下葬的风水是他们家的，他那时候也会为难你呢。所以就这样将心比心，不会争起来，也不会为难的。

那个地方是你的风水，你就不用买。如果是别人的风水，你才要拿钱买。如果是葬在山上的话，是你的风水，就不会要你补钱，要是葬在田里面，就是稻田啊，田里要种稻子的，要靠它吃饭的，那么你就要给人家补点钱，不给钱的话，就和人家换田，你就挪一点自己家的田给别人。田就必须换田，不能换地。要看人家怎么和你商量的，他如果要你和他换，那么你就和他换，他如果说不换，那么就不换的。一般来说，这种事情都是挺和气的，因为自家都有老人嘛，都不会太计较的。有的是觉得

---

①　据访谈录音整理。访谈时间：2018 年 8 月 3 日，访谈对象：廖银银。

占着人家的地方,他不好意思,也会自愿多给一点。[①]

通过访谈,我们了解到,五宝田的墓地选址注重风水,且五宝田的风水往往在外村的地界上,而本村的山地则是属于外乡人的风水;墓地的选址往往会牵扯到土地的使用,若为田产,则目的使用者需要支付一些额外的补偿。由于当地人遵循着"死者为大"的观念,因此他们往往以较为平和的方式来对待这类土地问题。

(二)祭拜习俗与下葬的礼仪

对于辰溪境内的丧葬习俗,《辰溪县志》(1994年版)有如下记载:

> 旧时丧葬,形式复杂,迷信色彩浓厚。老人临终时,子女守于床前,为其送终。初丧,孝子泣不成声,即焚钱纸3斤6两于尸前,称烧"落气纸"。取水拌桃叶烧热浴尸,俗称"洗桃叶澡"。具衣衾,停尸于堂,择吉棺殓,称"入棺"。堂内挂魂幡,棺柩下点桐油灯,称"停丧"。葬期择定,讣闻亲友。及期,开坛庙奠,孝子扶竹杖哭祭灵前。次日亲姑致奠,俗称"烧香"。晚间,道士绕棺诵经,孝子披麻戴孝尾随于后,不时向死者磕头作揖。出葬前两天,每晚请识书之人,一人击鼓领唱,数人帮腔为死者唱挽歌,俗称"唱老人歌"。亦有请戏班唱坐堂戏者。及殡,"八大金刚"抬棺柩,鼓乐随之,戚友皆送丧,孝子匍匐号泣于前。葬后三天,备酒肴幡纸,男女俱至墓前,焚纸祭酒,谓之"复三"。吊孝祭奠以七天为一期,七七四十九天,除四七外,其他"七日"皆祭哭,富裕人家,还要请僧道"超度亡灵"。[②]

据村民介绍,在五宝田,丧事一般都要尽力办得隆重、热闹,他们把年满60岁以上的老人丧事称为白喜事。由于丧事有很多头绪,自家人又处于非常伤心悲痛之时,因此凡村中有老人去世,各家均要派人去丧家帮忙,周围村子的人也会前来帮忙。办丧期间,凡来吊孝、帮忙,甚至来凑热闹的人都可在丧家吃饭。请来的人除道士外,都属于帮忙,不用计报酬。家资殷实的人家还会请人来唱坐堂戏。

在五宝田,凡家有老人过世,都会设孝堂(又叫灵堂),一般设在中堂,既

---

① 据访谈录音整理。访谈时间:2018年8月11日,访谈对象:廖银银。

② 参见辰溪县志编纂委员会编:《辰溪县志》,北京:生活·读书·新知三联书店,1994年,第781页。

是死者灵魂暂居之地，也是子女行孝以及人们对逝者进行凭吊的地方，行法事的地方，是整个丧事中心。孝堂门扎花、写对联。花都是用纸扎的，颜色有白、黄、紫、绿，不用红色。孝堂内，棺木头北脚南摆在正中间，前置灵牌供桌，供桌上摆放灯烛、香炉和祭品。桌前有烧纸钱的灰盆。

　　村子里面死人的话，要请道士做法事，要念经，晚上还要打灯。白天嘛，堂屋棺材前面摆一张桌子，挂白布和棺材隔开来。桌子上面放有猪头，三杯酒（用小杯子装起来），还有蜡烛啊，香炉啊，苹果啊，糖果啊，很多祭拜用的东西。还要放上茶油，里面放一根灯芯，点起来，这个不能熄的，要一直点着。棺材下面也要点一个油灯，也不能熄，也要一直亮着的。每一个亲戚来，都让他去祭一下。祭的话要点香，要下跪。①

据村民说，瑶乡一带丧葬风俗都大同小异。丁苏安在田野调查期间（2013 年 8 月 26 日），在五宝田村相邻的一个行政村蒲溪村的长泥湾碰到了一户人家正在做白事。她观察了当时灵堂的布置，在田野日志中这样描述：

　　死者今年六十多岁，家人在中堂布置起了灵堂，门框上粘了彩花，贴着白色的挽联。门里挂着一张白纸，上面写着"慎终堂"。灵堂中间放着长凳，凳上架着寿材，寿棺盖子的两端贴着纸花，寿材中间的地面上有一个小洞，洞里点上了长明灯，上面由箩筐盖着，只看到火光点点。后面墙上写有红色字样的华堂也用箩筐盖着。寿材前摆了一张小桌子，用一块白布作为帘子与寿材隔开，白布上贴着一样红纸。桌上竖着死者照片，点着香炉，摆着酒水，供着糖果、猪肉、猪肠等食物。灵堂内外站着死者的亲友，家人披麻戴孝，头缠白布，身穿白衣。每一个到场的人都拿了一块白色的毛巾挂在脖子上。

在瑶乡，丧事必请道士行法事。在他们心中，道士是人神之间的使者，他把生者的哀思传达给逝者，他替生者表达对逝者的哀念，同时把逝者魂灵引入神龛，不至于四处飘荡受苦且以后能得到祭祀。道士行法事的另一作用是解脱逝者生前所造成的罪孽，得到神的原谅，在冥界不受酷刑煎熬，早日登仙上天堂，也是对活着亲人的一种安慰。

道士和多数村民认为灵魂背负着许多"罪"，而背负"罪"的灵魂将会在众神掌管的另一个世界中受尽苦难，因此需要道士拜经诵忏，减轻亡人的罪。否则，另一个世界中不安定的灵魂，将会以各种方式叨扰现实世界的生

----

① 据访谈录音整理。访谈时间：2018 年 8 月 11 日，访谈对象：廖银银。

者。学者许娘光认为"中国人神灵世界中的等级包括三个相一互关联的领域,阴曹地府、西天乐土和玉帝的天宫"[1],然而不幸的是,在中国人的神观中,死者的灵魂通常被认为是进入了由阎王掌管的、可怕的阴曹地府。从此,为死者解罪就成了活人的义务,专攻此术的道士则正是通过自己的宗教实践——念经忏,不断地为死者减轻罪责。

在瑶乡做道士虽是一种不起眼的职业,平时成员各自在家务农、做生意,或者外出打工挣钱养家,有演出和活路儿时再聚集拢来。但却需要有多方面的能力素质:要懂得全部过程仪式,记住大量的歌词咒语并会唱各种腔调的丧歌,会敲鼓锣钹乐器,会剪花,写毛笔字,等等。俗话说,"父望子成龙,子望父登仙",道士既解逝者罪,也解活着的儿女之罪孽。一是用语言形式,一是用肢体活动。

五宝田村目前有一名道士名叫萧典生(萧崇和的父亲),1948年生,其法名萧慧然。据他自己介绍,他从十几岁就开始学道士了,1992年度独自掌坛。他熟悉丧葬全套法事,会手诀二十几种。平时还看风水,活动范围除了本村,就是怀化市城区。

目前,他藏有手抄道士科仪(启师科、六根水忏、十王宝忏、血盆忏、报恩忏等)20多本,仪式神图3幅,有法铃、法螺、令牌、令旗、木鱼等法器法物,还有做道场演奏时使用的锣(边锣、追锣)、鼓、唢呐、钹等乐器。

图4-5　道士萧典生

① 许娘光著:《美国人与中国人两种生活方式比较》,彭凯平、刘文静等译,北京:华夏出版社,1989年,第226页。

图 4-6 道士画

图 4-7　道士画(局部)

　　我从十几岁(那时候是六几年)开始学道士,跟的是下蒲溪的一个师傅,他的法名叫萧济道,书名叫萧守蒲。后来不让搞,我就停了一段。七几年,我在怀化做水果生意的时候,别人家死人了,我就帮忙去做法事。直到1992年才过的法,过法的师傅是龙头庵的,叫萧洪凡(他的法名不记得了)。这之后,我替人做道场就比较多了。

　　解放之前,道士是道士,先生是先生。过去都请两个,道士就是做道场,地理先生就是看风水、算日子。解放之后,就一个人既是道士又是先生,少一分工钱,请两个人就要两份工钱。现在道士也学了点地理,也能看风水。我家里神图、经书、法器、法衣什么的都有,还有钹、锣、双唢呐。

　　村里有白喜事,全族人都会前来参与丧礼,放鞭炮、烧纸钱。请道士看日子做道场,有的放3天,一般都是7天。堂屋里设灵堂,会挂上神图,神位

图 4-8　道士器具
(令牌、罗盘、法印和木鱼)

168

前陈列供器有香炉、烛台、花瓶、香筒、香盒、水盂、果盘等，供品为香、花、灯、水、果五供等。堂祭时，要请礼生，穿孝服，唱哀调以及做祭文。祭文可自己写，也可请人代写。祭文一般由道士念，在大葬的白天举行。道士会给孝子长度为 15 寸的木棍（因为人刚出生时约 15 寸），道士唱一句，孝子须弯腰拄着木棍在灵堂走一步，走时不允许抬头，一般会有半个来小时。[①]

据萧典生介绍，道场班子最少也要四个人，一般事主都是做七天六夜（入殓至下葬）的道场。

图 4-9　萧典生收藏的道士科仪本

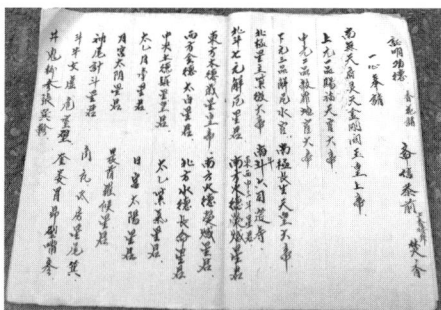
图 4-10　启师科书

做道场很复杂，要有好多个程序呢。就说我们启师科请的神就有无极真人、三元三品、三宝天尊、玉皇上帝、三皇圣祖、勾陈上官、三清三镜、三天扶教、大法天师、三官大帝、南海大师、文昌大帝，等等。

入殓之后念经。男女通用的是观音忏、六根忏，阎王忏是男的用，血盆忏和报恩忏是女的用。那个佛门解洗科就是死的不太好的人用的。白天我们就念经，晚上就转灯。[②]

转灯叫打灯，是瑶乡丧事最主要也是最具特色的，是孝子行孝、寄托哀思的重要表现形式。转，是指一行吊丧之人在道士的带领下围着孝堂棺木绕转，时间以表达完一组主题唱词为止。灯，是指灵桌上放的灯。这个灯的内涵十分深刻，它是整个灵堂的象征，它象征人生就像一盏灯，人死如灯灭。逝者虽死，但还在屋内没有出门，表示虽死犹生，还活在亲人中。出丧之后，灯便灭了，表示逝者真正离开了亲人，消亡了，人生就结束了。所以转灯就

---

① 据访谈录音整理。访谈时间：2018 年 8 月 12 日，访谈对象：萧典生。
② 据访谈录音整理。访谈时间：2018 年 8 月 12 日，访谈对象：萧典生。

是亲人在逝者未离屋时，在他面前表示哀念，以感念他给予生命与养育之恩。因此灵桌上的灯，在未出丧前一定要日夜不熄，它象征着生生不息的生命。

> 人死如灯灭。人死了，就像灯熄灭一样，生命的灵光就再不存在了。但是人死后，灵魂是在的，灵魂还要在世上漂一段时间，然后才能进入六道轮回。成仙呀，成人呀，或者成为其他动物。大善大恶的人直接去该去的地方，善恶参半的人会变成中阴身，这个身体没有形，大概过了不到49天，就投胎了。如果投不了胎就麻烦了，只能当野鬼了。但不要去找替身，有个咒语是可以帮忙解脱的："大千世界，无挂无碍。自去自来，自由自在。要生便生，莫找替代。"①

转灯，一般由道士带领至亲、孝子七八人乃至十几人绕棺而行。转灯前，道士念咒语报上主祭者名字，主祭者献上钱作为道士的报酬，钱多少不论，先插在香炉米上。道士一边击打钹子，一边唱，领着众人（每人手里拿一柱香）围着棺木灵桌慢走转动，旁边有锣鼓和双唢呐应和。转灯之人转到灵前时必须作揖。

> 转灯啊，那内容太多了，可以转几夜的。有闲灯呀，解怨灯、散花灯、报恩灯、四门灯，好多名堂。每一种灯都有特定的意义，唱词有的半小时可以唱完，有的要一天才能唱完。

> 闲灯，是一般的灯，可打也可不打，主要是看孝子亲人的要求，要求就转，不要求就不转，道士要满足丧家的要求。转闲灯时唱词可唱一些传统的，也可以临时编。

> 解怨灯和四门灯是必须的。解怨灯嘛，就是消孽，向佛请求宽恕，少受地狱酷刑煎熬，早登极乐世界。四门灯，那就是一个故事，里面人物有萝卜孩儿、金童玉女、佛祖、四门守门恶相。萝卜孩儿儿为萝卜化身，他的母亲叫刘十四娘，她生前没有生育，就被认为有罪。死后被阎王打入十八层地狱，受尽煎熬。上天神仙哀刘十四娘遭受的苦难悲情，就将一个萝卜化为人作为她的儿子。萝卜孩儿非常孝顺，当他得知母亲在地狱受苦难，便入地狱寻母，要将母亲救出来。萝卜孩儿在金童玉女引领下，从东门寻起，经过南、西、北门、中门，最后直寻到十八层地狱救出他的母亲。完成一个完整的四门灯，需要一整天。这期间，每经过

---

① 据访谈录音整理。访谈时间：2018年8月12日，访谈对象：萧典生。

一道门,道士都要向至亲讨买路钱的,耗费是比较大的。散花灯是为男的举行的,报恩灯是为女的举行。①

据了解,在瑶乡,悼念女性逝者,报恩灯是必定要举行的。主要是女性在孕育生命过程中具有特殊的贡献。他们认为母亲用自己无私的大爱,用自己的生命缔造了另一个新生命,这份恩情是人生最大的恩情,完全应该予以报答。报恩灯的唱词是《十月怀胎》,以时间为顺序,把十月怀胎中母亲的艰难、爱护、担心、喜悦的各种心态、动作表露得细致具体。而逝者若是父亲,则打散花灯。散花灯也只儿女参加,其他人回避。散花灯词是以花喻人。以花蕾、开花到花谢的全过程来喻示人的一生,花开花落,演绎着人生的变化:从出生到少年、青年、老年乃至去世。

除了请道士行法事外,丧事唱老人歌也是瑶乡最为普遍的丧堂习俗。唱老人歌的目的是让逝者在永远离开家和亲人时不感孤独,热热闹闹一路走好,这是儿女们表示的最后一份孝心,同时也增添了热闹,"你一言来他一遍,唱得满堂开笑颜"。

> 老人去世,我们附近村子爱唱老人歌的都不请自来。冬天的时候,晚上生一堆大火,唱老人歌的人围坐一团,就可以开唱了。唱哀歌要讨歌钱。一般只向亲戚讨,特别是主亲戚。娘亲舅大,父亲叔伯大。母亲去世先向舅父人家讨起,父亲去世先向叔伯讨起,按辈分亲戚远近的顺序进行。由主唱的人去要,不论多少主亲戚都要给。

> 关于这讨歌钱的来历,听说是源于汉文帝,他的母亲死后没有下葬,被狂风卷到黑水河了,和尚念经都没有用,最后是被唱哀歌的人唱上来的。汉文帝和他的兄弟姐妹都出钱赏给唱歌的人,表示感谢,所以唱老人歌要讨歌钱。②

据萧典生介绍,丧堂唱老人歌的歌手一般由主家安排人请,也有凑热闹不请自到的。不论来唱歌的人多少,都集中在一起围坐成团,推举一人为掌鼓人。一般只在晚上唱,坐凳自找,不予安排。歌手报酬来自歌钱,歌钱由主家赏,向亲戚讨。老人歌数量多,内容丰富,涉及面很广泛,按唱与不唱分为歌和口号。歌的内容有书本古诗、四奇八传、唐宋名人名士、民间故事等,涉及历史典故、对人生与生命的看法,等等。口号即口语,它不采用唱而采

---

① 据访谈录音整理。访谈时间:2018年8月12日,访谈对象:萧典生。
② 据访谈录音整理。访谈时间:2018年8月12日,访谈对象:萧崇和。

用读白的形式,往往在歌场开头或中间起引入、介绍、穿插作用,有点似顺口溜、单口相声,但它与一般的交流对话或叙述介绍性口语又有所不同,句子整齐,大致押韵,结构完整,俚趣荒诞。唱老人歌的歌词一段一段的,一段四句至十几句,要求押韵,不能乱唱一通。能不能接韵决定一个歌手的角色地位,也与经济利益挂钩。韵脚都有名称要求。上蒲溪瑶族乡一带有十大韵脚(高好韵、清字韵、一七韵、王字韵、冬流韵、连山韵、花字韵、歌字韵、来字韵、四五韵)。所以要加入唱老人歌团圈子需要一定的素质,知识丰富,且具有一定的概括能力和口头表达能力。

在瑶乡,办丧事还有唱坐堂戏的习俗。对于坐堂戏,村民认为它与辰河高腔没有什么差别,只是不需要搭台演唱。

坐堂戏嘛,又叫"打围鼓",主要就是添热闹。演唱时间多为一天一夜,不分白天夜里,也有几天几夜的,主要看主人家的条件来定。坐堂戏的来历,听说是起源于汉武帝。那时候,朝廷王公大臣将军死后丧事都很隆重,要搭台唱戏,表示朝廷对他们的厚爱。但是唱高台戏,那个花费是很大的,后来朝廷就不做硬性规定了,可唱也可不唱,有钱的就唱高台,少钱的呢,就唱矮台,增加点热闹。慢慢地,这种唱戏习俗就传到了民间。

其实,坐堂戏就是大戏,它演唱的内容和大戏一样。大戏就是辰河高腔。坐堂戏呢,与大戏不同的是,大戏要搭台,又叫高台戏,坐堂戏不搭台,叫矮台戏。就在堂屋里摆一张桌子,桌子上设香案供品就可以唱了。唱的时候,主要是锣鼓(小鼓、小锣)和欠(双唢呐)配合,唱戏的不化装,也不穿戏服,坐着唱,没有什么表演。一般唱的是唐代和宋代忠臣良将的故事。唐代主要是薛家薛仁贵、薛丁山,剧目有《寒江关》《薛仁贵征东》。宋朝有《杨家将》、《狄家将》。①

如今,瑶乡丧事坐堂戏已经很少有了,除了转灯、唱老人歌外,有的人家还请乐队、腰鼓队来增加热闹气氛。

除了重视停灵期间的吊丧,对于已故亲人"入土为安"的出殡安葬之仪也颇为讲究。据了解,以前五宝田族人要穿麻戴孝,严格行使不同的服丧礼仪。族谱中就载有五服图,以保证丧服制度执行。所载的服制图有丧服总图、本宗九族五服正服之图、妻为夫族服之图、妾为家长族服之图、出嫁女为

---

① 据访谈录音整理。访谈时间:2018 年 8 月 12 日,访谈对象:萧崇和。

本宗降服之图、外亲服图、妻亲服图及三父八母服图。虽然现在丧服大大简化，一般是至亲头上须绑 6 尺白布，穿白色孝衣，腰间系草绳，但依然讲究"儿与孙辈有区别"。

举行大葬礼的第二天早上是送葬。出殡具体时间，是道士根据逝者的生庚年月来算时辰确定的。一般都在 5 点到 7 点，卯时之前。也有丑时、子时出殡的。出殡时，逝者家属在前，众人用肩扛着棺材随之而行，抬棺者多为村里或者乡里的青壮年。同时鞭炮齐鸣。抬丧出门，要沿路丢"买路钱"（冥币），经过人家门口要放一个火把。敲着锣鼓送葬上山。

一般不选日子的话，那么第三天就出殡了。要选日子就不一样了。他们选日子的，说死的时候时辰不好，下葬的时候要选个好的日子、好的时辰，要跟死人的生辰八字合得来。我们这里出殡，兴抢丧的。那棺材不是放在家里嘛，棺材上捆着竹子，又缠了稻草。等到时辰到了，要出门了，抬棺材的人不是正儿八经地走进来抬的，他们要进来抢，一下子把棺材抢出去。外面人是抢丧的，家里人是泣丧的。他们抬棺材的都一下子冲进来，大喊一声，然后把棺材抬出门。棺材在天还没亮就抬出去了，抬到外面，就不能停在家里了。每个村子都有这么一个地方的，专门有一个坪来放棺材的。像五宝田的话就放到村口的石桥上。

等到天亮了，刚刚开始亮，就打鼓，敲锣，还要吹那个唢呐，一路送上山的。送葬的人一般都穿白色的衣服，要披麻戴孝嘛，头上要带白头巾，长长的挂下来，身上穿的也是很长的，穿白色的衣服。那些店里都有卖的，十多块一件。[①]

送葬时，孝子们要一路跪拜到下葬的地方。灵柩抬到墓井边，孝男孝女卸孝衣孝巾，铺于井侧，让棺枢停放之上。下墓井前，由道士先在井内用小米画上八卦，朱砂雄鸡祭之，棺材方能入井。众人合力下祀，道士用罗盘校棺枢之向势，孝子环跪井边，道士默默吟唱，撒"衣禄米"，孝子用衣兜相接。再由长子一只脚跪在棺材盖上挖三锄泥下坑，然后众人齐心协力，锄铲翻飞垒土。做好坟堆后，引魂旗插坟头，哭丧棒插坟脚，花圈覆盖于坟上，再放鞭炮，表示安葬完毕。仪式完成后，白色孝服要全部扔在山上，不能带回。同时，丧家需要宴请亲友和助丧者以示答谢。

这边下葬的时候，要先找人挖井。把棺材放下去，棺材上面还要盖

---

①　据访谈录音整理。访谈时间：2013 年 8 月 11 日，访谈对象：杨小丽。

173

上土的嘛,那么有的就是放好棺材之后直接把土盖上,有的是还没有到下葬的日子,就把棺材先放下去了,等到正式下葬时再把土盖起来的,所以就不能把土盖紧了,上面要留一条缝隙。然后呢,再搭一个棚子嘛,就是说天气下雨了,让棺材不要淋湿。然后等到正式下葬的日子到了,再把土盖上,盖成坟墓的样子。有钱的人家,家里经济条件好的,就一起立碑。有的家里经济条件不好,就不立碑。不立碑的呢,也都记得自己亲人的坟墓,头一年是"烧头香",每年清明节的时候也会去祭拜嘛。①

下葬之后,一般不会做七("斋七")超度亡灵,往往会在当年大年三十去墓前祭祀,俗称"烧头香"。在外面的儿女都要回家,届时用箩筐或者篮子装着猪头、糍粑、糖果、酒、水果,还有鞭炮、纸烛、油灯等,上山去逝者坟前祭拜。

据了解,辰溪境内普遍流传清明祭祖挂柳之俗。是日,各家各户带酒肉糖果等祭品,上祖坟焚香烧纸,燃放鞭炮,并在坟头上挂五彩纸幡或钱纸,谓之"挂青"。有的在清明前后修墓立碑。家家插柳枝于门,人人簪柳枝于首。民间有"清明不戴柳,死了变猪狗"之说,意在劝人扬善,如同柳絮一般。晚餐普遍食肉饮酒聚餐。五宝田村人也莫不如此,只是还对已故亲人的新冢,于春社前,采社蒿煮糯米饭或糍粑并酒肴、鸡蛋等,上坟祭之,俗称"挂社"。

如果是新坟,头一年清明"挂青"叫"社青",以后的清明就是讲"挂青"。三月份葬下去,四月份是清明,清明当然是要去挂的。要是清明以后葬下去的,那么来年再去挂。"社青"和"挂青"带的东西和"烧头香"那些差不多,只是挂"社青"还要带上红纸鸡蛋,带上白糍粑。这些东西不带回来的,就放在坟上。去拜的人就在坟上吃,吃得完的就吃,吃不完还是放在坟地里。别家的人过来,看到你家坟上有,想吃就可以去吃的啊。那种红鸡蛋"挂青"的时候就不用带了。②

《明史·礼志一四》载:"士庶人丧礼,集礼及会典所载,大略仿品官制,稍有损益。"可知即使是官方公布的所谓民间丧仪,与官方的丧仪制度也是存在差异的。各地的民间丧仪不仅在仪式的序列上,而且在仪式的内容上,也表现出极其鲜明的地方性差异,从而构成了中华民族五花八门、丰富而不

---

① 据访谈录音整理。访谈时间:2013 年 8 月 11 日,访谈对象:杨小丽。

② 据访谈录音整理。访谈时间:2013 年 8 月 11 日,访谈对象:萧爱凤。

失庄严的丧葬仪式。五宝田村的丧仪，基本与辰溪县境内汉族丧仪一致。但因其地处瑶乡，又具有浓浓的地方特色。其葬俗因信仰相伴随而显得庄严，而信仰又因有了葬俗的方式而显得生动，两者之间相辅相成，是五宝田村最有魅力，也最具有色彩的文化形态。

第五章
守望信仰：五宝田人的精神寄托

宗教信仰是一种特殊的精神文化现象。宗教信仰广泛地影响或支配着五宝田人日常生活的各方面，并有着丰富的文化内涵。在一定程度上满足了五宝田人的精神需求，弥补了他们精神生活的空虚，也丰富了他们生活文化活动。

考察五宝田人的民间信仰，折射出汉族民间信仰所具有的原始性、多神性、农事性和人性的特质[①]。同时，五宝田人对于佛教也不排斥，他们把佛教宗派里的菩萨纳入崇拜对象，对其加以顶礼膜拜，认为这些菩萨都如同他们所信仰的祖先和神灵一样，通过祭拜这些菩萨可以求得福泽庇佑，平安顺遂、消灾祛病等。宗教信仰不仅起着保护五宝田汉族传统文化的作用，还在一定层面上成为了五宝田人精神的主心骨。

一、祖先崇拜：华堂祭祖

五宝田村每家每户的堂屋里都设有一个华堂，华堂的位置位于堂屋的正中间，正对着堂屋的大门，往往一跨进堂屋就能够看见。华堂共分为上中下三个部分，上部祭祖先，中部奉财神，下部则拜土地，每一部分都贴着牌名和对联。

在祭拜祖先的位置，上端有"祖德福流芳"的字样，下来中间为"天地君（国）亲师"位，两边有两行小字曰"是吾宗支"、"普同供养"。"天地国（君）亲

---

① 徐杰舜：《汉族民间信仰特征（上）》，《广西民族学院学报（哲社版）》2002年第1期；徐杰舜：《汉族民间信仰特征（下）》，《广西民族学院学报（哲社版）》2002年第2期。

师"位的两侧贴着两副对联,各为"金灯不断千年火""玉盏长明万岁灯""愿国四时调玉烛""祈家千载绍书香"。据了解,以前"天地君(国)亲师"位以木质牌嵌字而成,如今木质牌已经不常见,人们更习惯于将字样在红纸上书写好,并把红纸贴在华堂相应的位置上,他们在"天地君(国)亲师"位下方设一块木板作为神龛,主要摆放祭祀相关的用品,如香炉、烛台、香、蜡烛、纸钱等物,用以祭拜祖先。"天地君亲师位"六字的笔画有严格规定,如"大不带刀",即撇、捺均只能秃笔收尾,且大要"大宽地大","大"字要比"地"字宽一点,盖过地字;"地"字的要求是"地不离土",土旁必须和也字相连;"国(君)不开口",必须全封闭,"国"字还必须大写。意"国"字的"口"就是国疆,而国疆要严守;亲不闭"目",繁体亲字右边从"见","见"上部为目,即是亲有三分顾,所以不能视而不见;"师"字的繁体为"師",书写时要去掉偏旁起始的一撇,意为"师不戴帽",因上已有了"大""地",师在大地之间是"授业、传道、解惑"的圣人,再者圣人亦不可功过"大""地";"位"不离"人",即人字旁一定要与"立"字连在一起,即人要站立得起来方能有"位",即"有为有位"。

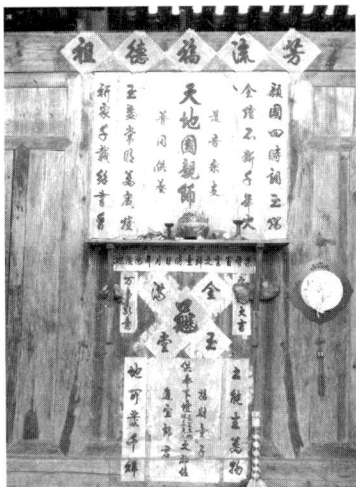

图5-1　华堂上的神龛

图5-2　七月半华堂祭祖

除了中间的"天地国亲师位"是固定的,不能改动的,两边的对联则可以根据自己意愿选用,如"积百代精神之气,绍千秋礼乐衣冠""忠孝礼义四种美德,读书耕田两件大事""神居华堂千年盛,人住福地万代兴""宗功伟大兴民族,祖德丰隆护国家""敬圣贤而立天地,遵礼乐以重人伦""为善读书尊祖训,立名志节仰先贤",等等。

在神龛的横板之下,横书"天地阴阳年月日时童妇之言百无禁忌",左右对联为"家运大吉,万事如意",中间用两张红字书"金堂"和"满玉",然后交叉粘贴,交叉处画一雨头鬼脚之类的字符。

华堂最下部略高于地面的是土地牌位,书写着"供奉下坛长生土地、瑞庆夫人之神位",旁边有八个小字"招财童子""进宝郎君",两侧有一副对联,即"土能生万物,地可发千祥"(也有人家写"土中生白玉,地内出黄金""土出无价宝,地生有道财")。

在五宝田人的心目中,华堂是神圣、圣洁的地方,无论是在日常生活中的婚丧嫁娶,还是在重大节庆活动中的祭祀朝拜,都占有绝对重要位置。

> 我们家其他神仙都不拜的,过年过节的时候要祭祖先。那个是拜老祖宗嘛,全家人在神龛前都拜的,女的也要拜。还有七月半也必须要拜,要上香啊,要烧点纸啊。[1]

> 神龛嘛,在中堂正中,是一家存在的象征,祖宗的魂灵在神龛上有一个位置,会护佑亲人平安的。所有可以吃的,都可以放在这里供祖宗的。烧点纸啊,搁点米啊,放点肉啊,搁点酒啊。酒只供一杯的,用酒盅放一杯酒就可以了。上面要经常打扫的。我平时没烧香了,现在就我自个一个人在这里住。过节、过年了,就会烧点香,烧点纸。村里有些人家里初一、十五也烧的,我这里不烧。只有过年、初一、十五,元宵节,还有七月半,烧一烧。还有那个八月半(中秋节),我们这里是过十二,也会烧点纸。但七月半,祖先回家啦,回来看家啦,就必须要烧点纸啦。[2]

祭祀或由家里的年长者或家里男主人带着全家来进行。祭祀用品有香、烛、纸,酒水,各种菜肴和果品。逢年节日都要举行或简单或复杂的敬奉祖先仪式,一般的节日供奉较为简单,而重要的节日如过小年、团年,正月初一日到正月十五日、清明节、月半节(农历七月十五日)等祭祀活动较为复杂。有的人家在平时有好吃的,或有意外喜事,或在梦中出现了去世亲人(主要是长辈),也会在堂屋神龛前敬一敬。或准备酒,或准备茶,边烧香焚纸,边和已故的祖宗述说家事。

---

① 据访谈录音整理。访谈时间:2013 年 7 月 25 日,访谈对象:萧从顺;翻译:萧明友。
② 据访谈录音整理。访谈时间:2013 年 7 月 24 日,访谈对象:杨隆炎。

过年过节都要拜祖宗啊，尤其是过年和过七月半的时候那是一定要拜的。过年呢，三十夜（大年三十）要先准备好香、纸钱、红烛、刀头、粑粑、水果、酒、米饭等，到堂屋拜完祖宗，再走出门外燃放鞭炮，才吃年饭的。接下来就是初一早上拜，连续拜三天，也就是从大年初一一直到大年初三，每天都要拜的。后面几天就停了，到正月十五，元宵节的时候还要拜一次。正月初一到正月十五这半个月，中堂上的祭品不能断掉的，一直摆在那里。我们会摆上过年时候做的圆糍粑，豆腐、糖果、水果、米饭都会放一点。肉是祭拜的时候才放的，比如说猪头啊，大块的猪肉啊，鸡啊，鱼啊，祭拜一次，放一下肉，拜完了自己家还能拿来做菜的，但是在那半个月时间，糖果和糍粑这些是要一直放在上面的，不能拿下来的。①

我们这里时兴过七月十五的，也就是七月半，怎么过呢？杀鸡啊，杀鸭啊，有猪肉啊，还要弄起粑粑，就是吃这些啊。还要拜祖嘞。七月半就是敬祖宗的节庆，家家都要祭老祖宗啊、老人家啊，要点起香、烧纸钱，在自己家里拜的，不去外面拜的。②

正如美国人类学家威廉·A·哈维兰在《文化人类学》一书中说："已故祖先在中国传统社会的父系社会中同样重要，为了报养育之恩，一个男孩将永远地亏欠他的父母，他必须对他们恭顺，使他们享有安乐的晚年，甚至在父母死后，他还得在灵魂世界供养他们，每年在父母生忌和死忌给他们供奉食物，纸钱和香烛。此外，人们还在一年中定期集体地祭拜世系群中所有的祖先，甚至生儿子也被认为是向祖先负有的一项任务，因为确保祖先的种种需要在其儿子亡故之后，仍有人继续照顾。"③可见对祖先和父母的回报恩情，在中国传统社会中这是一种普遍存在的情感。五宝田人也不列外，他们在家中的华堂上设立"天地君（国）亲师"位和神龛，每到年节，就会在神龛上摆上供品，烧起香纸，用于祭拜他们的祖先，从情感的缅怀和纪念中表达着感恩和"不忘本"，对祖先心存感激，既是一种孝与道精神和文化的洗礼和教育，也是一种血缘情感方面的洗礼。

---

① 据访谈录音整理。访谈时间：2013年7月24日、8月17日，访谈对象：萧典军。
② 据访谈录音整理。访谈时间：2013年8月2日，访谈对象：张玉珍。
③ ［美］威廉·A.哈维兰：《文化人类学》，上海：上海社会科学院出版社，2006年，第395页。

二、土地崇拜:桥头土地、当坊土地和华堂土地

土地庙在五宝田村很有些显眼:在青石板道上走着,过了桥头就看见了土地庙;在老院区内穿梭,发现院区中间也设有土地庙;踏进每一家的堂屋,看见每一家的华堂之下就是土地的牌位。

土地为万物的负载者。《释名·释地》:"地,底也,言其底下载万物也""土,吐也,吐生万物也"。《太平御览·地部》:"能吐生百谷谓之土。"古人认为人与动物皆出于土,土为万物之始祖,因此抟土以为报答,群聚而膜拜之。土地在人们生存、繁衍和发展的过程中一直扮演着重要的角色。

民间对土地神的信仰源于何时,没有确切的时间考证。有学者认为:"早在原始时代,世界上许多农业部落见到农作物从土地上生长出来,由于不懂得农作物生长的原因,又出于对粮食丰收的祈求和依赖,就发生了土地崇拜。在民族学中,这叫作'地母'崇拜。中国古代把这种崇拜叫'社'。"[①]而从《搜神记》卷五记载的蒋子文自称土地神的故事进行推测,关于土地神的信仰大体起源于三世纪前半期,五世纪左右土地神信仰渐渐盛行,七世纪以后遍及全中国,各地纷纷兴建土地庙。清人赵懿《名山县志》卷九引李凤翮《觉轩杂录》云:"土地,乡神也。村巷处处奉之,或石室,或木房。有不塑像者,以木板长尺许,宽二寸,题其主曰某土地。塑像者,其须发皓然,曰土地公;妆髻者,曰土地婆。祀之纸烛清酒,或雄鸡一。"

在五宝田人的心目中,土地是赖以生存的物质条件,因此崇拜土地神。而祭祀土地神,期望得到土地神的回报,不仅仅是在精神上获得一种自我安慰,也是期望土地能生产更多的粮食,满足人们生产生活需求。另外,土地神具有多方面的功用,可保一方平安,在村口是村寨保护神,在家里是家庭保护神,和人们的生活生存息息关联,虽是小神,却深得村民爱戴。正如费孝通说过:"城里人可以用土气来藐视乡下人,但是乡下,'土'是他们的命根。在数量上占着最高地位的神,无疑是'土地'。'土地'这位最近于人

---

① 俞伟超:《铜山丘湾商代社祀遗迹的推定》,《先秦两汉考古学论集》,北京:文物出版社,1985年,第54页。

性的神，老夫老妻白首偕老的一对，管着乡间一切的闲事。"[1]

土地庙或建在村边古树下，或在路口，因为土地神的职责是护佑一方百姓的，所以要接近老百姓，住的地方和办公地点都要离人近一点，这样可以随时察觉了解他所管辖范围内老百姓的生存状况嘛。[2]

在五宝田村的周边，土地庙大多修建得十分简陋，讲究的盖上一个1平米大小的屋子，里面放上石头雕刻的土地像，或者用一块木牌写上土地名称，或是用木头雕刻的土地公、土地婆的像在里面。很多就用四块1米见方的片石，将两块相对竖立，1块往背后一封，1块放在顶上做盖，就做成了。小的更是用四块1尺见方的小石片，按上面所说的方法，很快就做成了。庙内有的仅供1条石竖着，上搭一块红布；有的里边什么也不供。

在五宝田人看来，不同的土地神，他们的职能是不一样的。

> 我们这兴拜土地的，土地都有那个庙社啊。在村子里面，有三个土地。这有一个桥头土地啊，那里有一个当坊土地啦，在兰陵别墅下面那个，我们叫桥头土地。不一样的，桥头土地就是说这个桥这里是归这个土地管，当坊土地就是说整个村子都归当坊土地管。村子上面那个是当坊土地啦。[3]

图5-3 桥头的土地祠

图5-4 老院区内的土地庙

然而对于桥头土地的说法，村民萧守造则不是这么理解的。

> 这个桥头土地，是保佑这个村寨的，就是保佑一方平安。讲迷信的

---

① 费孝通：《乡村中国》，上海：上海人民出版社，2006年，第5页。
② 据访谈录音整理。访谈时间：2018年8月8日，访谈对象：萧守造。
③ 据访谈录音整理。访谈时间：2013年7月24日，访谈对象：萧典军。

话,只要土地在这里,外地来的妖魔鬼怪就不敢过来,可以挡住外面来的孤魂野鬼。桥头土地在这里就是起到这个作用的,它属于村口的土地,在这里当然是保佑整个村子的。这间土地庙里的土地公公还带着土地婆婆的,边上本来还有一副对联,叫作"公公十分公道,婆婆一片婆心",横批是"佑一方平安"。①

村民们对土地管辖区域的理解并不相同。或说当坊土地管辖整个村落,桥头土地只保佑桥梁;或认为桥头土地才是阻挡经过此地孤魂野鬼,保佑整个村落的土地。一时间这两种说法无从考证。但这两间土地庙不比村子里其他新建的土地,它们都是有一定历史的,用村民的话来说,便是有些年头的。

> 那边(指东边桥头和院子)那个土地是他们自己弄的一个,后来新修。这边桥头和院子里面的那个土地是原来的,很早就有的。那时候是院子房子都修好了,老祖宗弄的,桥头这个就是嘉庆十六年嘛,上面有写着的。院子里面那个还没有桥头的这个来得老。②

图 5-5 对门山的土地庙

图 5-6 路边简易的土地庙

这两间年代久远的土地庙旁边各竖立着一块石碑。土地边上的碑刻记录着设立土地庙的年岁:桥头土地是嘉庆十六年(1811 年)立碑,院子中间的

---

① 据访谈录音整理。访谈时间:2013 年 7 月 26 日,访谈对象:萧守造;翻译:萧明友。
② 据访谈录音整理。访谈时间:2018 年 8 月 11 日,访谈对象:萧守造。

大方土地则建于光绪七年(1881年)。百余年来,经过风雨的洗礼,可惜桥头土地石碑上的文字已被风化、磨平,斑驳不清,仅有立碑的时间依稀可辨。幸运的是,院中当坊土地边上的碑刻字迹比较清晰,尚可辨认。《复修碑记》碑文如下:

> 土地尊神,固一方之主宰也。乡党邻里莫不各建其祠,四时祭之,朝夕供之,祈庇佑一方,岂独吾村为然者哉!既不独吾村为然,则吾村之为此祠,虽属改作,非仍旧贯,亦小费耳,似亦不必志矣。然而锡福无疆者,惟神之灵也;至诚可格者,斯民之意也。首等要约合村捐资修葺,乃输将恐后不□,功成益见,人有诚心,神必感应。于是嘱予作序,刻诸碑石,聊以志之不朽云尔。

萧文昭 撰

萧昌定 书

皇上光绪七年仲秋月吉日

土地神虽然在神界地位低,但作为土地的代名词,和村寨紧密相伴,和村子朝夕相处,可以说是神界的基层组织,与人们的关系更为亲密,所以五宝田人认为它的保护作用太及时,很值得祭祀。凡有重大一点的事都要来祭祀土地神,尤其是大年三十,祭品丰富,几乎是户户必到,以感谢土地神一年的保佑平安。

华堂上的土地公和土地婆的牌位并不常常单独被村民们提起,在村民眼中,供奉祖先的时候也可以一并供奉华堂上的土地。那时,他们会将堂屋的地面清扫干净,在华堂土地前放上

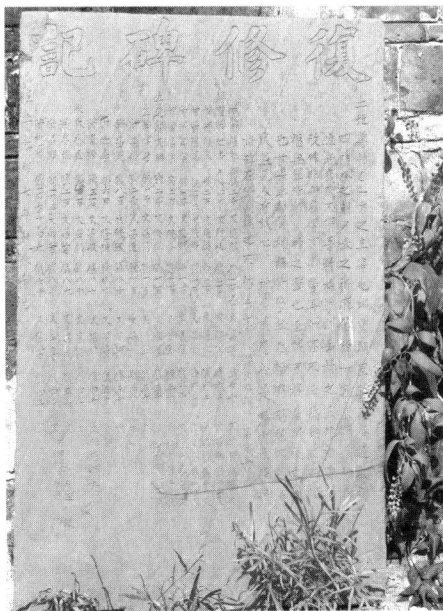

图5-7 老院区土地祠旁的复修碑记

一个铁盆,在里面点燃香纸,以此来供奉土地。土地庙和华堂上的土地牌位构成了村民们的土地信仰。

三、灵魂崇拜:仙娘喊魂

在五宝田人看来,人是有灵魂的,灵肉可以分离。认为人死之后,肉体不复存在,但灵魂却不消失,它以一种人类看不见的形式永恒存在,且灵魂具有超人的能力,可以变化形态,暗中对人起作用。

仙娘是人与鬼神之间的沟通者。仙娘不仅能够窥探作祟的邪灵及亡人的境况,而且能够被神鬼精灵附体,代言神谕,成为人与鬼神之间沟通的桥梁。除了"走阴",仙娘还能做"看病""赶鬼""收魂""看平安""求子""求寿"等法事,具有卜测吉凶、治病救人、求子添寿等本领。

亲人过世之后,若日夜想念,他们就会去请仙娘行巫通灵—喊魂,祈求打破阴阳之隔,借助通灵者与已逝者对话,求得心安,也一同解除思念之情。萧爱凤老人向笔者详细介绍了她请求仙娘喊魂的经历。

萧爱凤:我老公死了,我请起过仙娘的。

笔者:仙娘是什么?

萧爱凤:仙娘就是做法事的,我想我老公了,请起仙娘来帮我喊。

杨小丽:我爷爷一年多以前死了嘛,我奶奶请起仙娘来喊我爷爷过来。仙娘做法事,请我爷爷,然后她就说了一些话嘛,说得还蛮准的。我奶奶问,他忘记了什么东西没拿走的,我爷爷就说,有一顶帽子,去年七月半的时候你不是烧给我了嘛,就是还有一个手电筒没给他,他晚上出门的时候没亮光,看不见,叫我奶奶把那个手电筒给他。他说那个旧的好像不亮了,要是不亮你就买个新的给我。我奶奶问他,你有几个儿子、有几个女儿,我爷爷都说对了。又问他有几个孙子、几个孙女,也都说对了。我奶奶说,那你有重孙吗?他说,也有的。奶奶问,是男孩子还是女孩子啊?爷爷说是男孩。就是我儿子嘛。他都知道的,说得蛮准的。

萧爱凤:那我给他钱没有人知道的,那天我就问他,哪个给过你洋钱吗?他说,你啊,给了三十块钱。他都说得出来的。

笔者:那您是在哪里求的啊?

萧爱凤:在龙头庵。

杨小丽:那个钱就是我爷爷死的时候,奶奶放到棺材里面的。阳钱就是我们花的钱嘛，不是纸钱。我奶奶就放了三十块，放在他手里。那请他回来的时候，奶奶就问他，你得到阳钱没有？他说，得了啊。她问，是谁给你的啊？他说，是你给我的啊，三十块钱啊。他就这样子说，很清楚的，给了几十块他都说出来了，说的好准。我爷爷死了没多久，我奶奶回家里去嘛，她把吃饭的杖子杆放在地上，它就自己会响，就像从上面摔下来那个声音嘛。那我奶奶就拿这个事情问他：你为什么回来吓我啊？我爷爷就说：我想你了，我告诉你我回来了，我响一下，你才知道我回来了。

萧爱凤：我问他，我的孙子找得媳妇了吗，找到爱人了吗？他说，找了啊，我要做太太了（太公）。我孙媳妇怀小孩了，他不知道啊，他怎么会提啊，但是他说他要做太太了（太公）。很准吧？

萧湘武：她可以根据问的问题推算出来的。

萧爱凤：那哪个是。

笔者：你问的问题，这些回话是谁告诉您的啊？

萧爱凤：做法事的那个仙娘告诉我的。

笔者：那个仙娘和你认识吗？

萧爱凤：不认识我的。她那个爱人认识我的。

笔者：仙娘不认识你，仙娘的老公认识你？

萧爱凤：嗯。我去了仙娘那里，和他讲了之后，他才认出我的，我都不记得他是哪个了。

萧湘武：那他还是知道你的，比如说你问爷爷，有孙媳妇了吗？他肯定是哪里听到过的。

杨小丽：那也未必的，我爷爷有几个孙、几个重孙、下葬的时候给了他多少钱，仙娘怎么晓得啊。

萧爱凤：对啊，那我在他手里放了三十块钱总没人知道吧。肯定不是她原来晓得的。她的爱人不是我一去他就晓得我的，也是七认八认才认出我的。我还说我不认得他，他怎么认得我。

笔者：你去求的时候，仙娘是在哪里做的法事？

萧爱凤：她在家里做的。

笔者：她要摆点什么、烧点什么才通得到你老公在的那个地方？

萧爱凤：点起香啊，烧点纸啊，要烟，要糖……

笔者：仙娘是怎么喊他过来的？

萧爱凤:那不是我喊的,是仙娘喊他过来的。她烧起黄钱,他来了就让我叫一声。她说,那你丈夫来了,你烧点钱给他。我就烧点纸钱,喊的他名字,让他来和我说话。

笔者:仙娘喊他过来的时候念了什么吗?

萧爱凤:没有,没有什么东西。就是堂上摆起香米、鸡蛋,要放一根线在香米上,说牵着他过来。

笔者:她也没有说什么话?

萧爱凤:她说话是没有说,就是她接我老公过来的时候问了一下,她说,你只有一个儿子吗?那边说,就一个儿子。仙娘问我对不对,我说,是只有一个儿子的。她就把他牵过来了。

笔者:哦,牵过来之前确认一下。

萧爱凤:嗯,那我就接着问他,你有一个儿子,那有几个女儿呢。他说,有两个,两个女儿。我再问他,你有几个孙啊?他说,两个孙子。我又问他,有两个孙子,有孙女吗?他再说,有两个孙女。

笔者:都回答了。

萧爱凤:是啊,他都回答了。我再问他,有没有重孙啊,是男的还是女的啊。他说,有重孙的,是个娃娃,是个男孩。

笔者:您问他的时候,仙娘要不要把您问的话再念一遍?

萧爱凤:那要念一遍的。

笔者:她把您问的念一遍,念给他听?

萧爱凤:不是啊,她念给我听。

笔者:怎么念给您听呢?

杨小丽:我奶奶的意思是说,爷爷附在仙娘身上,他们就直接对话。

笔者:她不是喊你爷爷出来?

杨小丽:喊爷爷出来之后,她的声音什么全部都变了,她的声音就好像我爷爷的声音,就用那个声音和我奶奶讲话。

笔者:仙娘吗?

杨小丽:嗯,她的声音会变,和平常的声音会不一样,仙娘就跟作法一样,奶奶问什么,她就回答什么。

笔者:问了多长时间啊?

萧爱凤:没有多长时间。

笔者:烧了几炷香?

萧爱凤:烧了一炷香。仙娘的香炉上是点着三炷香的,那三炷香烧得一样的。

杨小丽:三炷香燃得很快?

萧爱凤:不是很快,三炷香烧得一样整齐。

笔者:就是很整齐地烧下来?

杨小丽:嗯,三炷香烧得一样齐。

萧爱凤:她放的香米上面的三炷香也燃得一样齐。

笔者:是香炉上的还是米上面的香?

萧爱凤:米上面的香……

杨小丽:米上面放香,下面也要点起香的。

萧爱凤:点起三炷香。米上面放了三炷香,香炉上面也要插起香,边上还要拿东西烧起香纸。

笔者:哦,它们是放在一起的?

萧爱凤:嗯,都是放在桌子上的。桌子上放了香炉,放着米,还摆了烟,摆了糖,又放了一根线。

笔者:什么样的线?

萧爱凤:黑线。

笔者:为什么摆黑色的线啊?

萧爱凤:我们就是讲要一根黑线和一个鸡蛋。

杨小丽:就是牵线啊。

笔者:黑线要和鸡蛋绑在一起吗?

萧爱凤:不绑,就插在米上。

笔者:鸡蛋插在米上面?

萧爱凤:嗯,把鸡蛋小的那头插在米里面,大的那头露在上面。

杨小丽:然后还要一块黑布。

笔者:黑布是做什么?

萧爱凤:黑布也放在米上面。

笔者:哦,就是说米上面插着香,插着鸡蛋,放着黑线,又放着黑布?

萧爱凤:嗯。手掌心大的一块黑布啦,放在上面就好了。那一堆香米摆在那里,香啊、鸡蛋、黑线、黑布,这些东西分几个地方放就可以的,好多糖就放在米的边上。

笔者:用什么东西装着的,还是直接放在桌上?

萧爱凤:它有一个脸盆的,就放在盆子上,米也放在那个脸盆上。

杨小丽:米要装在升子里面,四四方方的那个啊,拿来量米的,香米就装在那个里面。

笔者:哦,喊魂的时候就要摆这些东西。

萧爱凤:嗯。仙娘捡亡魂啊,她手上那个有个铃铛会叮呤当啷地响的。她一边和你讲话,一边就在弄那只铃铛。她好唱,要唱歌的。

笔者:她是什么时候唱歌啊?

萧爱凤:她一会儿唱歌,一会儿不唱。

笔者:她喊你老公的时候唱吗?

萧爱凤:喊的时候唱,不喊的时候也唱。

笔者:那她和你说话的时候呢?

萧爱凤:她说话就不唱了。

杨小丽:灵魂来的时候她就不唱了。

笔者:哦,她唱歌把你老公喊出来?

萧爱凤:嗯。

杨小丽:是那样子的。

笔者:做法事那个地方只有你和仙娘两个人?

萧爱凤:不是,好多人在那里的。

笔者:好多人? 其他是什么人啊?

萧爱凤:那是她家里嘛,很多人在那边玩的,在那里听。

笔者:村子里有其他人做这个吗?

杨小丽:村子里面没有仙娘的。

笔者:那有没有其他人找仙娘去做这一类的法事呢?

杨小丽:过去有好多人会去请的,不过很多地方都有仙娘的,不是只有龙头庵有。

笔者:请到家里来?

杨小丽:不是,请她做法事,是你去她那里。要是你把她请家里面,就要额外给她工钱的。去她家里,那么钱就给少一点。

萧爱凤:嗯,上次我付给她四十多块钱呢,还要给她糖和烟,又加了十块,那就是五十多块嘛。一升香米赚了四块,再加上香和香纸,总共要六十多块钱。[①]

其实，仙娘喊魂是一种巫蛊文化，仙娘为行巫者，是为灵魂崇拜的执行者。在五宝田人看来，仙娘能沟通鬼神，发现邪祟，为人们解决日常生活中的神秘问题。据了解，仙娘们大多因为遭到病痛的折磨，都经历了神灵的暗示。这种病魔缠身的情况是最为常见的暗示性神择，意味着神灵选定了她作为神灵沟通的媒介，如果她不愿意成为仙娘，那么她的病情就会不断恶化，愈发痛苦。也就是说，一旦被神灵选中了，生病就是一种暗示，只有成为了仙娘，她们才能恢复健康。如果拒绝成为仙娘，病情就会更加严重。仙娘不必学习，无从传授，是在"癫狂"中自然获得了神性而实现了身份的转变。仙娘在从业之前需设神坛，一般会请老仙娘来安坛。坛制简单，置好一张桌子，上放一平斗，斗内装满谷子，插上一把剪刀。有的什么也不用。有的则用红纸写上一些神灵，张贴在桌子所靠的墙壁上。安坛仪式较为随意，一般会准备一只大雄鸡、几个粑粑、一碗米、香纸、清茶和酒，待帮忙安坛的师父到坛前说几句吉利话，安坛仪式就算完成了。

仙娘在执行巫术时，只在自己的神坛前设一座位，坐定后用青丝帕覆盖脸上，托亡魂说话。用半哼半唱方式，说别人家事长短，儿女疾病，外出远行人的情况。说到伤心处，会涕泗横溢，在旁边听的人自然也是嘘泣不止。关于是否相信仙娘的"法术"，人们认为信则有，不信则无。仙娘的确有不少术数。比如小孩子夜惊，为其"收黑"，用个鸡蛋，咒过一番后，黄昏时拿到十字路口去，一路喊小孩名字，"××回来了吗"？另一个就答，"××回来了"，一直喊到家。到家后抱着孩子手蘸唾沫抹抹孩子头部，事情就算办好了。还有的仙娘能够用草药治病。

由于有些想不到的古怪情形，仙娘在做法事行巫术后很灵，也许是十分巧合，所以信者尤其是老妇人甚多。仙娘在当地人的普遍意识中是人与鬼神之间的灵媒，穿梭于阴阳两间，她的角色是具有一定社会意义的。因为"巫行为反映了其民族的世界观以及对鬼魂的笃信，说明这种意识是社会发展所不能一时取代的，也反映了传统文化变迁过程的长期性和复杂性。"[②]

---

① 据访谈录音整理。访谈时间：2013 年 8 月 11 日，访谈对象：萧爱凤、杨小丽。

② 王建新、刘昭瑞：《地域社会与信仰习俗——立足田野的人类学研究》，广州：中山大学出版社，2007 年，第 200 页。

四、伏波崇拜:说不明白的伏波庙

在五宝田村落中央,建有一座伏波庙。伏波庙的得名源于所祭祀的主神为伏波将军。伏波将军为西汉时期开始使用的一种敕封军队统帅的封号,从西汉到魏晋南北朝,历史上曾授予多人。伏波信仰是以汉代的两位伏波将军为原型神化而形成的,即西汉武帝时期破南越的伏波将军路博德和东汉光武帝时期平灭交趾"二征"之乱的伏波将军马援。两位伏波将军都因立下赫赫战功而成为后世广泛祭祀的对象,形成富有地域特色的伏波信仰现象。

路博德,《汉书》无传,仅在《汉书·霍去病传》附云:"路博德,西河平州人,以右北平太守从骠骑将军,封邳离侯。骠骑死后,德以卫尉为伏波将军,伐破南越,益封。其后坐法失侯,为强弩都尉,屯居延,卒。"元鼎五年(前112年),汉武帝"令粤人及江淮以南楼船十万师往讨"南越,路博德为五路进军首领,"出桂阳,下湟水",其亲率这一路由今连江至北江南下,与楼船将军杨仆率领的由江西进入广东的另一路于北江汇合,"遣使招降者",平定南越国,置儋耳、珠崖、南海、苍梧等岭南九郡,"伏波将军益封"。[①] 路博德南征为岭南重新归附于中央政权立下了汗马功劳,深受人们敬仰。

马援,文献多有记载,据《后汉书·马援传》,马援,字文渊,扶风茂陵人,其祖先为赵国大将赵奢,因赵惠文王赐其号为"马服君",后世"子孙因为氏",改姓马。汉武帝时期,马氏"以吏二千石自邯郸徙居茂陵"。马援"年十二而孤,少有大志",事兄如父。兄长马况去世后,"行服期年,不离墓所","敬事寡嫂,不冠不入庐"。建武八年(公元32年),他助光武帝灭隗嚣,拜为太中大夫。建武十一年(公元35年)被授予陇西太守,"发步骑三千人",大破诸羌,解除了西部边患,得到光武帝的赏识,"帝常言:'伏波论兵,与我意合',每有所谋,未尝不用"。建武十六年(公元40年)"交趾女子徵侧及女弟徵贰反,攻没其郡,九真、日南、合浦蛮夷皆应之,寇略岭外六十余城,侧自立为王"。建武十八年(公元42年)马援被授为伏波将军,率长沙、零陵、苍梧万余兵南下征讨,从湖南经灵渠跨越五岭,进入广西,从合浦"缘海而进,随

---

① (汉)班固:《汉书》卷九五,《西南夷两粤朝鲜传》,北京:中华书局,1962年。

山开道千余里"，进入交趾，"斩首数千级，降者万余人"。建武十九年（公元43年）正月，徵侧、徵贰首级传到洛阳，光武帝即"封援为新息侯，食邑三千户"。南征时，马援为途经的郡县整修城池，加强吏治，修建引水渠道，发展农业生产，"自后骆越奉行马将军故事"。建武二十年（公元44年）秋，马援凯旋回京，光武帝又"赐援兵车一乘，朝见位次九卿"。回朝仅一月余，马援又主动请缨，北伐乌桓。

东汉初年，武陵地区的五溪蛮起义，建武二十四年（公元48年），"武威将军刘尚击五溪蛮夷，深入，军没"，马援请战，时年已是62岁高龄。他率中郎将马武、耿舒、刘匡、孙永等人领四万余人远征武陵。[①] 据考证，马援征五溪蛮的目的地应是"今沅陵、辰溪、泸溪三县交界处"[②]。建武二十五年（公元49年）春，马援"军至下隽，有两道可入，从壶头则路近而水险，从充则途夷而运远"，"军至，耿舒欲从充道，援以为弃日费粮，不如进壶头，扼其喉咽，充贼自破"，最终选择了从壶头山（今湖南沅陵县东北清浪境）进军路线。军队到壶头山之后，"贼乘高守隘，水急，船不得上""贼每升险鼓噪"之时，马援只有"曳足以观之"。"会暑甚，士卒多疫死"，"水疾，船不得上"，马援染病。光武帝得知行军情况后，派梁松去五溪责问马援，并代为监军，"会援病卒"。梁松趁机捏造事实诬陷他，马武、侯昱也谗言马援征交趾载回一车"南土珍怪"之事。后来，光武帝怒夺援侯并连坐诸族，马援的妻儿只能在城西将他草草地埋葬，不敢归葬祖坟园。其后，由于亲属"上书诉冤，前后六上，辞甚哀切，然后得葬"。再后来，云阳令朱勃出来为马援上书申辩，认为马援劳苦功高，可以"罪以功除"，提议"圣王之祀，臣有五义。若援，所谓以死勤事者也。愿下公卿平援功罪，宜绝宜续，以压海内之望"。及至永平十七年（公元74年），马援夫人去世以后，得以"乃更修封树，起祠堂"。建初三年（公元78年），章帝命"谥援曰忠成侯"，才客观评价了马援的历史贡献，恢复了他的

---

① 郦道元：《水经注》卷三十七，沅水注曰："武陵有五溪，谓雄溪、橫溪、武溪、酉溪、辰溪其一焉。夹岸悉是蛮左所居，故谓此蛮五溪蛮也。"又据《湖南通志》记载："有出于酉阳石堤蛮界，流经辰州府城西为北江者，名酉溪；有出于铜仁蛮界，流经麻阳县城南为锦江者，名辰溪；有湖南界城步县巫水出，流经关峡而下为若水、洪江者，名雄溪；有出自镇远流经沅州城西而下为盈口竹寨江者，名武溪；有出于靖西南黎平府，流为亮寨江者，名橫溪。此五溪也，俱各下入于沅。"

② 瞿湘周：《刘尚马援五溪征蛮之地小考》，《中南民族大学学报（哲社版）》1988年第5期。

名誉。

东汉及其以后各代,浏览正史、政书等不难发现,权贵和士绅们都引经据典,多以马援为楷模,无论从国家还是家庭,无论从政治还是从军事,无论从择人还是审事,无论从老骥伏枥还是从边疆建功……人们还多以马援功绩和事迹为效仿榜样。[1] 唐开元十九年(731 年),玄宗帝敕封马援为配享太公庙的七十二弟子之一,使得马援开始成为国家祭祀系统里面的神灵。宋神宗元丰五年(1082 年)七月,获"封忠显王"。至南宋初期则被封为"忠显佑顺灵济王",说明伏波将军已成为国家祭祀系统里面显赫神灵,成了能够保护地方的地方神。

据杨洪林研究统计,明清时期武陵地区及周边在史志中记载的伏波庙有 36 座,其中湖南 29 座,贵州 2 座,重庆 4 座,湖北 1 座,这些伏波庙绝大多数分布在西汉时设置的武陵郡内,武陵郡管辖的范围大致相当于今天学术研究中所称的"武陵地区"。伏波庙在武陵地区的分布又集中在古代五溪蛮活动的区域,即今沅水及其支流酉水、武水、锦江、洪江等流域。且伏波庙的分布地点多在江边,其超人力量体现在免除水旱灾害和保障舟楫平安方面,水神特质比较明显。[2] 如明代辰州城旁的伏波庙就是当地官方祭祀的中心所在。宣德时,辰州夏旱,官民祈神"妙运化机,大雨滋土,以灌辰人",司水神职可见一斑。辰州"野夫女子犹知道公之威名,在在有庙以祀公"。"公庙之在辰者,独登祭典,有司以时行事,无敢怠弛。人有水旱疫厉则祷焉"。明代除修复辰州城旁伏波庙及亭外,还修祀壶头山伏波庙,"庙亭既新,余(薛谊)遂取公之大节,傅辰人刻之,并系以诗"[3]"神灵甚,舟人过者必割牲洒酒以祭,辰、沅诸处庙祀尤多"[4]"伏波有高祠,门前两黄虆,舟子匍拜诚,割鸡进香烛"[5]。常德府的马援庙,"俗称马王庙,久废址存,今改祀三贤祠";沅江畔的常德府桃源县(治今地)南三里的伏波祠,嘉靖时知县汪洋重修。[6] 常德以上的沅江流域,"辰州各处民家亦以上巳日用羊祀马公"、"土俗最敬汉伏波

---

① 王元林:《明清伏波神信仰地理新探》,《广西民族研究》2010 年第 2 期。

② 杨洪林:《从国神到家神:武陵地区伏波信仰变迁研究》,《广西民族研究》2012 年第 3 期

③ (明)薛谊:《敬轩文集》卷七,《祭文·辰州府告神文》。

④ (清)段汝霖:《楚南苗志》卷二,《苗人总叙二》。

⑤ (清)唐效尧:《清浪滩》,《历代诗人写沅陵》,沅陵县政协编,2003 年。

⑥ (嘉靖)《常德府志》卷十,《祠祀志》。

将军马公援"。永（顺）、保（靖）、龙（山）、桑（植）四县土人境内，处处皆有伏波庙，极壮丽，祀事甚虔。①

人们祭祀伏波神，都与祈水有关，希望伏波发挥超自然力，达到风调雨顺，出入平安的目的，除了信仰他的水神特质以外，还赋予他更多神职功能，即伏波神还是伏波伏魔者，是能够克制一切邪恶的神灵，不管是生病，还是遇到不顺利的事情都可以祭祀，祈求伏波神就能化解。清代康熙年间，徐炯奉命巡视云南，路经湖南，"自入武陵境，村里每立马伏波庙"，其原因是"马援征五溪蛮于此，故民皆祠之"；"邑民无论远近，每有求，咸往祠焉"。② 伏波庙还成为人们求子、许愿的场所，由此，伏波神职功能的泛化，表明伏波神也已经成为了有求必应的万能神。五宝田村的伏波庙里供奉的就是伏波将军马援。

五宝田村的伏波庙在米家岭山脚下，它的建筑风格与院区的房屋并没有太大的差别，属于白墙黑瓦的木架构房屋。伏波庙门外墙上挂着一块"历史保护信息牌"，上面记录着这座伏波庙的相关信息：伏波庙建于清康熙年间（1719 年左右），占地面积 27 平方米，高度为 3.8 米，房屋的建筑形式风格属于砖木结构，建筑材料有砖木、小青瓦，瓦面多次修复。

图 5-8　伏波庙

图 5-9　伏波庙内的"马元帅"塑像

由于年久失修，伏波庙的外墙已斑驳，连门口的一副对联也难以辨认了。走进伏波庙内，左侧的墙面上写有"伏波宫来历"，下面的三行字样已经

---

① （清）段汝霖：《楚南苗志》卷六，《上巳祀神》。

② 徐炯：《使滇日记》，上海：上海古籍出版社，1983 年；（清）同治《沅州府志》卷三十八，《伏波庙碑记》。

模糊不清,只依稀可辨认出"……怀化地域,系五溪蛮,辰溪是五溪之一。汉时马援,号'伏波'……平蛮有功,后人祀之"。庙堂正中间隔出一块高台,台面上摆放着一尊木质雕像,雕像的底座上刻着"马元帅"。雕像身着战甲,手持剑戟,神情肃穆,面上却画着三只眼睛。

据我们了解,尽管伏波庙的墙壁上写有"伏波庙的来历",但村里对伏波将军和他的事迹,知道的人少之又少。然而只要有庙堂的存在,就有了让他们祭拜的理由。

访谈一

萧守造:那个伏波庙修了好多年了。

笔者:伏波庙是拜什么的啊?

萧守造:伏波他叫作马……他的名字啊,叫作马什么。

笔者:马援?

萧守造:哦,对对对,马援。庙里面那个墙壁上,它写的就是马援的历史啊,可能模糊了。说马援是汉朝一位征战南北的将军,他对边境和朝廷都做出了大贡献,被皇帝封为"伏波将军"。后来在平定叛乱中染上瘟疫死了。

笔者:那为什么要把马援放在这里拜啊?

萧守造:我们这周围到处地方都是一个样的,都是建这个东西的。

笔者:这座庙建了好久啦?

萧守造:这个庙啊,可能我们村子把屋子修起来以后就建了它啦,也有点历史了的。它是反反复复修过了的。现在啊,外面墙上啊,今年又给它重新修过了。

笔者:那您平常去拜吗?

萧守造:我不拜,但有人去拜的。烧香纸啦,拿猪头啦。特别是过年过节,一年到头了嘛,团圆的时候,都会杀年猪的。还没有团圆以前,每家每户啊,都杀起猪头啊,鸡啊,鱼啊,还要带着香纸啊,鞭炮啊,都要带着去敬伏波的。

笔者:那敬伏波和敬祖宗有什么区别呢?

萧守造:有区别的啦,他是神啊,我们老祖宗就不是神了。但供的东西都是一样的啊,同样是要猪头啊,鸡和鱼啊,要烧香纸啊。[1]

---

① 据访谈录音整理。访谈时间:2013 年 8 月 7 日,访谈对象:萧守造。

图 5-10　庙里墙上用黑笔写着"伏波庙的来历"（2018 年重新粉刷）

村民在实际生活中，尤其是在灾祸不断并无法、无力克服之际，就会去伏波庙里祈求神帮助渡过难关，以寻求心里慰藉。

访谈二

笔者：村子中间那座庙（手指伏波庙）是拜什么的啊？

杨有珍：中间那就是一个庙啊。

笔者：你们去拜吗？

杨有珍：拜啊。

笔者：都什么时候去啊？

杨有珍：就是初一、十五日的时候去啊，我很少去，她们去的。

米三妹：去，会去的。

杨守珍：我们去拜了，求他下雨，他也不下雨的！你看看有雨吗？没有的！

笔者：哦，这两天有人去求雨？

杨守珍：嗯，去求他，讲三天里面要下雨，结果还是不下雨嘛！

笔者：你怎么知道三天里面会下雨啊？

杨守珍：我们去求他，让他下雨嘛。

笔者：什么时候去求的啊？

米三妹:七月初一日啊。[①]

无独有偶,立秋前后村民周桂英也到伏波庙里求雨。在她看来,伏波庙里的神明不仅仅能够消灾,还能保佑出入平安,求财、求子、升官、升学、延寿,等等。

访谈三

  笔者:您早上去了庙里?

  周桂英:早上到过庙里了的,去求过了,明天或者后天就会下雨了。

  笔者:早上几点钟去的啊?

  周桂英:早上啊,八点钟光景。

  笔者:怎么求呢?

  周桂英:烧香纸啊。还要去还愿,要带鸡,带猪头。

  笔者:今天也带了吗? 现在还放在那里啊?

  周桂英:没有,早上没有,等天下雨了再去还。

  笔者:哦,还愿的时候带上猪头。

  周桂英:嗯,对的,不下雨就不还。

  笔者:那你今天去求的时候是怎么样的啊?

  周桂英:今天啊,今天是拿些香纸,烧起香纸的。

  笔者:然后您跟他说了什么呢?

  周桂英:跟他说了,保佑明天或者后天就下雨,跟着有雨了我就去还愿。还愿啊,就是说他灵了嘛。

  笔者:这座庙里面供的是什么啊?

  周桂英:这个庙啊,这个庙最灵了,保佑我们人民平安长寿啊,活得长久啊,我们这里这么多人啊,老人家八九十岁的多得很。

  笔者:那这座庙里面是什么神在保佑啊?

  周桂英:那庙里就是个庙神的,庙神菩萨。[②]

村民除了每逢初一、十五日,或者村民有红、白喜事和求子、求财、求福等均到伏波庙进香外,在大年三十也会前往伏波庙祭拜。2014 年 1 月 30 日(除夕),丁苏安对房东一家进行了电话回访。在电话访谈中,房东妻子杨小丽告诉丁苏安,他的公公、丈夫萧湘武和儿子萧博带上鞭炮、贡品(肉、鸡、

---

① 据访谈录音整理。访谈时间:2013 年 8 月 11 日,访谈对象:杨有珍、杨守珍、米三妹。
② 据访谈录音整理。访谈时间:2013 年 8 月 5 日,访谈对象:周桂英。

鱼、苹果、糖果）和钱纸正在伏波庙祭拜。

通过与村民们的交流，我们发现伏波的信息和伏波庙的来历在他们心中并不清晰，但是他们依然会前往伏波庙里祈求和祭拜，相信伏波庙里的神能庇佑地方水旱，灵异不断，福佑民众，凸现了多元化的神职功能。至于那伏波庙里的神，说不清道不明又有什么关系呢？

五、佛教信仰：罗子山上拜菩萨

佛教约在唐代传入辰溪，明清时期极盛。清末，全县有寺庵131座，其中寺18座，庵113座。[①] 在七星瑶族所在区域，以罗子山仙寺最为有名。如今，每年的农历六月十八日，罗子山顶的罗子山仙庵都会举行大型法事活动，附近几十里的瑶汉民众都会从不同方向涌向山顶，拜佛，唱山歌，吹木叶，打霸王鞭，其乐融融，热闹非凡，这就是一年一度的罗子山庙会。五宝田村信仰佛教的村民也会去罗子山赶庙会，拜菩萨。

罗子山位于辰溪县境东南边缘，西南自上蒲溪，东北至苏木溪入溆浦统溪河，沿北东向延伸。境内长约17.5公里，宽5～10公里，占地面积为200平方公里。西北部属辰溪，南东部为溆浦地界，相对高差300～600米，海拔标高多在400米以上，主峰海拔1378.7米。由于地跨辰溪、溆浦、中方三县，为三县境内最高的山峰，天高云淡、风清气爽之日，可远眺到辰溪、溆浦、原黔阳三县县城，因此又称为三县峰。清顺治时期，辰溪四大才子之一的米元偶有《登罗公山》诗云："直上白云第几重？纷纷晓露湿孤松。自知不是神仙侣，空坐罗公九十峰。"当地民谣则有："不爬罗子山不知高低，不吃苦荞粑不知苦味"；"罗子山雾沉沉，细雨纷纷煞灰尘"。可见罗子山之高峻。

罗子山在五宝田人的口中还有另外几个名字，即骡子山、仙螺山和落脚山。

罗子山又叫骡子山，相传是一匹得了仙气的骡子，从八面山跑到这里，看到水草丰美，便留了下来，天长日久就变成一座山啦。那紧靠罗子山的南面呢，有一山峰，长长的山脊，叫作缆子界。据说这缆子是用来牵住骡子的，

---

① 参见辰溪县志编纂委员会编：《辰溪县志》，北京：生活·读书·新知三联书店，1994年，第738页。

不让它跑掉，但是后来骡子还是挣脱缆子跑了，在半山腰一个比较平的地方停了下来，这个地方就是现在的罗子堂（属中方县蒿吉坪瑶族乡）。罗子山又称仙螺山，传说远古时候罗子山一带有一条河流，螺蛳遍生。有一螺蛳受天地之精华，渐具灵性，被天神点化成仙。但这个螺蛳很留恋这里的美丽山水，不愿离开。过了不知多少年，这河流干枯，仙螺就化成了一峰突出，就是今天的罗子山。罗子山还叫落脚山，说黄溪口到溆浦小横垄一带本来是没有大山的，是一位九十多岁的老人从黄溪口沿河而上赶着十几块大小不一的石头化成的，这个老人其实是神仙，他在罗子山歇气落脚，将十多块石头磊起来就化成了高山峻岭。

关于罗子山，据清嘉庆十四年（1809年）杨光芳著述《万古千秋》载："罗翁山，蜿蜒三百余里，由黔入辰有罗子山。传罗道士栖身其上，嘉庆元年，建寺于巅……期间设有关圣殿、佛殿、玉皇殿、禅房及僧房，规模不甚宏广，嘉庆七年扩建。"据道光元年（1821年）《辰溪县志》载："罗子山，城东一百二十里……高三十里，直立云表，辰淑黔三县皆可俯视。绝顶有泉，祷雨多应，相传罗公远之子修道于此，故名。"山顶山腰，各有寺庵，"樵云庵，（建于）罗子山顶，殿宇二重，具铁瓦，夏月可衣重絮，雷常扫殿，僧习为常"。"觉庵（建于）罗子山半"。樵云庵毁于1951年，其中部分材料用于修建六屋场小学。觉庵毁于何时未详。现罗子山的山顶仙庵已经复修。《罗子山庵复修碑记》①载：

> 罗子山，山源于武陵之支罗翁山。罗翁山蜿蜒北下数百里，由黔入辰中溆四邑界地。忽而雄峰崛起，直升云天。登斯山之巅，举目四顾，但见万山来朝，星罗密布，文峰林立，屏帐四起，聚天地之灵气，集山川之精华，实属拜佛修道之仙地。罗子山庵始建汉代，武圣关公战赤壁，断华容，兵过此山。后人为念其事，添殿以祀。汉高祖刘邦南征北战，一统天下，曾扎寨仙山，御驾亲临其寨，并嘱部下修缮殿宇，历代不衰。当时其规模不甚宏达，至嘉庆年间，罗翁山寺僧之子幼年立志事佛。俗语云，父子修行不同院，其父遂嘱其子，沿此山北下，寻觅仙踪。其子法号罗真人，遵父命北下，行至该山之下，仰视此山，气势雄伟。沿山径蟠绕而上，登之顶峰，俯视，烟云迷离，峰顶无古树乔木，见一古寺残墙，隐隐可现，遂披荆斩棘，立志坐寺修行。因此山系罗翁山之支，两寺之僧

---

① 由黄始兴提供。

亦系父子，因将此山命名罗子山，宝刹自此而得名。罗真人潜心修行，寒辛暑苦，广结义友，怜恤贫苦，捐款修庵，一度使仙庵香火缭绕，神佛生辉，数百里之外，求神拜佛者络绎不绝。时年逢大旱，灾民饿殍难计其数，真人首创蕨葛普度饥荒，救人数以万计。自此更得众生拥戴，宝寺复昌盛。

然天有阴露，月有圆缺，清末民初，盗匪四起，仙庵也难逃厄运，三遭匪盗劫掠，火焚仙庵，只留得残墙断壁，令后人忧患难当。今幸得四县善男信女，先天下之忧，后天下之乐，众志成城，意志奋发，历千艰万苦，倾尽资产，伐木搬石，投工集资，挥汗洒血，重修仙庵，为神佛再造殿宇，重塑金身。其诚其意，感天动地，实为人之楷模，于是仙庵重焕光彩，宝寺永镇一方，复修竣工之日可望。此社稷之宏达，生灵之幸甚。

观今日仙庵，更雄伟壮观。登此庵，放意肆志，东邻邵地，山峦重重，瀑布如帘；北处义陵烟塔林立，山高水秀，碧水潺潺；西观辰邑沅水如带，白帆点点，香稻层层，莺歌互答；南望来山，黔怀秀色，尽收眼底。山如巨龙腾云，峰似浊浪排空。每逢春日，极目四县，远观山景，团团围绕，鸟歌燕舞，漫山碧绿；每遇阴雨连绵，密云漫布，林涛呼啸，云隐着山，山隐着寺，使人顿感神秘；夏日风暴雨烈，雷庭万钧，为宝刹增添无穷神威，足令人洗去满腹妄想，一身邪念；秋尽冬来，千里冰封，万里雪飘，俯视群山，一遍缟素，白茫茫冰清玉洁，亮晶晶银白世界。登仙山观雪景，能使人正身洁心，厌恶扬善。罗子山仙寺虽无泰岱之宏伟，蛾眉山之渊源，却不亚祝融之魁丽，其清秀温柔，更胜于南部邦。它独具一格，别有情趣，晨晖照气贯环宇，名人志士，雅兴之余，若能登山拜佛，观景登高作赋，如身临重霄，足使心旷神怡，挥毫明志，其乐无穷矣。

公元一九九四年，岁次甲秋书刻

而关于罗子山罗子父子修行的传奇故事，也在五宝田村广为流传：

相传罗子，大家又叫他罗真人。他的父亲罗修远是隋朝的一位命官，因为看不惯朝廷腐败，便去掉乌纱走出官门，没有告诉家中妻儿，独自一人漂泊四方。一天，来到罗翁山下，见山势奇伟，景色优美，便一路登上山顶。此时白云缭绕，清幽迷人，想来正是自己寻找的清净之所。于是在这里修参禅悟道，潜心苦修，又广结善缘，乐善好施，香客纷至，声名远扬。而他的妻子望夫多年，不知音讯，以为还在朝中，就带着年幼的儿子出门找寻。当在宫府得知其夫已离任多年，不知去向，便一路寻找，历尽艰辛。后来，母子寻到罗翁山下，但见香客络绎不绝，也随人上山，想到菩萨面前讨个音讯，指明寻找方向，以图早日团聚。谁知竟然见到罗修远在此修行。妻子百般苦劝其还俗，终不为动。母子于是也留下，儿子受修远影响，亦拜入佛门。由于天资聪慧，不几年，就深得佛经的精髓。俗话讲，父子修行不同院，罗子便离开罗翁山，一直北行，到了辰溪县境，远远看见罗峰，气势雄伟，连绵起伏，便寻径而上，登临山顶，放眼四望，美不胜收。又见山顶有泉和一古寺残墙隐于草丛，便清理残砖朽木，在此苦修。经过四十九年，终成正果，成为一代大师，最终登仙。由于不知罗修远儿子的名字，后人从此就将这座山叫罗子山。

在通往罗子山顶必经之路的计议界，有一块民国二十三年（1934 年）立的菩提踵修碑，两边对联云："欲观仙迹好向灵山寻觉路，朝礼世尊由此进步上瑶径。"碑文则关涉罗子山拜佛修路之事。碑文[①]内容如下：

便利交通，国家要政之一，若夫山径崎岖地非四达，繁劳五天山径崎岖地非四达，繁劳五问，固无于交通也。而乡间好善之士，出苦工或助食资，兢兢业业焉，辟茅塞为坦途，更不烦派问捐费，非所谓不劳而获者耶！吾地罗子山孤峰天下，高耸入云，顶有窝形类螺，中建庵舍供祀诸佛，香火之隆替迭更上一层楼知凡几。近因地方频罹患，政治不能为人民保障，惟有乞救于神明。罗子山既为佛祖受灵之所，于是乎善男信女，咸日趋于斯途，已足证水深火热之大凡矣。然境比鹫岭与世通，山多白云，绝少人迹，九折羊肠。盖以荆棘遍地，举步维艰，又为登罗子山一大碍。好善之士戚焉，引为己任。周君无半首士，出苦工，闻风慕议者相接踵，有碍道之岩石悉斩除之。需工数十，需金数百，不日而达顶巅。昔之鸟飞不度，今则宛如追练，自空除斜铺山麓可供行人之往来焉。履斯途者多其善心而成此誉举，便利行人之向善，其持危扶颠见诸于行，岂仅功德已好。

可见上罗子山烧香拜佛，历史已久。每每到了农历六月十九日罗子山赶庙会，从十五六日开始就有人陆续上山，一直持续好几天。一是罗子山风景优美，空气清新，站在罗子山上远眺，眼界开阔，心旷神怡；二是罗子山的庙会也着实热闹。

村里有三位老妇人几乎年年都要去赶罗子山的庙会，到那里求神拜佛，

---

① 由黄始兴提供。

以下是对她们的访谈。

笔者：听说你们年年都去罗子山呀？

杨守珍：是哦，那个地方最好玩了，罗子山啊，很好玩的，那里最凉快了。山顶上能看到辰溪、溆浦和怀化呢。

米三妹：罗子山是个好地方，山顶顶上很凉快的，还有云嘞！还有很好看的，那个莲花峰，四周小山团团围着，就像一朵莲花。听说这莲花峰由九十九座山组成，很难数清楚。听讲是七仙女下凡来，女娲娘娘教她们用阳光为金线、月光为银线，织成九十九朵莲花造的，盘坐中间的山叫观音山，就像观音坐在莲台上呢。

杨有珍：罗子山很热闹，好多人去，可以去烧香拜菩萨，也可以去听别人唱山歌，看热闹的。那个上面有马路的，我们去的时候，都看到马路上停起好多车子啦。

笔者：你们都是去拜佛的吗？

杨有珍：是的，我到罗子山去求雨的。那里，样样的菩萨都有。

笔者：样样菩萨都有啊，灵不灵呢？

杨有珍：还是很灵的，主要是要心诚。

笔者：你们什么时候去罗子山啊？

杨有珍：（农历）六月十八，这天最兴了。今年我们是（农历）六月十五去的，去年……去年是（农历）六月二十一去的。

笔者：哦，今年比去年去的时间提前了几天。

杨有珍：去的时间，那是我们自己定的啊，（农历）六月十八日人多了都挤不通的。有时候提前几天，有时候又推后几天呗。还要邀伴嘛。

杨守珍：那个地方本身就很热闹的，很多人去拜菩萨，到了日子就很多人的。

笔者：（农历）六月十九是什么日子啊？

杨有珍：观音菩萨是（农历）二月十九生的，但是他有三个生日的，（农历）二月十九、（农历）六月十九、（农历）九月十九，三个日子的。

笔者：今年去拜菩萨，都带了什么东西去拜啊？

杨有珍：带香纸去祭拜，带糖给菩萨吃，还要带蜡烛照亮。

笔者：还要带糖？

杨有珍：嗯，拿糖去祭菩萨。

笔者：带些什么糖啊？

杨有珍：什么糖都可以带的，我带了白糖，还有那种包起来的一小颗一小颗的糖，还带起棒棒糖。这些糖都是给菩萨的呀，菩萨吃斋，不吃荤，那就带糖去给他们啰。

笔者：村里和你们一起去的人多吗？

杨守珍：我们三个人几乎年年都要去，村里也有一些人去。

米三妹：山上人好多的，很多人都去的。

杨有珍：有小孩子，有青年人，有中年人，有老年人。也有很多外乡的，像我们从上蒲溪跑到罗子山，这样的外乡人也很多的。

笔者：去拜了几天啊？

杨有珍：拜了三天的菩萨的。住就住在庵院里面，他们那里有床的，也有被子。我们拜完了再坐车回来。

杨守珍：人多啊，有的就住在外面的，他们自己带起被褥，也可以住在庵院里面。

笔者：年轻人、老人都去拜菩萨吗？

杨有珍：嗯。拜菩萨啊，都是拜菩萨的。

笔者：都求些什么呢？

杨有珍：有人求财，有人求子啊……

杨守珍：求子啊，求官啊……

米三妹：想要儿子就去那里拜拜。

杨有珍：罗子山那里有个送子娘娘在那里，他们就去喊送子娘娘送子来，就去拜那个菩萨。

笔者：那你们呢？

杨有珍：我们就是求菩萨，保佑身体好，保佑自己、家里人，还有亲戚朋友。

笔者：你刚刚还提到过求雨吧。

杨有珍：嗯，他们带起雨伞、带起粮食，去庙里求啊，到下午天就暗下来了。

杨守珍：天就下雨了，很灵的。

杨有珍：我们还去抽签的。抽个签，土地庙也拜一下，再去庙里拜一下。不过就是很多要花钱的，庙外面有人走过来给你三根香的，那个要收钱，走进庙里也要给钱，也有人花钱去烧的。

杨守珍：也就是两块钱，香只要两块钱。

笔者：你们买了多少香啊？

杨有珍：那点香只买了一把的，小的那种，最低买是50根。买了香就去点起来拜拜，菩萨啊，土地公公啊，都拜一下。我还买起蜡烛啊，我就在一个菩萨面前摆起一根。

杨守珍：罗子山那个庙里面算卦的人、抽签的人、拜佛的人，都有的。

杨有珍：那些算命的、解签的很会讲话的，一个小姑娘去算命，那个人就和她讲，妹妹啊，你长大了以后会赚大钱的。我说他真是一句话把人说到天上去了。

杨守珍：哈哈哈。

米三妹：呵呵呵。

笔者：好会做生意啊。你们一年去几趟啊？

杨有珍：一年去一次，就是（农历）六月十八那几天。

笔者：其他时间去不去啊？

杨有珍：不去，就在自己这里。龙脑上那里也有一个庙的，是我们自己修的，下蒲溪、龙脑上、五宝田三个院子修的，也是在高坡坡上的，我们就去那里拜。（农历）二月十八、（农历）六月十八、（农历）九月十八，这三个日子前后都要去那个庙里的，我们就是（农历）六月十八去罗子山。

笔者：就这三个日子去庙里？

杨有珍：嗯，三个日子都是观音娘娘的日子。观音菩萨救苦救难，名气大得很。"她"有三姊妹的，观音菩萨是最小的，说"她"出生的时候天上还出现一道光的，后来三姊妹一起修炼，观音菩萨就是南海观世音，在南边的最边上，经常从天上下凡来的，是天上神仙的，就是她一个。"她"的姐姐我就不知道了。庙里的人都会讲的，观音娘娘经常下凡来帮助凡人的。[①]

如此，赶庙会拜菩萨已然成了五宝田村一些人的精神向往和生活的一部分。罗子山庙会有着深厚的民众基础，周边不同地域和不同年龄层次的人前去罗子山，祈求神灵护佑、降恩赐福、驱魔避邪，一方面带有明显的实用主义目的，满足他们求福、求寿、求子、求财、求学、求升迁等的心理需求，是

---

① 据访谈录音整理。访谈时间：2013年8月11日，访谈对象：杨有珍、杨守珍、米三妹。

1949 年之前，五宝田村的耕地、山地、林地和住房用地等土地是归私人所有的，那时对土地拥有使用权和所有权的村民可以自由地转让和买卖土地，而地契就是他们转让买卖之间的交易凭据，是土地权利关系的法律文书，是土地所有权的法律凭证，即有契有地，失契失地。

村民萧从顺家中除保存着转让买卖的地契文书外，还有析产契约、典当契约、借贷契约、收单等，这些资料主要记载萧从顺的先辈在旧社会时的繁盛情况，可以反映五宝田村民当时真实的社会生活。当萧从顺得知我们是来了解五宝田的历史和文化之后，他大方地从屋子里取出一只黑色的木盒，将地契文书从木盒里一张一张取出来，小心地摊开每一张地契，将它们弄平整，以便我们一一拍照。之后，他按原有的折痕将地契一一折叠，再悉心地放回木盒子里。

> 这些地契，我都特意把它们放在盒子里保存。有的时候，村里有人来参观，一般来都是看外面的。估计感兴趣的也不多。有些是很碰巧看到的，看过这些东西的人很少，没有你们仔细。我也不想翻出来，怕弄坏了。毕竟还是祖上留下来的东西嘛。[1]

图 6-1　萧从顺翻看木盒子里的地契

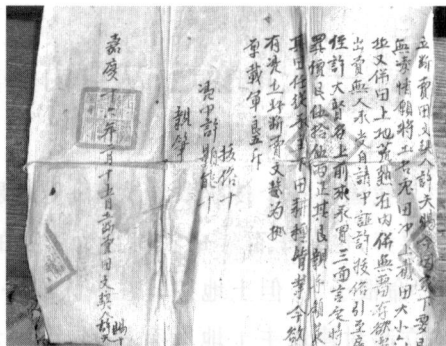

图 6-2　地契是过去田地买卖的交易凭证

木盒子里共存有买卖地契 43 张。这些地契均用毛笔和绵纸制作而成，除几张略有损坏外，绝大部分保存完好，很少有腐烂或者虫蛀的痕迹，但部分文书上的字迹因年代久远变得模糊难以辨识。这些契约上面朝代、年号、日期、中人、执笔人和画押人以及代表画押的"＋"一应俱全，是土地所有权

---

① 据访谈录音整理。访谈时间：2018 年 8 月 11 日，访谈对象：萧从顺。

流转的第一手资料。从撰写地契的时间来看，它们的年份从清代嘉庆十六年（1811年）开始至宣统二年（1910年），涵盖了清朝嘉庆、道光、咸丰、同治、光绪、宣统等年号。从形式上看，有8张红契，35张白契。在旧时，地契分为白契和红契两种。白契与红契相对，即民间自行缔结，买卖双方未经官府验证而订立的契据。立契后，经官府验证并纳税，由官府为其办理过户过税手续之后在白契上粘贴由官方排版统一印刷的契尾，钤盖县州府衙的官方大印，便成了官契，也叫作红契，意味着在税册上取消卖方的赋役的同时，将赋役转移至买方税册上登记，同时买方的权利也得到政府的保护。从买主来看，土地转让至萧世遥名下的有15张，萧昌亮名下12张，萧隆茗名下7张，萧洪钊名下3张，萧望龙、萧洪舜、萧鸿钧名下各1张，其余3张地契则归为萧氏以外的廖、米、杨氏名下。

从这些买卖地契的记载来看，在传统农耕社会里，土地作为人们重要的生产资料，非到万不得已的地步，农民是不会轻意将土地卖给他人的。买卖契约是出卖人一方将财产交给买受人一方所有，而买受人接受此项财产并支付价款的协议。当事人双方订立不动产买卖契约，一般要求卖方要做出绝卖保证，保证日后不得反悔，卖方不得回赎，亦称"断卖"。契约中的附署人主要是中人、保人，合称"中保"。中人、保人在契约成立过程中起到介绍引见、说合交易、议定价金的作用，一般由宗族尊长或乡绅等具有相当威信、资历或经验的人充当。这种买卖是"双方情愿，并非旁人逼勒"（即不管卖方是否出于不得已的原因处分自己的田地，在缔结田地买卖契约时，卖方的意思表示是都自愿、真实的，即卖方愿用自己的田地去换取等价的银两）。一般是卖主与家人商议，在亲族中寻求买主，如果亲族中没有人愿意买，再到外族或者其他寨子或者外地寻求买主。

以前这些地契呀，都是买卖双方自愿的。比如我们家里有田要卖给你，就要找一个凭中人，凭中人就是中间人。这中间人啊，除了威望高之外，还有一定的文化。过去那个时候，文化素质都比较低嘛，那么哪个人的文化高，就请他过来当凭中。请他过来，买也好，卖也好，让他写一个地契，都是要给钱的。这钱呢，有可能就是和现在市场上的买卖一样，要么是由双方承担，要么是买家承担或卖方承担。

这些地契都是凭中人写的。有些地契都盖有章子的，它是通过政府部门公证过的，叫红契。没有盖章的是白契。契约都是一式两份，买家一份，卖家一份。[①]

从萧从顺所藏地契撰写的内容来看，涉及田地、花地、茶山、店房等，出卖的原因多为弥补"急需"，是出卖人在生活面临穷境时才被迫做出的选择。也就是当家庭生产生活等出现经济困难时，由于乡村社会少见钱庄、银行等借贷机构，因而土地等往往成为人们出卖、典当的对象而获得货币，从而解决经济上的困难。买卖双方交易，需经凭中多方言定，当场立约为证方才完成。无论是哪个年代，它们的正文格式都较为一致："立断卖荒熟田文契人×××（卖家），今因要钱无凑，××商议情愿将×××（土地位置、大小、可收成数量），欲要出卖，自请中正×××（凭中见钱人）在中，引至×××（买主）名下，前来承买，三面言定，时置价钱×××正，其钱亲手领足无欠，其田在于承主耕管为业，出者不得另生异言。其有田上粮亩照册推收。今欲有凭/今口无凭，立此断卖文契为据/立此当字为据"。契约正文书写完成后，需要当事人（卖主）及其他参与者（凭中见钱人/引领人、代笔人）在契约上书面署押（签名和花押），并注明立地契的时间。参与人的姓名在契约文书中多由执笔人代写，然后由他们本人在姓名后花押（花押形式多为"十"字形符号，有少数为"○"，还有部分"忠"画上圈的文字花押），表示认可契约的内容。萧从顺所藏43张买卖地契，并非所有契约均有花押，很少一部分契约上没有任何画押的痕迹，仅有签名。在此，选录9例文契如下：

（一）

立断卖田文契人许天赐，今因家下要银无凑，情愿将土名兔田冲上截田大小六丘，又并田上地荒熟在内，并无留存，欲要出卖，无人承受。自请中证许拨俗，引至房侄许大贤名上，前来承买。三面言定，时值价银五十五两正，其钱即日亲手领足，其田任从承主下田耕种管业。今欲有凭，立此断卖文契为据。

原载军粮五斤

凭中许拨俗（押）

　　许颢能（押）

亲笔

嘉庆十六年二月十五日　　立断卖田文契人　许天赐（押）

---

① 据访谈录音整理。访谈时间：2018 年 8 月 10 日，访谈对象：萧从顺。

（二）

立卖田文契人杨大哲，今因要钱无凑，父子兄弟商议，亲自请凭中正杨兴照、大兴在内，情愿得将拨土名中大冲田一丘，上下至萧万春田，左至水漕，右至兴望田，四至之内，一并出卖于杨大琳名下。三面言定，时直价钱三十二千整，其钱亲手领足无欠，其田任从承主耕种管业，其有田上粮亩，照册推收当纳。恐后无凭，立此卖契为据。

兄弟亲笔

凭中杨大赋（押）、杨兴照（押）、杨大兴（押）、杨国春（押）

道光二十三年十二月十二日　杨大哲（押）　立

（三）

立断卖荒熟田文契人杨大禄，今因要钱无凑，母子商议，亲自请凭正杨兴南、兴垂在内，情愿将得分祖业土名下大冲三间田外一间坎下三丘，上至大江田，下至大红田，左至溪漕，右至山，四至之内，并出卖于亲始萧世遥名下。当日三面言定，时置价钱四十八千正，其钱亲手领足无欠，其田在于承者耕管为业。其有田上粮亩，照册推当。今人不古，立此为据。

凭中萧世衿（押）、杨兴南（押）、杨兴垂（押）、杨大江（押）

代笔杨大红（押）

道光贰拾六年三月十二日　杨大禄（押）

（四）

立断卖田文契人许科会、科全，母子商议，今因家下要钱无凑，情愿将回分祖业土名马兰冲义崔湾田大小三丘，计谷七石，欲要出卖。自请引领许科濯，引至亲识萧世遥名下，前来承卖。三面言定，时置价钱一十六千八百文正，其钱即日亲手领足无欠，其田在于承者耕种管业。恐后无凭，立此断卖文契为据。

凭中见钱　　萧隆英（押）、许科濯（押）

代笔　　　　许科兴（押）、许科名（押）

原载军粮八合

咸丰元年十月廿八日　许科会兄弟　立

（五）

立断卖荒熟田文契人许科攀，今将得分祖业土名蛇形垄田大小三丘、又并新果冲田大小三丘，自请引领中正黄宗攀引至亲识萧世遥名下为业。凭中议定，时置价钱四十七千文正，其钱即日领足，其田在于承者耕管，出主不得异言。今恐无凭，立此断买文契为据。

原载军粮三升二合。

凭中引领人　黄宗攀（押）、萧世祎（押）、许科攉（押）

皇上同治元年三月十八日　许科攀（押）亲立

（六）

立断卖荒熟田文契人萧隆名，今因要钱无凑，夫妻商议，情愿将祖业三界田一坵间坎下小田接连三丘，共计谷十五石，欲要出卖。自请中正萧世遴、杨国榜在中，引至亲识杨国宗名下，前来承买。三面言定，时置价钱八十四千文正，其钱亲手领足无欠，其田在于承主耕管为业，出者不得另生异言。其有田上粮亩，照册推收。今欲有凭，立此断卖文契为据。

契内钱数，领不另书。

凭中见钱人　萧世遴、杨国榜

四至未开，照依原契管业。

同治十一年四月初八日　萧隆名亲笔　立

（七）

立断卖田文契人廖米氏年开，今因为夫去逝要钱无凑，情愿将得置土名洞溪庙对门白马冲水田大小六丘，原载额粮五升六合，四要出卖。自请堂弟廖文典、文经在中，引至女婿米昭英名下，前来承买。三面言定，断价钱十四千文正，其钱即日亲手领足，其田任从承主耕种管业，出主不地另生异言。今人不古，立此断卖文契为据。

领不另书。

凭中见钱引领人廖文典（押）、廖文经（押）

代笔廖文纯（押）

光绪七年二月初二日　廖米氏年开（押）、男荣耀（押）立断

（八）

立断卖田文契人黄三哇，今因家下要钱使用无凑，情愿将得置土名丫义溪排上圳路田一丘，计谷五斗整，欲要出卖，无人承受。自请中正黄宗印、宗彬在中，引至萧昌亮名上，前来承卖。三面言定，时价钱一串

七百八十文整，有钱即日亲手领足无欠，其田任从承主耕种管业，出者不得另生异言。今恐无凭，立此断卖文契，永远为据。

新开无粮。

契明价足，领不另书。

其田上荒熟，一并无存。

凭中见钱人　黄宗印（押）、黄宗柏（押）、黄宗彬（押）

代笔人　黄宗贤（押）

光绪二十年九月初四日　　黄三哇（押）立断

（九）

立断卖店房文契人米英贤，今因家下要钱使用无凑，是以夫妻商议，情愿将面分青市脚新造店房壹重两间，欲要出卖。先问亲房，无人承受，自请引领陈邦良在中，引至萧昌亮名上，前来承卖。三面言定，时置断价钱式拾串八百文正，其钱即日亲手领足无欠，自卖之后，任从承主管业修造居坐。出主日后不得另生异言，亦不反悔，说长道短。今人不古，恐后无凭，立此断店房文契，子孙永远管业为外。

凭中见钱人米允清（押）、陈青哇（押）

米英贤亲笔

光绪叁拾四年十二月拾捌日　　米英贤亲笔立断

除了买卖地契外，萧从顺家还保存有光绪十三年（1887年）、咸丰四年（1855年）和民国二年（1913年）3份典当契。典当契即当田文契，也是一种典卖土地契的形式。只要未写明"绝卖"或约定不可以回赎者，均可回赎。相对于买卖契约，"当约"较为简单，行文简洁，双方关系直接明了，"当"的主要是田地。立契的过程相当慎重，一方先将自己有权出典田地的原因（多为家庭经济状况恶化，如"今因要钱无凑""今因家下要钱"等）讲明，并承诺保证受典人典业权利不受追夺，再在家族中间人的见证下签订契约。如光绪十三年（1887年）的当田文契，立契人是米昭英，因急需用钱的原因将田地当掉，在引领人凭中米昭良的引荐下当给了五宝田的萧昌亮，商定价格为两万文。而民国二年（1913年）的当田文契，立契人是陈树之，"今因要钱无凑"，将田地当给了五宝田的萧鸿钧，商定价格为五十串文，照录全文如下：

立当田文契字人陈树之，今因要钱无凑，情愿将回分土名岩门垄田一丘，计十二石，欲要出当，无人承受。自请引领陈三哇、文科在中，引至萧鸿钧名下，前来承当。三面言定，当价钱五十串文正，其钱即日亲

氏家族中的传承和变迁,对于研究五宝田萧氏家族的历史脉络具有很大的帮助作用。

当然,对于收藏的这些地契,村民们并没有意识到其价值所在。如萧从顺的儿子萧明友认为"这些东西放在家里面,没有过系统化的处理,五宝田又不像那些开发的景区,没有太多实际用处"。但同时,通过这些地契,又总是让他们对先辈以及村子的某些历史得以记忆。

访谈一

萧从顺:我小的时候,我们家已经穷了几代了。

萧明友:我爸是解放以后出生的,那时候土地已经全部国有化、集体化了。

萧从顺:我们家为什么会有这个东西,就跟你讲,我们家这个地方,我爷爷的时候,土改时分房子,他们就问他到哪里去,意思就是说他也要到当时的会计那里分房子,我爷爷说,我啊,我要到我自己屋。我们家里是这个地方最先富裕起来的,过去家里还有一个和耕读所一样漂亮的粮仓,上面都有栏杆,那些栏杆上面都雕有花的。

萧明友:老祖宗有钱了之后,就把这一片都买下来了,最开始房子是自己买的,后来变穷了嘛,听说是抽大烟,所以房子就卖掉了,卖给了别人。到我太爷爷那一辈,就是我爸爸的爷爷辈的时候,那时候解放了嘛,就重新分了房子,"打土豪,分田地"呗,当时负责土改的人就问我太爷爷,你想要哪里的房子?我太爷爷说,那我还是要我自己家的房子吧,自己老的基业吧。所以这个房子中间有很长一段时间不是我家的。

萧从顺:卖掉了嘛,后来土改的时候,我爷爷说我还是要自己的老屋。

笔者:当时是怎么分的房子?

萧明友:那会儿我们家是贫农成分,一般是越穷的越先分,贫农先分。地主嘛,据说后来还枪毙了不少地主。

萧从顺:听说枪毙了好多的,那时候"打土豪,分田地"嘛,总归是要打倒地主的。我们这里,整个辰溪县来讲,是地主最多的村子。枪毙地主也不是全家枪毙的,一家枪毙一个吧。那些地主家的小孩子都在的,他们的后人都过得很好。

笔者:就是说"土改"的时候,分房子就是按照贫富的这个阶层来分,先分给最底层的。

萧明友：嗯，先问贫农的意见。这个很多地方都差不多的。

萧从顺：到处都一样的。

笔者：以前的地主，有村民和他们熟吗？

萧明友：熟啊，都是自己村子里的人。

萧从顺：地主人家也是我们自己村子里的。[①]

访谈二

萧守造：那时候，我们村子里田地最多的有一万担谷的田地，大概就是今天的一千多亩。那些田都租出去的，每年收成有两千担。他家前面是花园，后面是池塘，家里养着马，喂着鱼的。还养着两头大水牛，这牛不用来耕田，也不用来吃肉，专门用来打架的，就是养起来斗牛的啦。

笔者：斗牛啊？

萧守造：就是把牛放在田里打架啊，两头牛相互顶头，一头牛拿大角戳着另一头。那时候的大户人家雇人来看马、放羊，请起奶妈、煮饭的厨师，扛着枪护院的保镖。记得在我小的时候，村里真正务农的只有两户人家。

笔者：为什么？

萧守造：为什么啊，这里过去也有不少穷人的，但是穷人也不种田的。那他们干嘛呢？过去我们这个院子都是有钱人家嘛，他们就在有钱人家里找事做，每天都有事可做，也有饭吃。过去有句古话"傍富者不穷"。你想想，我们这个院子里富人多了，就没有穷人了，他们原来是穷人的，在富人家稍微劳作一下，给你工资，给你饭吃。过去年轻人，扛枪的（做保镖）也有，他家里人啊，帮这个财富人家洗洗衣服啊。

笔者：就是穷人家给富人打一点工。

萧守造：对对。像这些有钱人家要请人来挖草；过节出去走亲戚，要有人挑东西。这就有事做了啊，好多事可以做。到解放的时候，要打到土豪劣绅，就是打倒地主，就把地主的这些田啊、地啊都没收了，归集

---

① 据访谈录音整理。访谈时间：2013 年 7 月 25 日，访谈对象：萧从顺、萧明友（萧从顺的儿子）。

体了,国有了,以前这些田地都是他们私有的嘛。①

1949 年以前,五宝田村的土地所有制度主要体现为封建地主土地私有制,地主和富农把土地租给无地和少地的农民耕种,收取高额地租。这种建立在封建土地所有制基础上的土地制度,直到土地改革完成才最终宣告结束。据《辰溪县志》(1994 年版)记载:"1950 年 11 月至 1953 年春,全县分三批进行土地改革,没收地主土地及征收富农多占耕地共 79416.2 亩,分给无地、少地的农民,人均分得 0.85 亩,多的达 1.5 亩。从此,封建土地所有制被废除,农民真正成为土地的主人。"②农民耕种自己分得的土地,收获的产品除向国家纳税外,均归己有。

在 1953 年末国家制定的过渡时期总路线时,规定乡村地方政府目标是实现农业合作化。这一乡村农业发展的未来理想目标在现实中表现为乡村农业生产制度的变革。其过程是互助组—初级社—高级社—人民公社。1954 年春,辰溪县内创建初级农业生产合作社,实行土地入股,成为半社会主义性质的农村合作经济组织。至 1956 年春,全县建成初级农业生产合作社 676 个,高级农业生产合作社 18 个。1956 年 8 月,高级农业生产合作社发展到 318 个,基本上实现土地集体所有制。1958 年 9 月,在高级农业生产合作社的基础上,全县建立 12 个人民公社。人民公社化后,农村实行以队为基础的集体经营体制,生产大合拢,分配一拉平,社员生活以生产队或自然村办公共食堂,社员按定量标准就餐。实行部分供给制。社员的自留地、家畜、果树等被收归人民公社所有。1961 年,公共食堂先后停办,实行"三级所有,队为基础"的体制,全县设 30 个人民公社、399 个生产大队、3068 个生产队,每个生产队多为 10 余户,以生产队为基本核算单位,组织社员生产。劳动管理一般由生产队长派工,统一出勤,按劳动底分记工。20 多年的人民公社管理体制,绝大部分农户没有解决温饱问题。1978 年,全县人均口粮220 公斤,分配收入 58 元,劳动日值 2 角 1 分,一些生产条件差的生产队还低于这个数。③

---

① 据访谈录音整理。访谈时间:2013 年 7 月 26 日、8 月 5 日,访谈对象:萧守造;翻译:萧明友。

② 参见辰溪县志编纂委员会编:《辰溪县志》,北京:生活·读书·新知三联书店,1994年,第 282 页。

③ 参见辰溪县志编纂委员会编:《辰溪县志》,北京:生活·读书·新知三联书店,1994年,第 282~285 页,第 67 页。

对于1949年到1978年的30年间，国家政权通过土地改革、合作化、大跃进、人民公社等一系列制度性变革和广泛的社会运动，来推动农村集体化、公社化，建构乡村行政共同体的社会生活，村民们的记忆犹新。

访谈一

萧守造，1935年出生。

我十五岁就开始学着耕田了，那时候看着人家怎么做，我们也怎么做，人家跟着牛走，我们也跟着牛走。以前我们的老人家都不耕田，都是地主子弟嘛。解放以后，我们就开始劳动了，跟着集体学耕田。那个简单的，种田没要什么技术，只要靠劳力。土改后，以前的土地契约，一律作废。1954年搞农业合作化，先是初级社，后来是高级社。到1958年就办食堂，大家都去吃食堂，当时五宝田有四个生产队，两个生产队共一个食堂。每天两顿，吃不饱。一个院子一天吃两升米半斤油。肉平时根本就看不到，到过年也很少有肉。一年到头杀一头猪，再全部分，每人分一斤肉。其他节，八月半，政府在罗子山发给每人五两糖，是用面粉做的那种饼干糖。那个时候，每个生产队都有记工分的。一个工分就是满劳动力十分哦。大跃进那几年一个工分值四毛钱，有的才值一毛多。当时发布票，一年有一丈二，可以做一套衣服。但吃不饱，就把布票卖出去买吃的，买点粑粑吃。布票卖出去又不值钱，主要是那当时家里不够吃，没有办法。食堂之后还是集体，收入按工分分配。1962年开始，生产大队对生产队实行"五定包干"（定收入、定收购、定上交、定交换、定积累）责任制，比以前又强一点点。[①]

访谈二

萧守文，1933年出生。

1949年冬天解放军来了，主要是剿匪，我们这里有个叫周麻子的是个大土匪，好高的人，解放军来的前一天晚上，周麻子要赶我们走，吃个晚饭，解放军来了，就跑掉了。那个时候地主武装和土匪是搅在一起的。那这边有一个叫萧洪左，就是十一麻子，他是国民党的保长，实实在在和土匪有联络的，他帮周麻子送了好多枪。他们是一伙的，把共产党讲的一无是处。

1950年就解放了，镇压反革命。那被镇压的五大户他们基本上就

---

① 据访谈录音整理。访谈时间：2018年8月8日，访谈对象：萧守造。

从大院子被赶出去了。他们在读书的也就不读了,农民翻身了。1951年农民分胜利果实,分田分地分房产。1952年、1953年成立互助组,一家一户自己种自己家里的田,劳力、耕牛、农具进行合作,自愿互利原则。1954年搞初级社,土地入股,耕牛、农具还是属于各家,有社长、会计和保管员。到1956年就转高级社了,土地全部都是集体的,耕牛、大农具也都作价入社,社员有点自留地。1958年就是人民公社了,办食堂,吃饭不要钱,自留地也没有了。1961年,实行"队为基础、三级所有"的公社体制,开始由生产队进行劳动管理,搞工分制。再后来,1966年"文化大革命"开始,这里有造反派"湘江风雷",全称是"毛泽东主义红卫兵湘江风雷挺进纵队",好像是这个时期湖南省最大的群众组织。和"贫联"搞武斗,那时候湘江风雷的人好多,占上风,湘江风雷胜了,村子里面好多东西都会毁坏了。那些砖雕呀、字呀,都是那时候毁掉的。[①]

访谈三

萧典文,1940年出生。

1955年转初级社,1956年、1957年就是高级社,1958年就转人民公社了。初级社和高级社有什么差别? 也没有多大的差别,之前是互助社,1953年、1954年就是互助组。互助社、互助组,初级社然后到高级社。那边山墙上的"高举毛泽东思想伟大红旗胜利前进"还是我写的。1958年以后吃食堂,搞了三年,1961年就没有食堂了。当时是全村老少都在一起吃饭。吃锅子饭。食堂里有专门搞饭的人。大概四百多人吃两个食堂吧。早晚两餐。一个食堂一餐半斤油。定标准的,小孩子有的一两米,有的二两米。那时候集体嘛,自己家里没有养猪,生产队养的猪叫统购猪,猪都要送到龙头庵那个食品站去,生产队没有猪杀,又没得钱买肉,大家就没有肉吃哦。[②]

访谈四

萧从顺,1959年出生。

我种田,是在集体环境开始学会的。那时候我们这边叫公社,一个村子算是一个生产大队,每天都是一起去田里做活。那时候我也就一二十岁,我从二十多岁的时候就开始跟着生产队做,当时我也不会做,

---

① 据访谈录音整理。访谈时间:2018年8月8日,访谈对象:萧守文。
② 据访谈录音整理。访谈时间:2018年8月8日,访谈对象:萧典文。

经常受到那个生产队的领导，就是生产队的队长，我经常受到他的批评。我年轻的时候一开始也不会种田的。小时候还不是生产队，是一个大家庭种田。①

访谈五

萧典军，1960 年出生。

我读完中学了就在家里务农了，给集体干活，种田啊什么都和集体一起，大家一起劳作的。到了七几年的时候在外地做外调工，跟着集体干活赚公分，先是调到火马冲镇，是辰溪县另外一个镇，属于下辰溪的。当时火马冲有一个全县的的工程，县里搞的工程么，全县人民都参加进去了，县里每个生产队都安排劳力过去干活。我们是 1977 年过去的，在那边修水库，修水电站。那时候修好的，现在都还在用呢。后来我又调去罗子山乡，到那边的工地上做事。那时候到外面做事，一去就要到过年才能回来的。②

1978 年冬，安徽省凤阳县小岗村农民率先实行"包产到户"，中国开始了又一次重要的土地制度变革，即将纯粹的土地集体所有制变成为土地集体所有、农民家庭承包的所有权和经营权相分离的土地制度。1979 年 1 月，辰溪县委、县政府决定允许生产队打破原来农业生产经营过于集中的体制，实行小段包工和划分作业组等生产责任制。1980 年秋冬之季，许多生产队都自发地实行"包干到户"的责任制。1981 年 6 月日，辰溪县委、县政府做出《关于建立、完善各种生产责任制的若干具体规定》。是年末，全县 3281 个生产队，7.6 万农户，全部实行分户经营。1984 年，人民公社改为乡（镇）人民政府，实行"政社分开"，原生产大队、生产队分别改为村民委员会和村民小组，人民公社经营体制从此消失。③

据五宝田村民回忆，村里的联产承包制是从 1981 年正式开始的。当时按人口、劳力比例计算到户，由户承包经营。承包户在耕地上经营的收入，除完成上交国家任务和规定上交集体提留，余下统归自己，即"大包干"形式。这种"集体所有、家庭承包、双层经营、合作服务"的新经济体制是一种

---

① 据访谈录音整理。访谈时间：2018 年 8 月 8 日，访谈对象：萧从顺。
② 据访谈录音整理。访谈时间：2013 年 8 月 17 日，访谈对象：萧典军。
③ 参见辰溪县志编纂委员会编：《辰溪县志（1978—2005）》，北京：线装书局，2012 年，第 351 页。

新的土地制度，它打破了单一的公社化服务模式，使农民享有土地使用权和经营权，大大促进了农业生产力的发展。1998年实行第二轮承包制，明确了在上一轮土地承包的基础上，规定以后30年不变。

访谈一

　　我自己开始种田的时候已经到了邓小平改革开放以后了，大概是1979年以后吧，我就自己种田了。那时候种的田也还不是自己的田，是生产队上分来的田。我还记得1983年邓小平讲的话："农村、城市都要允许一部分人先富裕起来……农业搞承包大户我赞成，现在放得还不够。"到现在了，我们这里的所有田都还属于村里，只不过每家每户承包过来种。以前要向上面交公粮的，现在不用了，还有粮食田亩补助的。国家2006年彻底取消了农业税，这是一件大好事。

　　现在，一亩田大概能生产千把斤粮食，就是四五百公斤左右。去年我家收了大概有三千斤左右。我们现在村子里面很多年轻人都出去了，很多田都不种了，我就把别人家里的田拿过来种，我自己家里的田是很少的，所以很多种的都是别人家的田。那些人现在都在外面，他们的田放在这里荒了也不好。[①]

访谈二

　　1981年正式包田到户，在"交够国家"和"留足集体"后，剩余农产品的收益都归自己。当时我们每人才四石的耕地，按每亩六石算，一亩都没有。田呢，有连片的，也有很多插花田。这些插花田有的是中方的，有的是五宝田的，也有丁家的。分田到户时就把田分成几类，再抽签。反正是抽签，抽的不好也是认命啰。这里的田基本上每户都有，这都是好田。好田都搭有差田。当时我家有八口人，分了六亩田。八几年的时候，门口的好田，一亩能产七八百斤谷。现在山上有些田都荒了。[②]

访谈三

　　实行"包干到户"那时，分山林也是抽签，当时也没有按面积分，抽签是什么就是什么。我家有六口人，分了二十四亩山地。算高啦，那现在别人都说存的是绿色银行。现在都开发了。那应该有补偿吧？没有什么补偿。那每亩是补多少钱？大概十二块钱吧。没有封山的时候，

---

①　据访谈录音整理。访谈时间：2013年7月25日，访谈对象：萧从顺、萧明友。
②　据访谈录音整理。访谈时间：2018年8月8日，访谈对象：萧典文。

自己的树木到林业局批，就可以自己砍去卖。以前砍树可以一直放排到仙人湾，现在通路了那就不用放排了。现在放排也放不下去，都拦坝了。[①]

2002 年制定的《中华人民共和国农村土地承包法》明确提出"国家实行农村土地承包经营制度"，2008 年《中共中央关于推进农村改革发展若干重大问题的决定》中又提出"允许农民以转包、出租、互换、转让、股份合作等形式流转土地承包经营权，发展多种形式的适度规模经营"。但随着务农收益与外出务工收益差距越来越大，越来越多的农村劳动力在比较收益刺激下选择进城务工，有的以"半耕半工"的方式像候鸟一般迁徙，有的干脆将土地撂荒。面对这种现象，2014 年，中央全面深化改革领导小组第五次会议审议并通过了《关于引导农村土地经营权有序流转发展农业适度规模经营的意见》。2016 年，中央办公厅、国务院办公厅的名义联合印发了《关于完善农村土地所有权承包权经营权分置办法的意见》，进一步明晰了所有权、承包权、经营权的权能，"三权分置"改革正式在全国范围内推广开来。

那么，五宝田村民对于村民进城务工而闲置下来的许多田地又是如何处理的呢？由于强烈的土地观念，他们对土地有一种深深的依恋，他们不舍不忍将土地抛荒，遵循一种实用性的逻辑，开始采用互助耕种的方式维系着对土地的坚守。外出流动者通常是将耕地非正式地借给较为亲近关系的人耕种，或借给较先提出借耕要求的农户。由于人均土地耕种面积较小，渴望多种一些的村民可以与他人协商，借耕他人不耕种的土地。出借者与借耕者的关系只是村落熟悉社会的人情关系，是不需要立契约的，也无需给钱，有的只要到秋收时给点稻谷费，以表达谢意。如村民张玉珍 2013 年就从外出打工的村民那里租了两亩地种，说"租来田就是给点谷子的，不用给钱的"。村民萧从顺也说："现在种别人家的田都不要租金的。"他家在中方县的田就让给别人种了。当然，由于双方的不确定性，出让方并不是把所有的土地定期地借给某一个借耕者，同时借耕者也不会耕种某个出让耕地农户的所有耕地。

从前面村民的回忆以及县志记载，我们基本可以看出五宝田村土地制度变迁的大致轮廓：在 1949 年以前，村民们拥有土地的使用权和所有权，他们能够自由出售土地，并在凭中人的公正下以地契文书作为凭据；1949 后至

---

① 据访谈录音整理。访谈时间：2018 年 8 月 8 日，访谈对象：萧守造。

改革开放前,实现了从封建地主土地所有制——农民土地所有制——农民所有、集体经营制度——集体所有、集体经营制度的转变,确立了社会主义土地集体所有制,土地的使用权和所有权都归为集体所有,村民们跟随集体一同劳作;1978年改革开放后至今,家庭联产承包责任制的推行,土地的所有权和经营权分离,村民们开始采用互助耕种的方式,这种互助是以血缘为基础的家族和以地缘为基础的邻里相结合的。留守在家的村民,多以极少成本,甚至免费租赁那些进城务工者土地的使用权,守望着他们祖辈留下的土地。

二、耕读变迁:从耕读所到原村小学

五宝田村不忘老祖宗"耕读兴家"的古训,他们曾经在村子里的两个地方办过小学教育,一个是在耕读所,另一个是原村小。过去,这两个地方作为学校交替出现,而如今,这样的村小湮没在时光里,五宝田村已经没有学校:耕读所已经成为一座空楼,而原村小则用来作为现在的村民委员会。在这里读过书的村民都保留着对五宝田耕读变迁的记忆。

村民萧守造曾多次谈起对耕读所办学时的记忆。萧守造出生在1935年,他幼年的读书时光便是在五宝田的耕读所里度过的。当时耕读所开设有初小。如果要继续读高小的话,就要去附近的铜鼎乡了。萧守造说:

> 小时候我在耕读所读书啊,学了八册书,一年两册。八个学期嘛,也就是上了四年书。那时候耕读所算作初小,八册是初小,再接着读就是高小,高小是读四册的。八册就相当于现在的四年级,那么五年级、六年级就是高小。我在耕读所上完初小,到铜鼎乡读的高小。过去我家里,我爸爸妈妈去世得早,我爸爸的样子我都忘了,我十三岁的时候妈妈也过世了。不过我读书的时候年纪还小,我从七岁开始上学,一年上两册书,读完初小才十一岁,读完高小才十三岁。

> 记得有个先生既在五宝田耕读所教初小,又教我们念高小,一个人要兼顾两边的学生。

> 那时候,一个班上大概有三四十个人吧,男生多一些,女生稍微少一点。过去女生能读书的都是家里比较好一点的,没有钱上不起高小的啊。所以过去读书的女孩子都是乡公所人家的女儿啊,有钱人家的

女儿啊。①

图6-3 耕读所是五宝田最早的学堂

图6-4 过去,耕读所的一楼用于劳作,
二楼则用来开办学堂

　　据萧守造老人介绍,村里的萧洪弼曾做过校长,他既要安排功课,也要上课(语文),村里还有一个叫萧洪烈的也在耕读所当过老师。但耕读所大多时候都是从外地聘请老师来耕读所教书,每个老师的工钱大概是一个学期二十担谷子,一般都由学生均摊。萧守造回忆道:

　　　　我读书的时候,耕读所的老师都是外地聘请来的。大概有三四个老师。过去啊,请老师,一个老师大概一个学期二十担谷。虽然我们自己院子里也有当老师的,但是大部分老师都是外面聘请过来的,都是洪江、吉首那边过来的,村子里去找老师和他们说,请他们来教我们念书,我们每半年给他们二十担谷子,也一天供他吃三餐饭,让他住在这里。请老师都是村子里的人去请的,村里在外面做事的人找到认识的读书人,就请他们到村子里教我们读书。以前他们请来两个女老师,都是城里人,刚刚来这边教了两天,就不愿意了。过去女孩子教书是一件大奇事,女老师也少得很,很多在城里面呆惯了也不习惯村子里,那么她们走了,我们只好换新的老师。

　　　　从外面请老师就是半年二十担谷。我们把这二十担谷子平均一

────────────────

① 据访谈录音整理。访谈时间:2013年7月26日,访谈对象:萧守造;翻译:萧明友。

下，每一个学生家里都出一点，合起来一起给老师。就是二十担谷子学生平摊嘛。具体每一个学生家里给多少呢，这个我就不记得了，都是家里给的，我们那时候都还小，都没有太注意。只是听说要拿谷子或者光洋给老师，二十担谷子就相当于二十块光洋嘞，过去我们这边都是一块大洋换一担谷子的。虽然那时候村子里的有钱人多，但是请先生来教书的花费还是要平均的。①

从外地聘请来的老师，他们均居住在耕读所中。尽管耕读所里设有厨房，却是为了方便给牲口煮东西的，外来的老师要么去住在院子里的老师家里搭伙，要么伙食由学生家庭提供，并且伙食相对于普通家庭的要好很多。

> 外地来的老师就住在耕读所的楼上。耕读所不是有一个楼梯的嘛，他们就住在楼梯的右手边。那个房间可以，过去啊，空气好嘛，视野宽阔，蛮好的了。

> 老师吃饭怎么办啊，他们有些在学生家里吃饭。有的老师的家就在院子里的，那么老师和老师之间也会搭伙的。读书那会儿，我家里也养过一个老师，家里一天专供他吃三餐饭，他不是到我们家里来吃饭的，我每天把饭带到学校，送饭给他。那时候不比现在啊，不过也算得上吃得很好了。他有饭吃，我们没有的。配菜就是腊肉、酸豆角、肉燥、牛肉、辣子，等等。老师吃的还是不错的。②

耕读所里的教育十分严格，这与萧家人重视教育教化，对读书和做人十分看重是分不开的。据萧守造老人介绍，村民家里堂屋中摆放有"戒凳"（长而宽的木质板凳），当家中孩子犯了错误后，会要求其跪在堂屋中央，请宗族中叔伯等男性长辈坐于两边，对其进行批评教育。如此，耕读所里也时常有严苛的管教行为。对于耕读所里的读书时光，萧守造老人还清晰地记得老师管教的情形：

> 读书的时候老师都怎么管我们的？打手心的，你要是不听话，他们就拿个木条打你的手心，调皮的话就打得重些。还会罚站，罚背书，刮鼻子，要你知羞耻嘛。③

当然，耕读所也无不快乐的美好记忆。耕读所外那个散发泥土芬芳的

---

① 据访谈录音整理。访谈时间：2013 年 7 月 26 日，访谈对象：萧守造；翻译：萧明友。
② 据访谈录音整理。访谈时间：2018 年 8 月 9 日，访谈对象：萧守造。
③ 据访谈录音整理。访谈时间：2018 年 8 月 9 日，访谈对象：萧守造。

操场，总是点燃着运动的热情，定格着五宝田村民最美的童年。萧守造回忆道：

> 我们那个时候呀，要上语文啊，数学啊，还有体育嘛。我现在还记得那时老师教给我们读的语文课《五三》："提起五三莫提五三，提起五三即痛残。敌人的枪弹炮弹，打穿济南城墙千万眼。人民被杀难记数，老弱妇孺不能免。我为外交官提抗议，连脚加手入牢干。"我还记得军歌《中国不会亡》："中国不会亡，中国不会亡，你看那民族英雄谢团长；中国不会亡，中国不会亡，你看那八百壮士孤军奋守东战场。"

> 体育课就在操场上啊，就是现在耕读所前面那块田哦。这里是以前耕读所的老操场，土的，上面没有铺水泥，不过没关系的，我们都在操场上玩游戏啊。还有打篮球，女同学也打篮球的，还有跳绳。①

而村民萧守文至今还清晰地记得昔日在耕读所里举行的升旗仪式，以及背诵孙中山先生遗嘱的情形。他因为读书勤奋刻苦，之后又得以进修，有机缘在耕读所当了老师。萧守文说：

> 我于 1933 年出生，读小学到十二岁就没有读了，我们这里叫五宝田国立小学。我在耕读所读了四年，五六级在龙头庵。记得那时候在纪念孙中山，学校每个星期一有升旗仪式，默念三分钟纪念孙中山先生，就要背孙中山遗嘱："余致力国民革命凡四十年，其目的在求中国之自由平等。积四十年之经验深知欲达到此目的，必须唤起民众及联合世界上以平等待我之民族，共同奋斗。现在革命尚未成功，凡我同志，务须依照余所著《建国方略》、《建国大纲》、《三民主义》及《第一次全国代表大会宣言》，继续努力，以求贯彻。最近主张开国民会议及废除不平等条约，尤须于最短期间促其实现。是所至嘱！"

> 我的记性很好，到现在我还会背 80 首诗。1973 年，我有机会到辰溪县进修半年，学会了拼音，又学了中学一二年级的数学，不然我怎么会又回来教书呢？进修时那个谌老师语文教的真好，我现在还记得他教我们背的《一壶水》②：

> "六月娇阳红似火，我们爬山又越坡，口干舌燥心里甜，一路行军一

---

① 据访谈录音整理。访谈时间：2018 年 8 月 9 日，访谈对象：萧守造。

② 《一壶水》是 1964 年石祥与刘薇合作所写的一首战士野营拉练叙事歌曲，既是一首好词，有谱可唱，同时又是一首好诗，离曲可读，有其自身独立存在的艺术价值。

路歌,一路行军一路歌。连长问大伙:同志们渴不渴?你一言,我一语,齐把那话儿说:要说渴,真是有点渴,嗓子冒烟脸冒火,我能喝它一条江啊,我能喝它一条河!说不渴,也不渴,这点困难算什么!祖国的江河在胸中,我的心里荡清波。连长把水壶递过来,一股暖流涌心窝……我传给你,你传给我……嗬!全连同志尽情地喝……哎?一壶水没喝完,你说这是为什么?小小水壶装着五湖四海,装着五湖四海,盛着官兵团结的心一颗!"[①]

耕读所大门横梁上镌刻着的"三余余三",道出了五宝田萧氏家族耕读立身的文化传统,也体现了萧氏家族"耕读兴家"的祖训。为了鼓励萧氏子孙博取知识与功名,但凡成绩优秀者,家庭又很困难的,家族都会给予一定的资助。

> 如果我们院子里哪一个人读书非常好,成绩很突出,每一个学期都考第一名,他考上了好学校,但是家里没有钱,那么我们村子里的人都会资助他,让他去读书。读书好,读出来以后未来会对国家有贡献,也是给我们萧氏宗族争光了。[②]

遥想当年,耕读所的雕花阁楼上,孩子们在摇头晃脑地背书,楼下大人们排队领取耕具。读书和耕田,正如这巧妙的文字,已经黏合在一起,不可分离。这种耕读相伴的图景,不仅仅是五宝田村七八十岁人的记忆,也是20世纪六七十年代出生的人的共同记忆。1960年出生的萧典军也在耕读所里面读过书,他至今清晰地记得耕读所里的老师,以及开展小学五年制教育情况。

> 我呢,我小的时候念书就在村子里面,在耕读所念的。耕读所是隔一年招一届学生。我读书的时候,不单是村里的,附近村子比如龙脑上的,也有人来读书的,大概有百把多学生,和我同一级的有十几个、二十几个人吧。我八岁开始在耕读所读小学,读到五年级小学毕业。那时候小学都是读五年的,到了八几年的时候才是六年制,我小孩读书的时候就要读到六年级了。我读书的时候,小学五年,初中两年,高中两年。以前小学在村子里读就可以的,初中高中要到上蒲溪乡里面读的,那时候上蒲溪也办过几年高中的。我只读过初中,高中就没有念了。我读

---

① 据访谈录音整理。访谈时间:2018年8月10日,访谈对象:萧守文。
② 据访谈录音整理。访谈时间:2018年8月9日,访谈对象:萧守造。

到初中了，父亲都老了，就开始帮家里做事了。

　　我在耕读所上学的时候，有三个老师，一个是萧守文老师，我们村子里的，一个是唐老师，还有一个沈老师。唐老师和沈老师是两口子。那个时候五个年级就三个老师。我们都是读复式班的，一个班上有两个年级，一二年级一个班，三年级、四年级组成另一个班。五年级的快要毕业的，是重点一些的，所以单独分出来叫作升学班。那个时候还是有排名的，我们耕读所每年都在乡里村小排第一的。

　　那时候，主要有语文、数学、唱歌、体育课略。那三个老师嘛，他们每个人每节课都要教的，比方说，教完三年级的数学，上五年级的语文，上完五年级的语文又去教三年级的数学。那个时候老师少，老师都没得闲的，他们就是没有轮流的，每节课都要上。五个年级三个班，这几个老师都没得休息的。[①]

20 世纪 80 年代以来，耕读所逐渐不再成为办学场所，村里的学校从耕读所迁移到了龙脉山脚下的一幢建筑物里，那里是现在的村委会居点，也被村民们称作"原村小"。原村小有两层，一楼的西侧为礼堂，东边为一年级的教室；二楼分为五个房间，东、西两头的房间属于教室，中间由西到东分别为教员室（即老师办公室）、外地教师宿舍以及储藏间（杂物间）。儿时在这里读书学习的萧明友还清楚地记得上学时候的学制变化。

图 6-5　原村小一楼的礼堂

图 6-6　原村小二楼的教员室

　　我们上学的时候，这个地方就三个班，一般是一年级、三年级和五

---

① 据访谈录音整理。访谈时间：2013 年 8 月 17 日，访谈对象：萧典军。

年级。因为村子比较小,所以隔一年招一个班,比如说,今年这批学生读幼儿园,等到他们读一年级的时候就不办幼儿园了,不是说跳级,是隔一年招一批学生。主要是因为我们这边人少,如果每一年招生的话,那么学生不够,老师很也麻烦。所以这里一共就三间教室三个年级。①

在过去很长的一段时间里,五宝田的学校设置发生了很大的变化。在村主任萧典军看来,这一系列的变化事出有因。

耕读所是到了一九八几年开始就没再办学校了。那时候,我们村子里有四个生产队,生产队收的谷子都放在耕读所里面。耕读所里面学生在楼上读书,下面放谷子,他们放谷子就会影响学生读书,学生呢在那里也不安全,所以就不再办学校了。将学校搬到现在的村委会,村子就开始在这里办小学,一直到2003年前后才停办。村子里出去打工的人多了,小孩子就都到外面去读书了,也就没有什么学生在这里读书了,再加上乡里面也没有老师到这里,肯来这里教书。我们村子在辰溪县属于最边边上的,离城里很远,自然也就没有老师愿意来。村里小孩子一般都是在怀化读书的多,家长在外面做工,自然把小孩子也带到那边去了。

虽然也有个别人外出打工想过要把小孩子送回来,但送回来没有学校啊,没有老师来,学校也办不起来的啊,很不方便的。现在上蒲溪乡里面的学校,一所学校都没有多少学生的。20世纪70年代的时候,初中一个年级有两个班的,一个年级就有一两百学生,那个时候上蒲溪中学有近四五百人呢。而现在乡里面的学校总共只有百把多学生。像我们村子里,只有妇女主任一家的小孩在上蒲溪乡里念书,村里其他人家的小孩要么在铜湾、龙头庵乡念书,要么就到县里、市里去读书了。②

从村主任萧典军的话语中,我们可以发现,五宝田的学校从原来的耕读所转变成原村小,再到村里没有了学校的设置,村民外出求学,这一系列的变化与生源、师资和村民外出务工的趋势都有着一定的联系。

---

① 据访谈录音整理。访谈时间:2013年7月27日,访谈对象:萧明友。
② 据访谈录音整理。访谈时间:2013年8月17日,访谈对象:萧典军。

三、行政变迁：从民间组织到村民委员会

五宝田村为典型的族群居住村落，多由带血缘关系的家族、亲戚等人群组成，仅仅用"熟悉"已不能概括他们之间的关系，整个村落笼罩着一种"爱得也深恨得也深"的气氛，他们宗族意识比较强，注重传统的宗法礼仪，遵循一定的宗法关系进行生产、生活，共同发展村落。据了解，在过去，五宝田村落事务的处理，多由村里面说话比较有威信、家族年高的长辈或辈分较高的宗人，依据萧氏族谱之族规、族训以维礼进德。下面将其族规（1993年谱）辑录如下：

一、族祠如有必要公益事业，须得研究。由族祠主管人近期通知族内各村房代表和年高有德，积极热心族内和社会公益事业者被邀与参加。

二、族有祖坟风水林，经众议，严禁垦复开荒，乱砍乱伐。如有明知故犯者，凭众议，决不宽恕。

三、同族同村因事故发生争执，应先经村房理事人，据情解决。如双方不服调解来楚，由当地政府公开理论，拒绝武断。

四、承嗣立法，由亲及疏择贤立。一经双方同意，即当凭族房叔侄立合同，以资证明，而杜争纷。虽亲而情况特殊者，妥当再议。

五、抚异性者，须商得其近亲之同意，然后报请村房叔侄集议公证，再由双方人民政府受理迁移落户手续，方许乘嗣以昭慎重。

六、敬重父母，以孝养为先，不许虐待父母。如有逆父养母，百般刁难，不供赡养。族房叔侄有权处理。如不服，报当地人民政府依法惩处。

七、族谱所有源流班派，应宜遵守，勿得含糊，切不许抄袭。如有抄袭源流班文谋取利润，一经察觉，从严重处。

八、族内凡有公益事业，所筹集金济，必须推选公正人员负责保管。除正当开支外，任何个人不得侵蚀挪用。

九、家置草谱，分别代世系名氏字，别生殁葬者地，女姓用名代替。某氏后裔之嗣者，以女代男，逐栏登记，以备下届修普之根据利用。村房集会如清明会期，谱会期，每年总登一次也。

查阅五宝田村之中华民国戊子(1948年)仲冬月《萧氏族谱》，萧氏曾将国民党的党员守则十二条(忠勇为爱国之本,孝顺为齐家之本,仁爱为接物之本,信义为立业之本,和平为处世之本,礼节为治事之本,服从为负责之本,勤俭为服务之本,整洁为强身之本,助人为快乐之本,学问为济世之本,有恒为成功之本)奉为族训。1993年的《萧氏族谱》则将"爱国家""睦宗族""亲乡邻""孝父母""亲兄弟""重勤俭""戒非为"作为族训。并且萧氏族人历来以文化传家(儒家礼仪文化)、忠孝传家、清廉传家、正直传家,十分注重家风传承,教导子女在读书、做事、做人方面要刻苦、认真、谦卑等,看重个人和家族的好声望。这些都形塑了五宝田村民强烈的村落意识。

一方面,村落民众具有良好的民间互助传统。以亲缘关系和地缘关系联系在一起的五宝田村民,通过日常生活中的相互帮助,不断重申和强调相互之间的联系,培养和强化着乡村生活中的共同体意识。如村民萧守造老人的祖母、母亲就都是村子里出了名的大善人,平时乐于接济村子里的穷人家,逢年过节还会邀请穷人去家里过年,始终保持一颗善心。在村里,出资建设道路和桥梁等公共事业被认为是美德,对于捐资者会刻功德碑。村中若有红白喜事,村民们都会无偿过来帮忙,相互间团结互助,相亲相爱。另一方面,村落中的每个人都以维护村落为己任,当个人和村落的利益受到侵害时,村民们会团结一致。据村民讲述,五宝田村以往曾与附近的黄氏一族争夺墓地,大家共同筹钱与黄氏打官司。

对于家族内由于矛盾而引起的冲突,多以调节为主。有时通过纠纷书来进行解决。这其中表现较为突出的就是兄弟之间因为利益而引发的冲突。对于此种冲突,在解决方式上尽量采取调和的形式,首先考虑的是保全族谊,注重化解兄弟之间因为纠纷而带来的负面影响,让兄弟们和好如初。如村民萧从顺保存有其祖辈萧昌钧(萧宗安的第七代之子)的兄弟之间因财产纠纷产生的文书,这份纠纷书的目的在于保障各方利益,以解决纠纷。文书内容如下：

> 立合同字人萧世李、隆遇、寿,昌和、芳、亮,昌其、禄、应,昌华、宗等,今因上季与昌光并昌隽兄弟,拨兑村前路地。昌光、隽兄弟找有田钱,以为日后修砌补葺之资,田尚存,众钱已照丁均分。昨有土名贵竹冲萧昌逵、週兄弟等,自五宝田去约百余年,村内屋场田山久无系分,突于六月内请中萧隆沅、灵耀来村,称言亦欲分钱文,否则必赴县控案。是以合众约议,各将从前得分钱文退出付众,以为讼事费用,少用则少

退，多用则多退，过用则再指。如有一人违议，任从众等追讨权罚，恐口无凭，公立合同三纸，每房叔侄各挑一纸为据。

执合同字人世李、隆名、昌芳、昌宇笔

光绪十七年八月初三日

隆恩　隆遇公　隆寿　隆菲

昌应　昌其　昌华　昌亮　昌禄

昌芳　昌和　昌宗

契约里提到的"兑"主要是指田地、银票的兑换。主要利用契约文书规定合同人应负的责任与应履行的义务，从而解决纠纷。

俗话说，"不以规矩，无以成方圆。国有国法，家有家规，村有村规"。有学者认为在传统中国乡村社会，并存着乡里组织、乡约组织、宗族组织以及大量以维持农业生产和日常生活为主要目的的会社组织，因此，这些组织所订立的规约应该都属于宽泛意义上的传统乡规民约的范畴，既包括建立在血缘关系基础上的宗规族约，也包括建立在地缘基础上的自然村落规约、乡约以及部分建立在维护乡村社会生产生活秩序目的基础上的会社规约。[①]董建辉先生则总结道："乡规民约是基层社会组织的社会成员共同制定出来供大家共同遵守的一种社会行为规范。"[②]五宝田村是一个建立在浓厚的家族血亲基础之上的传统社会，更强调宗族组织内部的和谐与整体繁荣，自然，宗族规约就成为其维护乡村秩序的主要规则。

考察五宝田村的宗族规约，其中包含了大量守孝悌、重修为、睦族亲邻等约束族内成员个人行为的规范，这些规范具有一定的权威性，一旦违反，将会受到共同体内其他成员的非正式惩罚。其约束力主要源自村民对规则的认可以及依靠社会舆论等情感、道德的力量。正如有学者认为"乡村社会本来就是个相熟的亲密社会，不需要签订文字契约，口头约定就可以了。至于生产、生活的事宜，一般都遵照一定的成规习俗，这些成规习俗都是世代相续、口头相传，也无须见诸文字、诉诸契约"。[③] 那么，在一定意义上来说，传统乡规民约注重德治，是一种内部规则之治，是国家治理的细化与补充，在一定程度上实现了乡村社会的自我管理与自我服务。

---

① 党晓虹：《中国传统乡规民约研究》，西北农林科技大学博士学位论文，2011 年。

② 董建辉：《"乡约"不等于"乡规民约"》，《厦门大学学报（哲社版）》2006 年第 2 期。

③ 王广：《好规矩　共遵守：乡规民约代代传》，北京：中华书局，2017 年，第 9 页。

从中华民族共和国成立以后的大概三十年左右的时间里,中央政府通过建立"生产队—生产大队—人民公社"的"三级所有,队为基础"的制度,使原有的基层乡村组织被彻底国家行政化,国家政权结构的触角一直延伸到乡村的每一个角落,逐渐地影响、改变和控制了民间的非正式权力,政治国家完全压制了社会自治的空间,带有乡村自治色彩的乡规民约在表面上似乎销声匿迹。但据村民萧守造介绍,及至20世纪90年代,虽然宗族组织的力量已经弱化,不再成为社会的基本组织单位,但依然介入了对违反族规之事的处理与公共事务的管理,以达成村落的"善治"。在与村民的交谈过程中,我们发现许多村民都很清楚地记得按传统规约处罚过的萧氏族内婚事件。他们向我们翔实地陈述了族内婚当事人情况以及为什么要对他们进行处罚的理由。他们将当事者家里的猪杀了,让当事人备烟备酒,请全村人吃了两顿饭,而当时的村民委员会并不干涉他们的行事。相关细节,前面第四章里已经有较为详细的记录,在此不赘述。而对于公共林木的保护,五宝田村也历来有着自己的规定与制度,禁止滥砍乱伐行为。特别是砍伐龙脉上的树木,更是要受到重罚。

> 村子里公用林就在龙脉山上,大概有七八十亩,是集体化时期大家一起种的。那个树是不准砍的。有那个村规民约的嘛,都有规定的。比如说龙脉山上的树是集体的啊,那我家的林地是在边上,我砍树砍过头了,砍到了龙脉山这块的,那就要罚款了。砍了多少龙脉山林地上的树,就要罚多少钱,是罚一千还是两千都是有规定的。[①]

可见民间力量曾在五宝田村社会的治理中发挥了不容忽视的作用。但作为一种非正式制度,它在一定程度上又影响和制约了国家法令等正式制度在乡村社会的实施和执行。改革开放以来,特别是在1982年新宪法公布与1983年《中共中央、国务院关于实行政社分开建立乡政府的通知》下达后,国家政权对乡村社会的正式控制从村收缩到乡镇一级,这在一定程度上减弱了国家权力对农村社区的控制力,农村社区出现了一定程度的组织真空。为了应对农村社会必须面对的社会治安、纠纷裁决、公共事业和公益事务等,1998年修订生效的《中华人民共和国村民委员会组织法》中首次出现了"村民自治章程"的字样,并将其与村规民约一起作为村民自治的载体。这也标志着村民自治由探索走向成熟。2010年十一届全国人大常委会第十

---

① 据访谈录音整理。访谈时间：2013年7月24日,访谈对象：萧典军。

七次会议在新修订的《中华人民共和国村民委员会组织法》第二章第十条中提出"村民委员会及其成员应当遵守宪法、法律、法规和国家的政策，遵守并组织实施村民自治章程、村规民约，执行村民会议、村民代表会议的决定、决议，办事公道，廉洁奉公，热心为村民服务，接受村民监督"。由此，五宝田村的宗族组织也主动适应和参与社会变迁，响应时代精神，在乡镇基层政府的引导下，以多种方式积极参与制定乡规民约，维护村庄共同体秩序，在环境保护、建筑保护、生态系统维护等方面积极发挥作用，助力乡村振兴的实施。

图6-7 村民们只允许在溪里钓鱼，药鱼、炸鱼、网鱼、毒鱼、电鱼等行为都被禁止

图6-8 禁渔小组成员和村委会委员一同商议处理违规药鱼的事件

2013年春季，五宝田成立了"禁渔小组"，它由村民萧典柏、萧从光、萧典儒组成，协助村委会进行管理。2013年7月12日，五宝田村委会与禁渔小组一同起草了一份禁渔管理规定，以此来规范村民在玉带溪中的网鱼、电鱼、毒鱼等行为。规定指出：

为了保护五宝田溪流水质安全和水域生态，根据《中华人民共和国渔业法》等法律法规，现对我村溪域进行禁渔管理，希望村民共同遵守。

第一条 严禁任何个人在规定区域内网鱼，发现一次罚款200元，没收网鱼工具。

第二条 严禁任何个人在规定区域内炸鱼，发现一次罚款500元。

第三条 严禁任何个人在规定区域内电鱼，发现一次罚款1000元，并没收电鱼工具。

第四条　严禁任何个人在规定区域内毒鱼,发现一次罚款2000元。

第五条　本通告即日生效。

若有村民违反了上述规定,禁渔小组将与村民委员会一同商议解决办法。2013 年 8 月 10 日,有两位村民私自在玉带溪中毒鱼。禁渔小组发现后,召集三位成员以及村支书萧湘武、村主任萧典军、村委妇女主任黄小兰,在禁渔小组队长萧典柏家中开会,商讨处理办法。事后,我们向村支书萧湘武了解处理决定。

笔者:昨天禁渔的那个事情,最后是怎么处理的啊?

萧湘武:罚款啊。

笔者:罚了多少钱啊?

萧湘武:每人一百五,两个人三百块。

笔者:还有一个人是哪里的啊?

萧湘武:也是我们村里的,萧典亮的儿子。

笔者:昨天收来那些钱,归谁管啊?

萧湘武:归他们三个人管,萧典柏、萧从光和萧典儒。

笔者:为什么是他们三个人管?

萧湘武:他们三个是禁渔小组的成员。

笔者:有组长吗?

萧湘武:他们有一个队长,两个副队长。萧典柏是队长,另外两个是副队长。

笔者:禁渔小组是什么时候成立的啊?

萧湘武:今年才成立的,禁渔小组就他们三个人。我们开了村委代表大会嘛,一致通过是他们三个人管理。①

禁渔小组的队长萧典柏则在访谈中讲述了这次事件管理的全过程,并说明了最终的惩罚措施以及罚款的用途。

笔者:前两天那个弄鱼事情,你们是怎么知道的啊。

萧典柏:那个事啊,那个是我们抓到的。他们两个人在下面弄鱼,被我们抓到了。最后罚了三百块钱嘛。

笔者:那些钱收起来做什么用呢?

---

① 据访谈录音整理。访谈时间:2013 年 8 月 11 日,访谈对象:萧湘武。

萧典柏:他们毒鱼,我们就要放鱼回去。

杨小丽:他们那个钱是要买小鱼的。

萧典柏:嗯,拿钱去买一些小鱼回来,喂起来。

笔者:在哪里喂啊?

萧典柏:就喂在溪里面。

杨小丽:买鱼苗回来,哪里都放一点。

萧典柏:上面放一点,这里中间放一点,下面也放一些。

笔者:两个人总共罚了三百块?

萧典柏:嗯,两个人罚了三百。因为他们两个还是年轻人,第一次犯,就让一下嘛。要是第二次再抓到,罚的是一千,有的也要两千。

笔者:看那个禁渔规定,电鱼和毒鱼,都是要罚上千块的。

杨小丽:炸鱼、电鱼、毒鱼都不行,还有撒渔网也不行。

笔者:禁渔小组是什么时候成立的啊?

萧典柏:那个啊,管的也有几年的,今年才开始叫我们管的。

笔者:多少个人管事啊?

萧典柏:三个人,我,从光、典儒。

笔者:那天处理那个事情的时候,书记他们也去的嘛。

萧典柏:嗯。

笔者:那天坐在这里是商量什么事情啊,就是药鱼的那个事?

萧典柏:那个啊,他们药鱼了,我们要罚款的。我们就讲,一个人罚三百,他们就讲,是小孩子,还在读书,松一点,又是自己村子里的人,罚一点就是了。那我们就说,那好了,就随便吧。罚还是要罚的,真的不罚又不行,这是个规矩的,你要毒鱼,他也要毒鱼,那就毒完了,溪里就没有鱼了,是吧。最后就定了罚三百,两个人三百嘛。

笔者:那个鱼苗买了吗?

萧典柏:还没有,下次叫湘武到黄溪口镇上去买,几十块钱一斤嘛,那种鱼苗,我们想买稍微大一点的。

杨小丽:黄溪口的鱼打汤好吃嘞。

笔者:那边的鱼放到我们这种溪水里面好不好养啊?

萧典柏:好养的。

笔者:一般都放些什么鱼啊?

萧典柏：放什么鱼啊，我在溪里面钓到过鲤鱼啊，鲫鱼啊，其他鱼也有的。[1]

可见作为非正式制度的传统乡规民约，其内容与国法保持大方向的一致，从某种程度上讲，它是国家法令在乡村社会的延伸，同时它在制定和执行过程中，又力图符合乡间的亲情伦理，起到了国家法无法发挥的某些作用，从而以较低的管理成本解决了乡村社会出现的种种矛盾，成为维护乡村社会秩序的主导力量。如此，从民间组织到村民委员会的行政变迁，意味着基层社会的治理需要充分调动民众的积极性，促使民众充分参与，使乡规民约成为建立和完善乡村治理体系的有机组成部分，在乡村治理体系中发挥应有的治理作用。

2018 年中央一号文件中提出构建乡村治理新体系，发挥自治章程、村规民约的积极作用，要根据乡村社会结构的新变化，实现治理能力和治理体系现代化的新要求。五宝田村积极响应号召，于当年 3 月 29 日公示了新的《五宝田村村规民约》。全文如下：

五宝田村村规民约

为了紧跟社会主义新农村的步伐，在遵守国家法律法规的前提下，为了使五宝田大家庭更为团结互助和睦融洽的相处氛围，加强各村民的管理，经征求叔侄弟兄意见，特制定以下村规民约。

一、全村村民要守法爱国，维护本村集体利益，如有违法乱纪的移交司法机关处理。如损坏集体公物和利益，按其经济损失的十倍赔偿，其款项归本村集体所有。

二、尊老爱幼、拥军优属、扶贫助难、文明理丧、喜事新办、待人礼貌、争创文明，对本村的丧事规定，年满 18 周岁（在校学生不计）至年满 60 周岁所有人服从安排。

三、年满 60 周岁以上不能安排或代替。本院有劳动能力者不分年龄大小、男女一切服从团上安排，帮忙不得有误。

四、不回来的按省内 200 元，省外 100 元处罚，在当天交到位。不到位者在 3 日内双倍罚款，不交做弃团处理。

五、弃团者红白喜事一律不允许团上人帮忙，包括人情来住，要听从村规民约领导小组指示，对帮忙者按弃团处理。

---

[1] 据访谈录音整理。访谈时间：2013 年 8 月 22 日，访谈对象：萧典柏；翻译：杨小丽。

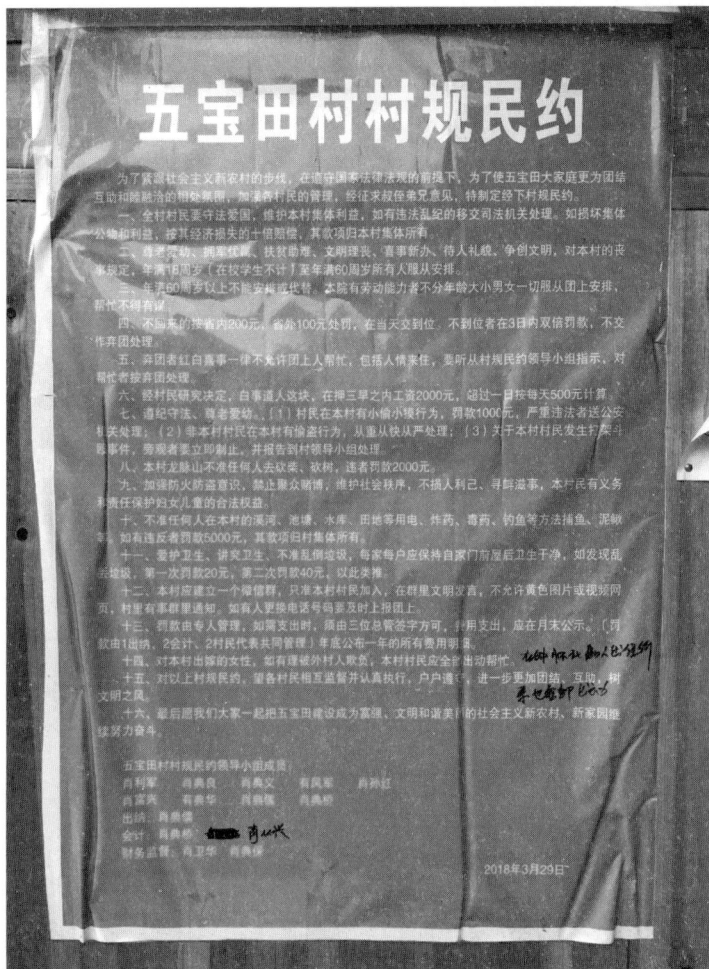

图 6-9　新的村规民约

　　六、经村民研究决定，白事道人这块，在押三早之内工资 2000 元，超过一日按每天 500 元计算。

　　七、遵纪守法，尊老爱幼。（1）村民在本村有小偷小摸行为，罚款 1000 元，严重违法者送公安机关处理；（2）非本村村民在本村有偷盗行为，从重从快从严处理；（3）关于本村村民发生打架斗殴事件，旁观者要立即制止，并报告到村领导小组处理。

　　八、本村龙脉山不准任何人去砍柴、砍树，违者罚款 2000 元。

　　九、加强防火防盗意识，禁止聚众赌博，维护社会秩序，不损人利己、寻衅滋事，本村民有义务和责任保护妇女儿童的合法权益。

十、不准任何人在本村的溪河、池塘、水库、田地等用电、炸药、毒药、钓鱼等方法捕鱼、泥鳅等。如有违反者罚款5000元，其款项归村集体所有。

十一、爱护卫生，讲究卫生，不准乱倒垃圾，每家每户应保持自家门前屋后卫生干净，如发现乱丢垃圾，第一次罚款20元，第二次罚款40元，以此类推。

十二、本村应建立一个微信群，只准本村村民加入，在群里文明发言，不允许黄色图片或视频网页，村里有事群里通知。如有人更换电话号码要及时上报团上。

十三、罚款由专人管理，如需支出时，须由三位总管签字方可，费用支出，应在月末公示。（罚款由出纳、会计、村民代表共同管理）年底公布一年的所有费用明细。

十四、对本村出嫁的女性，如有理被外村人欺负，本村村民应全部出动帮忙。

十五、对以上村规民约，望各村民相互监督并认真执行，户户遵守，进一步更加团结、互助，树文明之风。

十六、最后愿我们大家一起把五宝田建设成为富强、文明和谐美丽的社会主义新农村、新家园而继续努力奋斗。

五宝田村村规民约领导小组成员

萧利军　萧典良　萧典义　萧凤军　萧孙红

萧富兴　萧典华　萧典儒　萧典桥

出纳：萧典儒

会计：萧典桥　萧从兴

财务监督：萧卫华　萧典保

2018年3月29日

五宝田村村规民约作为乡村治理的一种重要的民间规范，涉及内容十分广泛，主要包括政治道德、环境保护、家庭美德、邻里关系、移风易俗、乡风文明、社会治安等。其目的是为了涵养新风正气、引导民风民俗、化解矛盾纠纷、调适人际关系、规正村民言行、维护社会秩序、培育乡村精神，让乡村治理更加有效。特别值得一提的是，红白理事会作为村民自发成立的社会组织之一，反映、维护村民的利益诉求，在农村社会中扮演着重要的角色。

一直以来,"红白事"已经成为民间重要的风俗习惯,婚丧嫁娶总是需要一些仪式感,或期待祝福,或寄托哀思。五宝田村聚族而居,宗族意识强烈,以前村中有红白喜事,大家都会过来帮忙,互帮互助已成为惯习。但随着时代的发展,大量人口外流,人力的匮乏,打破了原先的红白事互助的乡土规则,红白理事会这样的公益性组织便应运而生。

图 6-10　忙碌的村干部萧利军

我们乡下,每个村都有红白喜事会。这是村里自己成立的。红白事是最耗时耗力的。红白喜事理事会,就是老人(白事)、喜事都由我们来处理。现在外出打工越来越多,留守的都是老人。我们这里规定就是,家里老了人,外面的人都要回来。一切就由我们负责,其他人就不用管。具体要求,就是你回来要抬丧,也要来帮忙嘛,全部都要回来,我们号召一下。那要真是不回来呢,那就出钱嘛。出钱了,到时候这边再请人。该交一百的交一百,交两百的交两百。你不能来抬这个丧葬,那你就掏钱,这就是村规民约。那结婚的话,采取自愿。现在政府为什么支持乡规民约,支持成立红白理事会呢,这是可以减轻政府的负担的。比如,不能往溪里丢垃圾,不能下水网鱼、药鱼、电鱼,按照村规,你违反了,就要罚你,你如果有怨言的话,可以让派出所来处分你。红白理事会呢,其实减轻了不少的金钱负担,是全心全意为村民服务、为村民解决问题的,也可以促进现在提倡的移风易俗。[①]

同时,五宝田村委会为了更好地引导乡风文明建设,在村中张贴了许多宣传用语。如"人伦有五,忠孝为先""道义、守信、和睦、仁爱、诚实、孝悌""弘扬雷锋精神,倡导文明新风""重修身,爱国爱乡,热心公益,开拓创新,敬

---

① 据访谈录音整理。访谈时间:2018 年 8 月 12 日,访谈对象:萧利军。

业尽职""爱国、敬业、诚信、友善""文化修家，忠孝传家，清廉持家，正直授家""守法纪，国有国法，民有民约""严守法纪，坚持原则""尊老爱幼，人之美德""勤以持家，俭以养德"等等。在每一个平凡的日子里，乡村民众都在以自己最平常普通，也最实在地生活，追寻着、践行着、承载着和诠释着自古以来形成的道德、理念。

第七章
守望与发展：五宝田村的乡村振兴

日出而耕，日落而息。五宝田从遥远的农耕文明时代走来，粉墙黛瓦，马头翘脚，抚摸着青竹石的肌理，犹似一部会说话的史诗。炊烟袅袅，鸡犬相闻，焕发着不竭的生命力和烟火气，构织了一幅生动的农家生活图景。"读书耕田""晴耕雨读"，在山村田野中散发着特殊的书香。五宝田是幸运的，历经三百多年历史风云的洗礼，又将在乡村振兴的号角声中，浓墨重彩地书写乡愁，描绘文化，开启幸福新时代！

一、作为"中国历史文化名村"的五宝田

"中国历史文化名村"是五宝田村对外的一张名片。2010 年 7 月，五宝田村被湖南省人民政府授予"省级历史文化名村"的称号；同年，被国家住房和城乡建设部、国家文物局列为"中国历史文化名村"；2011 年 1 月，五宝田村的古建筑群被评为湖南省"省级文物保护单位"。2012 年，住建部、文化部、财政部实施"传统村落保护发展"工程，联合公布了第一批中国传统村落名录，五宝田村也荣膺其中。2017 年，五宝田又荣获"全国文明村"称号。

五宝田村蕴藏着丰富的历史信息和文化景观，存留了五宝田人大量独特的历史记忆，"中国历史文化名村"的招牌，自然就成为了五宝田村独特的资源优势。在五宝田村口的公示栏中，是这样介绍五宝田村的：

> 五宝田古村落在辰溪县上蒲溪瑶族乡五宝田村，地处雪峰山、武陵山的崇山峻岭中，东接溆浦，南连怀化。2010 年被评为全国历史文化名村。该村落始建于清代，距今有 300 多年历史。现有村户 118 户，446

图7-1　五宝田村口的三块石碑("中国历史文化名村"、"湖南省省级历史文化名村"和"湖南省省级文物保护单位")

人。古民居建筑面积 20000 多平方米。晚清时期,萧氏子孙牢记"耕读兴家"的祖训,通过置办田产、收租放贷等积累了大量财产而成为辰溪巨富。这些殷实大户从宝庆等地请来了能工巧匠,对村落进行整体规划,修建了具有防火、防盗和防匪的美妙绝伦的民居建筑。至今保存有耕读所、兰陵别墅和十多幢深宅大院。大院区坐东朝西,地势东高西低,分内外巷道,当时风俗不许外地人从院内过境,过境只能走沿溪大道。居室为人畜分开而建,人住正屋,禽畜圈养于偏室仓室,人走大街,牲畜行牛路坑。整个古村修建有两丈多高的风火墙和闸子门。

古村院内为木质四合院楼房架构,结构紧凑,鳞次栉比,地面用青石板铺地,院中建有古井。院落大门的门框材质极为讲究,均采用当地特产的玉竹石材料雕刻而成。门梁、照面、廊坊等石材精雕细刻成各种图案,有"双龙戏珠"、"双凤朝阳"、"凤穿牡丹"、"天官赐福"、"喜鹊话梅"、"野鹿含花"、"麒麟送子",以及"太极"、"八卦"等吉祥图案和扶正压邪之意。古村落的人们自古就非常懂得文明卫生习惯,整个村落自上而下错落有致,建有排放污水的下水道,做到"出户不湿鞋,进屋不带泥"的卫生习惯,这是古代其他村落所不能比拟的。

　　五宝田古村85％为瑶族。瑶族人自认为是"盘王(即盘瓠)"子孙,每年农历十月都要过"盘王节"。瑶族以犬为图腾,敬奉"高坡大王"。他们有自己的民族服饰和饮食习惯,喜食蝌蚪拌青菜、油炸蚂蚱、火烧油筒蛇等。

　　古村落依山傍水而建,所处地形为网形,后山是参天的龙脉古树,四周群山环抱。村前有一条九曲十八湾的小溪流,潺潺流水穿村而过,常年经久不息。环境优雅和谐,景色怡人,文化底蕴深厚,村民知书达理,热情大方好客。五宝田欢迎您来体验贵族式的田园耕读生活。

　　显然,中国历史文化名村的获得,主要是因为五宝田村是一种农耕文化养育出来的村落文化的典型,是中华民族生产生活的实践总结,是向世界宣讲中国传统村落故事,"代言"农耕文明,传播中华民族传统文化的"活着"的农耕博物馆。其环境宜人的村落格局,底蕴深厚的历史文化,特色鲜明的古代建筑,极具特色的民俗风情,突出展现了一种人与自然和谐相处的文化精髓和空间记忆,也彰显出其独特的智慧、气度和神韵。

　　首先,五宝田拥有气势恢宏的建筑文化。古村落依山傍水而建,建筑基本保持了完整的传统风貌,现存历史建筑与文物保护单位建筑面积达20000平方米。除耕读所外,其他均为村民住宅建筑。现存古建筑均为木质穿斗式结构,四周封有高高的马头墙,构成相对封闭的庭院,当地称为"窨子屋"。这种建筑高墙密封,仅开小窗,对于防风、防盗、防火具有特殊功能。这种建筑格式,用玉竹石砌筑基础,依山而居,有先进的地下排水系统,使建筑历经300多年不腐朽。所有的古建筑,就平面布局而言,可分为单进式、二进式和并列二进式,各建筑大都雕梁画栋,造型精巧,寓意深刻,讲究实用与审美相结合。其次,五宝田拥有底蕴深厚的"耕读文化"。现保存完好的"耕读所"是村民储粮和耕作之余拜读诗书礼仪的场所。耕读所"大门匾额上的萧氏祖训——"三餘餘三",体现了萧氏祖辈耕读兴家的理念和居安思危的忧患意识。在耕读所门楣两侧墙壁上题写有王安石的《书湖阴先生壁》的两句:"一水护田将绿绕,两山排闼送青来。"青山绿地、清澈溪水,潜移默化地陶冶着萧氏子孙的性情。再次,五宝田村是烈士萧洪量的家乡。1939年,五宝田萧氏第31代子孙、共产党员萧洪量发动五宝田大户筹措五十桶桐油价款保释了中共党员、老红军干部陈策出狱。1949年,萧洪量回到五宝田变卖家产充当粮饷,从而保存了革命的有生力量。辰溪解放后,萧洪量任湘西纵队供给部部长,为部队军需和征粮支援二野入川作战而呕心沥血。1950年4月在萧洪量 38 岁时，从沅陵军部开会回会同，途经黔阳沙湾兰冲村，遭遇土匪伏击，因寡不敌众而壮烈牺牲。村中的萧洪亮故居保存完好，已成为了红色文化教育基地。最后，在五宝田村村民中传唱着古朴神秘的辰河高腔。它丰富的剧目、古老的声腔、精彩的技艺，以及附着、蕴含其间多姿多彩的历史文化信息，已经成了传统文化的宝库和矿藏，有"神奇的东方艺术瑰宝""民间艺术奇葩"之美名。另外，五宝田因是瑶乡的一部分，瑶族的"奇风异俗"也浸润着这里。五宝田是一个汉族为主体，瑶汉杂居的村落，村中至今还保存着许多地域特色的民俗风情，比如毛狗、血鸭、腊肉、年糍粑、油泼辣、金樱酒、杨梅酒等饮食文化，信奉祖宗、土地、伏波等信仰民俗，打山棋、五子飞、舞龙灯等民间游艺，山歌、双唢呐等音乐艺术。这些与周边七星瑶族特有的"盘王节"、敬奉"高坡大王"等风俗相得益彰。亦是研究汉瑶民族间交往交流交融的理想目的地。

"中国历史文化名村"这张名片，为五宝田村争取到了许多的项目。从国家到地方政府，对五宝田都有一定的规划。

2010 年，在政府的主导下，《湖南省辰溪县五宝田历史文化古村落保护与发展规划》出台。规划遵循人文结合自然的整体性原则、地域特色保护的原真性原则保护发展互动的可持续原则、保护规划管理的分类别原则，实现保护和传承古村历史文化，保护好自然、历史文化资源，保护和恢复古村自然人文特色和历史文化环境，促进古村社会经济文化可持续发展的总体目标。古村总体保护框架由人工环境、自环境和人文环境三部分组成，保护范围划分为核心保护区、建设控制区和环境协调区。规划内容主要分为保护发展与整治两大部分，具体关涉建筑高度与风貌控制、土地利用、社会生活、道路交通、工程基础设施、绿化景观与生态环境保护、非物质文化保护、旅游发展、建筑保护与更新、主要巷道与重点地段整治等方面。

在 2013 年的田野调查期间，为了详细地了解政府对五宝田村的保护与发展工作的推进情况，丁苏安专门去了一趟乡政府，访谈了乡党委书记汤家葡、乡长梁锋、宋芳委员以及熊秘书。下面即是基于当时五宝田村保护与工作情况的描述。

从整体上来看，五宝田古村落保护与发展建设工作是在各级党委政府领导、上级主管部门指导下落实的。

2010 年，五宝田成功申报为国家第五批历史文化名村。但由于年久失修，加上自然灾害侵蚀，有些建筑已经破落不堪，为加强五宝田古民居文物的抢救和保护，保持原有的人文风貌，对古民居进行一次全面修缮，拟到2013年底各项工作考核指标均达到省级古民居保护建设要求。

一是成立专门机构进行负责。2012年成立了五宝田古民居保护机构，专门主抓古民居的保护修缮项目工作。从2012年起，将持续三年时间，各年都有具体的工作目标。(1)2012年，投资38万元，完成五宝田村外耕读所的修缮工作；投资50万元，对内所有道路铺彻玉竹石；投入维修资金40万元，维修25处古民居；投资10万元，完成五宝田人蓄安全饮水。(2)2013年，投资80万元，修善村外两座明清时期的风雨桥；投资45万元，对25处明清时期的玉竹石大门进行维修；投资60万元，拉通到中方县丁家乡的接边公路，鼓励村民积极参与独具少数民族特色的风俗活动；投入15万元，完成农村环境卫生综合治理工程。(3)2014年，争取资金80万元，全面扩宽进村公路，宽6.5米；继续完善各项基础设施建设，以优异的成绩迎接上级的验收检查。

二是拟定了具体的工作措施。为了保证五宝田古民居保护工作的顺利实施，首先，政府将此项工作纳入了年度工作目标考核之中，并制订了具体的创建工作实施方案以及具体的实施步骤、整体部署，分期推进。其次，建立了古民居保护工作目标责任制，根据规划的时间要求，分级分段进行具体落实，而且分工明确、责任到人、职责到位，保障各项工作的落实兑现。五宝田村支两委成立了五宝田古民居保护工作领导小组，负责规划的组织、实施进程中的监督管理，维护和确保规划的严肃性。再次，积极向上级党委、政府和各级主管部门汇报请示，争取上级的政策支持和资金扶助，使五宝田古民居保护与发展工作真正理论上付诸实践。最后，建立创建古民居保护工作奖惩机制，对在保护和开发过程中做出贡献的先进典型，给予奖励，对于在工作过程消极和拖后腿的行为，给予批评教育，严重者给予处罚处理，确保五宝田古民居保护规划有序推进，顺利实施。发挥桥梁与中介作用，牵线搭桥，整合社会资源，虚心向先进学习，动员和引导社会各界都来重视五宝田古民居保护工作，实现工作目标。

除了积极争取国家对于文物保护单位的资金投入外，在政府相关部门看来，五宝田村作为国家特色村寨保护与发展也有其可行性。就时代背景来看，国家政策对民族地区的发展做出了的大力支持。国家民委、省民委相继出台文件，将少数民族特色村寨建设项目作为武陵山片区区域发展与扶贫开发的一项重要工作来抓，作为彰显武陵山片区地方特色名片来实施。

这为辰溪县加快打造古村品牌旅游提供了千载难逢的机遇。就五宝田村而言，县委县政府对此也高度重视。五宝田历史文化名村的保护发展规划已经通过评审，批准实施。同时，五宝田村的文化旅游项目已纳入辰溪县"十二·五"旅游发展规划，为五宝田村少数民族特色村寨建设可提供政策保障。

那么，五宝田古村乡土气息浓郁，景观类型丰富，作为辰溪旅游产业发展的名片和旅游开发建设的重点，有着非常优越的资源优势和条件。因此，对其进行保护性开发也有必要性。

第一，适应当前新农村建设的需要。建设社会主义新农村是中国现代化进程中的重大历史任务。发展少数民族特色村寨建设项目有利于当地农村经济发展和农民家园建设，使当地农业生产水平得到较大提高，使村民生活得到明显改善，使农村基础设施建设得到有效加强，使农村各项社会事业得到全面发展，使农民得到实实在在的物质利益。旅游开发是构建和谐城乡，有力保障城乡人民共享经济社会发展成果的有效途径之一。

第二，利于加快辰溪旅游健康有序发展。五宝田村自然景观绚丽多彩，民俗风情浓郁独特，历史文化源远流长，文化底蕴深厚的特点，旅游市场吸引力大，旅游开发价值高，五宝田村旅游开发在现阶段乃至将来相当长一段时间内仍将是辰溪旅游产业发展的名片。加快五宝田村旅游开发，对于启动和加快辰溪旅游发展意义十分重大。

第三，适应五宝田村古建筑群文物保护的需要。五宝田村古建筑群是湖南省重点文物保护单位，文物保护工作的责任非常大，压力非常重。但由于五宝田村文物保护范围宽，古建保护对象数量多，涉及村民群众范围广，文物保护经费难以到位，村民意识难以灌输，文保责任难以划清，保护措施难以落实，管理工作难以开展。针对这样一种状况，应该切实采取积极有效的措施加以保护，而不能简单地以"为保护而保护"的消极措施来保护。

为此，五宝田村的特色村寨项目方案应运而生，明确了方案实施目的，并且对方案实施的效益进行了评估。

五宝田的特色村寨项目方案实施目的是在五宝田着力打造民俗风情旅游。重点在特色民居保护改造、特色产业培植、民族文化传承发展及民生改善等工程做文章，形成以游客参观、科研、展示、体验为一体核心游览区，以生态山林、溪流及田园为一体的自然生态旅游区，以玉带溪为"线"的旅游综合服务区。核心游览区以古村封子屋建筑群落为主体，合理组织游览线路，全面恢复古巷青石板路面，维修、维护、加固所有古建危房，建设游览线路出入口场景和沿河风光带；自然生态旅游区，主要利用玉带溪两岸河段进行开发。主要的旅游活动项目类型包括爬山、野营、狩猎并亲身体验古村田园风光和农耕文化，让游人感受自然，回归自然；旅游综合服务区，主要建设旅游购物、农家乐餐馆、户外休闲、游玩等设施，为游人提供适应不同旅游需求的配套服务。

五宝田的特色村寨项目方案实施的效益主要体现在：

一是有利于社会主义新农村建设，是缩小城乡差别的有效途径。既能促进五宝田村经济发展，提高农民生活水平，也能加快五宝村基础设施建设，改善村民群众的家园环境，还能加强基层民主政治建设，提高农民的思想素质和科学文化素质，形成良好的社会风尚，使各项社会事业得到全面健康发展，从而缩小城乡差别。

二是能促进区域古村旅游发展。五宝田村处于大湘西旅游圈张家界——桂林这一黄金旅游线路上，可串连周边沅陵官庄旅游特色名村、荆坪古村和通道民俗风情旅游区等旅游区（点）。从小范围来讲，发展五宝田村旅游有利于民俗风情旅游资源整合，形成湘西古村古城古镇精品旅游线；从大范围来讲，有利于湘西古村古城古镇文化旅游与张家界、桂林等地的山水旅游互补，从而形成真正意义上的张家界——桂林旅游经济走廊。

三是能使五宝田村古建筑群得到有效保护。五宝田古村是全国历史文化名村、省级重点文物保护单位，文物保护工作的责任大、压力重。古村保护范围宽，保护对象数量多，涉及群众范围广。这种"为保护而保护"，是文物部门的工作职责，但不是政府的目的。像五宝田古村这种有旅游开发价值的文物资源，科学合理的开发是有效保护的主要途径之一，也是经实践证明有利于文物保护的主要手段之一。

四是有利于优化五宝田村的产业结构。五宝田村旅游在本质上是一种乡村旅游。开发某些项目或活动时，在一定程度上还必须依托于农村、农业和农民的"三农"资源。在目前农村和农业资源有限的情况下，特色村寨建设可对其有限的资源可进行合理保护和配置，提高资源利用价值，从而提高旅游品质及内涵。同时，随着旅游的不断发展，其他的有关产业也必将得到迅速发展。

五是有利于五宝田村早日实现脱贫致富。旅游能给五宝田古村百姓带来许多实惠。由于农业资源的有限，五宝田村旅游尚未得到有效开发，全村共 400 余人，近年来大量劳动力都外出务工。旅游的引导功能和作用尚未得到完全发挥。待五宝田村旅游开发项目建成后，据初步测算，可直接提供给当地农民的就业机会 100 余个，间接就业机会 300 余个。

如此，五宝田村这个"中国历史文化名村"，在政府的主导下，立足于保护，以历史的、长远的、发展的眼光去审视，去考量，去研究，更多地保存文化历史记忆的载体，保护活态的文化样式，但在对精神家园守望的同时，又力求保护中的发展。即在相对完整保持村落原貌的前提下，盘活古村落丰富的文化旅游资源和文化遗产要素，融入现代旅游的参与体验功能，大力发展文化古村旅游及其相关产业，以此带领村民脱贫致富，展现古村活力，让古村能够有一个更好的未来。

二、作为家园的五宝田

五宝田是历史的，也是现实的。它美而不扬，让人流连忘返。它承载着乡音、乡情和乡愁，更凝聚着亲缘、血缘，是五宝田村民的精神家园与文化根脉，他们对五宝田有着深厚的"家园情结"。随着现代文明的不断融入和乡土生产生活传统方式的改变，五宝田古村落面临着自身发展和守望家园的两难境地。

古村落是一种文化资源，是人类长期适应自然、利用自然条件的历史见证，承载的是人们生产生活的点点滴滴历史。时任乡党委书记汤家葡尽管在上蒲溪乡才工作了一年多时间，就已经把瑶乡当成了自己的家。由于五宝田地处瑶乡，言及五宝田的发展，必然要对瑶乡予以观照。在访谈中，他首先对瑶乡的民族政策实施、基础建设、思想观念、人才引进、产业发展、文化建设等方面的情况进行了介绍。

> 上浦溪是一个瑶族乡，国家对少数民族的发展各方面都有优惠，比如说学生升学、经济发展，等等。一是学生升学有优惠。一个是高考加分，少数民族最高能加到二十分，居住在上蒲溪瑶族乡的汉族可以加六分；第二个是国家在经济方面、在基础设施建设方面，现在有一个扶持少数民族的政策，叫作"民族团结同步行"。我们这里是边远山区里的少数民族，有些政策啊，比方说我们这里修建公路，需要县财政局、交通局等管理部门政策下放，就会下放到民委、人大，再由上蒲溪瑶族乡的

人大代表提出建议，必须要坚持少数民族地区的经济发展和基础设施建设，要搞好瑶汉关系，实现民族同步行。

……

还有就是基础设施建设，一是电力设施，我们全乡都在进行农网改造，为了这个农网改造，我们乡政府也是花尽了心血；二是修建新的公路，从五宝田村修一条从中方县通出去的公路，往中方县走，从中方县的团山、丁家乡再到怀化。我们乡里这个交通便利了之后，很多东西才能发展起来，我们乡的经济水平，老百姓的经济生活才有可能越来越好。我们乡里人的观念，村里面老百姓的观念，乡里面人的包括乡干部的观念、上蒲溪乡学校老师的观念，都不如城里人，所以我们要先开出一条路，要和县城相连通，这样才跟得上外面发展的脚步。修一条路啊，解决了经济问题，也能解决思想的问题。思想的东西不是这么快就能解决的，所以县里面就安排原本在县里面，或在城郊工作的人到上蒲溪来工作。因为我们这边的乡长必须是本地少数民族地区的人嘛，像我们汪乡长就是这里的瑶族人，但是党委书记就不要求了，乡党委书记都是从县府机关或者是县城郊区工作的调配过来。现在的发展啊，经济发展和思想观念的发展就是两个短板。

我们这个地方呢，还有一个最大的问题，我们乡里面的学校、卫生院，这些地方的老师、医生，都留不住好的人才，比较优秀的人才都不愿意到偏远山区来工作，一是不方便，经济条件不好，像我们上蒲溪学校的老师，教得好的都出去了，外面的老师也不愿意进来。再就是卫生院的医师，技术好的，在这里工作了最多一年，也就陆续到外面去了。采取哪些措施？第一，靠上面的扶持提供，比如国家对少数民族的政策。现在上面招聘一些老师和医生，规定必须到边远山区去工作一段时间，一般是要工作三年以上。今年，老师还没有，但是我们乡里面来了两名干部，都是通过招考来我们上蒲溪乡工作。

在经济发展上，首先也是要靠国家的扶持，第二个就是我们自己的发展。我们给每个村分了指标了，由每个村的书记带头，发展一些小型的种植业和养殖业。比方种植菌孢种子。就是给一些产业提供一些资源，像我们乡里面有些地方种植油茶、甜茶，也是一样的。随着经济发展，来改变我们这里的生活条件，通过努力来缩小差距。

在文化建设上，我们是瑶乡，以十年为一个周期，用庆典的方式，宣传我们瑶乡的文化，让大家知道我们瑶乡的特色。1989年成立瑶族乡，2009年的时候搞过一起大庆了，下一次要到2019年。①

说到五宝田的发展，汤书记主要从五宝田历史文化名村的申报、对外宣传、基础建设以及古建修缮工作进行了简单介绍，还提出了五宝田村的保护、开发和利用的三者兼顾。

那对于五宝田的旅游开发，乡里面想法是这样的，首先要按照上面的政策办事，你也知道我们五宝田的历史文化名村，是我们上报到上面，县里又上报到国家，最后国家批示下来的。我们申报了之后，上面派了建设部门、文化部门的专家来我们五宝田考察。现在这个项目已经申请下来了，第一批计划就开始实施了，上面也按照项目拨款下来了。我们五宝田的项目上有水、电、消防等相关的基础设施建设，就是先借助国家的支持把五宝田的基础设施先搞好。

宣传方面，怎么说呢，一个是网上公开信息，发布旅游的公告；第二个，我们乡里面也会介绍人过去考察，比如上面有人到我们上蒲溪来，我们都会安排他们去五宝田走一走。其他地方就不去了，就带他们去五宝田。

再一个呢，五宝田的旅游基础设施也要搞好，你也发现了，五宝田现在没有建砖房子的，砖房子都是在路边建的。这个也是有规定的，五宝田的院子里面是不允许建砖房子的，村子里造新房子，也要是木头房子，屋顶和外墙都要和村子里的其他房子一样的。还有村子里面的一些硬件设施，那些老旧的房子要维修，像萧洪量故居，还有现在村民还在住的房子，那些有了年代的、已经破损的都是要修缮的。房屋的修缮是村民报乡上来，去年修了几次了。

五宝田的保护、发展和利用，要三者兼顾。他们村民也是有意见的，比如不给建新房子，我们要保护它的原貌啊，那村里的房子看上去就没有现代气息了。像萧湘武书记家左边上面有一家建了砖房子又立了栏杆的，我们下半年就要劝说他们撤掉。所以保护、利用、开发这些都是一体化的。②

五宝田的村民并不排斥发展，他们很乐意将自己的村子介绍给外来的

---

① 据访谈录音整理。2013年8月21日，访谈对象：汤家葡。
② 据访谈录音整理。2013年8月21日，访谈对象：汤家葡。

游客。并且村民们对旅游开发的态度超出了我们的想象,我们在与村民的交谈中体会到了他们的家园情结。他们渴望外边的人走进五宝田,认识他们的家园,欣赏他们家园的美丽。在谈及本村发展与年轻人就业时,时任五宝田村的 80 后书记萧湘武说出了他的看法:

图 7-2 村民生活垃圾的回收车

　　对于我们村里目前的状况,说句实话嘛,年轻人回来是没有什么事做的,没有事做就成了闲余劳动力了,闲余劳动力多了,那么对村子就有负面影响。所以现在这个状况嘛,还是不希望他们回来。那以后的话,我们村子里面有旅游了,旅游弄得发达了,那到时候就劝说一部分年轻人先回来,回来做一些配合发展旅游的事情。毕竟年轻人见世面、接受新鲜事物要容易一些。①

萧湘武的这一想法,与村子里其他村民的心声可谓不谋而合。

　　说句实话啊,村里能发展旅游肯定是件好事情,不管怎么样,起码有一点,搞好了么,地方农民的经济收入还是要提高一点。现在村子里面很多年轻人在外面打工嘛,像书记说的,留在村子里面没事做,所以才出去。如果村子里面搞好起来的话,年轻人肯定会回来的。发展起来了,就不用到别处去打工了,对不对,甚至是别的地方的人到你这里来打工了。②

　　如果村子里发展得好了,在外面打工的人自然愿意回来了,毕竟这里是自己的家。但是如果没有发展,我们年轻人就情愿呆在外面打工。③

① 据访谈录音整理。2013 年 8 月 3 日,访谈对象:萧湘武。
② 据访谈录音整理 2013 年 8 月 3 日,访谈对象:萧从顺。
③ 据访谈录音整理 2013 年 8 月 4 日,访谈对象:杨小丽。

图 7-3 五宝田村准备在村头修建
公共厕所（2013 年）

图 7-4 通往中方县方向的公路还没有建成（2013 年）

　　尽管五宝田村村民渴望能够通过旅游获得发展，但他们却希望这种发展是有序的，他们生活的家园是能够得到保护的。尤其是在生态环境方面，五宝田村的村民们具有强烈的生态环境保护观，秉持着一如既往的认真和珍惜爱护的态度，他们制定村规民约，保护生态，保护环境。如禁止砍伐龙脉上的树木，提醒与警告村民及路人坚决杜绝乱堆乱丢垃圾、燃放爆竹等，禁止在溪中毒鱼、电鱼、炸鱼等。因此，五宝田村落周边郁郁葱葱、溪水清澈、空气清新。为了给游客提供便利，五宝田村委申请在村口修建公共厕所，获得批准后，负责这一工程的包工头和监工来到村子里面准备开工。2013 年 8 月 14 日，在村口为修建公共厕所还举行了一个简单的开工仪式。丁苏安在田野日志中写道：

　　　　早上刚出门没多久，就听到村口在放鞭炮，我问身边的大伯发生了什么事，他说村头在修公厕。当我飞快地跑到村头，鞭炮声已经停了，有两三个生面孔的人拎着一只刚杀的公鸡向村主任家走去。正在这时，我遇到了萧守造爷爷，就问他，刚刚放鞭炮是怎么一回事。他告诉我，村头修公厕，开工之前搞了一个仪式，祭拜了鸡公，烧了香纸，点了香，预示着工程顺利，保工程平安。刚刚我看到了拎着公鸡的人就是这个工程的包工头，他把开工仪式中用的公鸡拿到村主任家宰杀好并现做成菜。我在村主任家见到了从黄溪口镇上来的廖老板和工程监工。公厕是村里人提出来要修的，上报到文化局审批，局里告知不能建造砖瓦房，房子的结构和外观必须和村内房屋一致。审批成功之后并没有

252

安排招标，而是村子里自己找人来负责建设。廖老板曾为村里修建过从中方县团山村通往怀化的公路，那条路从去年6月动工，由于发生工程事故，山体石落砸死了一个老人，这条公路在去年9月停工了，打算处理完工程事故之后再另选时间动工。于是村里做个顺水人情，把建造公厕的工程交给了廖老板。廖老板说，如果要招标的话，工程成本必须在50万以上，而五宝田建造公厕只需花费几万元。和监工聊了一下，他拿工程平面图纸和立体图纸给我看，图纸上显示公厕长6.7米，宽4米，共六个蹲位，男女厕所各3个，男女厕所中间用砖墙隔开。监工告诉我，最多半个月就能完工，这两天先是在挖地基，把坡面挖平，地基长7米，宽6米（包括屋檐的的2米），之后就由泥水匠和木工来完成。我问他材料从哪里来，他说沙石之类的在黄溪口就能买到，木板用的是旧房子的材料，他们在黄溪口拆了一座旧房子，将它的木材用于建造五宝田的公厕。至于用水的话，公路边上有自来水的管道，可以从那里引水到公厕。当我问他厕所化粪池怎么处理时，他给我的回答是"排到溪里"。这个答案让我觉得有点不妥，我当时就问他，溪水下游还住着很多村民，他们怎么办。监工说，他们初步的想法是这样的，但是现在村书记还不同意。回家后和萧大哥聊起这件事，他告诉我他明天还要找廖老板他们谈谈，化粪池里的东西真的排到了溪里那就麻烦了。

据了解，这项工程的工期并不长。但是开工仪式过后半个月以来，工程人员仅仅是将土坡推平。事实上，直到丁苏安离开五宝田之前，这项工程依然没有进展。原来，村里本来很同意在村口修建厕所，觉得这样外面有游客来也会觉得方便一些，但是最终在排污问题上和工程队没有谈拢，所以就先叫停了。村里人之前没有看过图纸，也不知道厕所建好以后污水排向哪里，现在工程队的设计要将污水排到玉带溪里，这让他们不能接受。因此五宝田村修建的工程因为排污问题而搁置了。细想起来也是情有可原，修建厕所能够给今后的旅游发展提供一些条件，但是村民也希望五宝田周围的青山绿水得到保护，这才是他们真正对家园情结的守望。2018年暑假，当我们再去五宝田时，村口的那座厕所已经修好，似乎还有点惹眼，但据村民说，那个厕所并没有什么人去使用，游客来五宝田都直接到了村子里面，加上自来水也没有搞好，使用起来并不方便。

五宝田人对家园的守望，还来自于对心灵的坚守。五宝田村这个典型的聚族而居的村落，以"耕读兴家"为祖训，历来讲究"孝、悌、忠、信、礼、义、廉、耻"等道德伦理,他们以好家风涵养民风,让好家风促乡风文明,增强大家的家园归属感。村支两委积极引导村民向善向上向好,提出"富口袋"的同时也要"富脑袋",加强邻里守望相助、敬老爱幼等优秀传统传承,大力开展"乡贤讲堂""孝心示范""好媳妇好婆婆"等一些村民们喜闻乐见、各具特色的活动,全村每年评选"五好文明家庭""孝心示范户""好婆婆""好媳妇"等优秀典范,在乡贤文化讲堂上广泛传扬好人事迹。通过表彰先进和典型带动,将"德"衍化为村民的自觉行动,五宝田村已形成文明、健康、向上的良好社会风气。因之,2017年获得了"全国文明村"。

但是对于五宝田村的村民而言,光有守望是不够的,没有发展,这种守望将无所依归。自20世纪80年代初农业体制改革以来,伴随着乡村劳动力的大量外流,较多的村庄已经演化成"空巢社会"。有学者认为在现代化和市场化的大趋势下,如今的乡村已焕然一新,彻底蜕变为"新乡土社会"。人情、礼俗、熟悉关系色彩已渐渐褪去,乡村社会已变迁为现代性的"个体化"社会。① 五宝田村也与其他古村一样,由于地理位置偏远,生产生活条件受限,青壮年劳动力大多向外流动。其中非农经营的高收入、高收益弹性以及现金收入方式,是越来越多的村民向外流动的主要动力。现在,村里有种田经验的年轻人比例越来越小,或举家流动,或老幼留守核心流动,留守在村里从事农业生产的大多是年长的老人。也许并非在外从事非农经营比在家从事农业劳动更轻松,但是年轻人外出流动似乎已成为一种惯性,留在村里倒是让人难以理解的。确实,村民的这种流动,对增加家庭收人、改善家庭生活条件、提高物质生活水平等确实发挥了非常积极的功能。但这种因流动而出现的"空巢社会",表面上是使留守老年人的日常生产和生活负担明显加重,使留守儿童无形中只能享受更少的亲情和来自父母的教育与关怀,实质上是动摇了村民对古村发展的信心,削弱了古村的内生发展动力。

那么,五宝田古村要延续和发展下去,必然要与新时代社会对接,要在发展经济的基础上,进一步发挥其文化资源禀赋和特色优势。通过对古村落的保护和活化,有效带动乡村旅游业的发展,也要按照同步全面小康要求,把幸福美丽乡村建设与扶贫攻坚结合起来。

2017年6月,按照省里部署,湖南省江苏总商会对口帮扶五宝田村。据村民介绍,对口扶贫的湖南省江苏商会会长魏善军带领企业家多次深入村

---

① 阎云翔:《中图社会的个体化》,上海:上海泽文出版社,2012年,第351页。

里走访调研，与乡党委、政府和村支两委商量，因地制宜制订了《扶贫工作实施方案》，在村部建设、道路建设、水渠改造、产业扶贫、教育扶贫等方面大力开展帮扶工作。

2018 年，我们在进村补充调查时，见到了五宝田村民委员会贴在村里的《2018 年五宝田村计划实施的扶贫建设项目公示》。

2018 年五宝田村计划实施的扶贫建设项目公示

序　号	项目名称	项目内容
1	多规合一	创建旅游、交通、水利、国土、农业等部门规划高度融合
2	游客服务中心 停车场	游客服务中心主体工程，停车场、公厕
3	文化舞台	1.舞台用地送址及"三通一平" 2.舞台规划设计 3.演出舞台、看台及附属设施
4	古村保护改造	1.文物古建修缮方案 2.文物古建保护规划编制 3.拆除违章建筑，恢复重建及配套设施建设 4.厕所改造
5	耕读所读书场馆布展	1.规划设计 2.设备购置 3.布展
6	玉带溪岸加固、 游步道和便桥建设	1.玉带溪约 2.5 公里堤岸加固改造提质 2.建设好游客服务中心至五宝田村后约 2 公里的沿溪游步道改造 3.建好玉带溪两座便桥
7	生态环境提质	1.玉带溪约 2.5 公里，蒲溪约 10 公里绿化 2.主公路至五宝田村约 9 公里公路绿化 3.主公路至五宝田村约 9 公里公路两侧山地提质改造及绿化

续表

序号	项目名称	项目内容
8	公路基础设施	1.乡主干道至五宝田村 9.5 公里人景公路改造 2.龙脑上至株末冲约 7 公里路改造及硬化 3.五宝田至团山村 4 公里接边公路硬化与统潭溪公路连接
9	观景平台	1.1500 米观景游步道　2.1~2 个观景平台 3.其他附属设施
10	旅游基础设施	漂流、垂钓等旅游产业
11	仿左路灯	建 187 盏仿左路灯(含原龙脑上 60 盏)
12	机耕道	1.修建原中浦溪 2 公里机耕道 2.下浦溪 2 公里机耕道
13	安全饮水	对小五宝田村安全饮水进行水源改造
14	安全饮水	建取水 3 处,水池 3 口,蓄水池 3 口,水管 0.6km,输水干支管 7km,水管用进产
15	旱子坪公路	公路通达沙石路长 1.8 公里,宽 4.5 米
16	村部公路	村部公路硬化 0.07 公里
17	人行便道	龙脑上 1000 米人行便道硬化
18	人行便桥	潮泥湾 28 米人行便桥
19	种养生	200 亩稻+鱼集中连片标准化基地
20	种养业	石蛙,竹筒酒基地、道路

五宝田村民委员会

2018 年 3 月 10 日

　　村民萧辉是一个 80 后,他说自己是一个敢于闯荡的年轻人,去过新疆、浙江等许多地方。他承接了村里的一些改造工程项目。在他看来,五宝田村以农业为基础的生计模式,在现代社会已经远远无法适应生活方式的城镇化,尽管近些年基础设施也得到一些改善,但依然交通不便,义务教育的实施并不理想,特别是外出务工所获得的经济收入是从事农业生产所无法达到的。五宝田虽然是"中国历史文化名村",生态宜居,但当下在村里谋

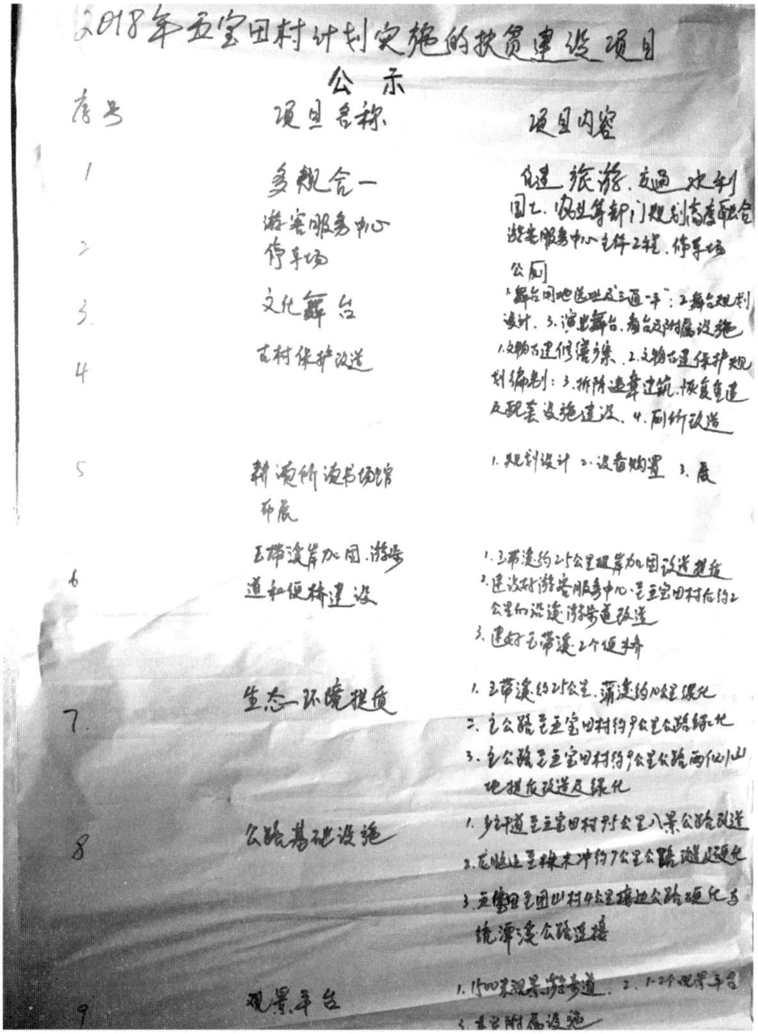

图 7-5 五宝田的建设项目公示

生,要过上好日子却并不现实。如果五宝田真建设好了,"家"总是要回的。

　　我接了村里的改造工程项目,青石板,上面铺的石板都是我做的。我就让三姑帮我管一下,帮我看一下。做这个工程没多少钱,去年我们的汪书记来到这里,这里路边有厕所、猪圈这些,他希望把他拆掉。当时项目是姚书记在管,要把路边的猪圈、羊圈、厕所拆掉,但村民不让拆,要钱要补偿。乡里哪里有财政来给呢?就给我打电话让我回来,毕竟是村里的人,我回来就把它们全部拆了。然后在上面铺的石板青砖,大概花了 40 多万。

我在自己家里面做事情,首先要为我们的村民负责,而不能为了赚钱让子孙后代背负骂名。今年还要建几个厕所,那个排污肯定是住建局、规划局看怎么弄,肯定是不能影响水质。村子里的化粪池是我前年修的,每个厕所旁边都修了一个化粪池用来过滤。现在溪里的水跟往年的比,没那么干净,主要是因为上面有个采石场,还有一个原因是以前家里面的人多,来小溪里游泳,那里面就不会长那些草,长青苔。现在这里年轻人基本上出去了,溪里面没有人游泳,时间长了就会长青苔,慢慢地就会变得浑浊了。而且为了灌溉田,这一片的水都是死水,没有放,放了就会清很多。

五宝田是我的家,外面来的人都说这里是世外桃源,但我们年轻人不出去,那在这里怎么生存呢? 这里田少,就是种田你也养不活啊,养个孩子要好多的开支。再说了,这里读书也不方便,交通也不方便,如果真的都按照上面的规划实现了,年轻人到外面赚钱回家搞投资,也是一件值得期待的事情。我当然希望我们五宝田能够发展起来,日子越过越好!①

图 7-6　村口新修的水井

图 7-7　乡风文明建设宣传

人伦有五
忠孝为先

---

①　据访谈录音整理。访谈时间:2018 年 8 月 11 日,访谈对象:萧辉。

在政府的引导下,近年来,五宝田村举办"美丽瑶乡行,走进五宝田"、稻花鱼节等活动,吸引了各地的游客来五宝田感受瑶乡的秀美风光和历史文化,这个静养深闺人未识的古村,越来越被世人所熟知。

这几年,村子主要的变化是来了维修基金,桥变了,原来是杉木桥,现在是风雨桥。古建筑搞了一些维修。开农家乐的有三家,吃饭住宿,总的接待能力有三十来人。客人一般都是礼拜六、礼拜天来。我们这里的住宿一般是按房间一

图7-8 整洁的巷道

晚80元,伙食按人一餐收三四十元,生意还是比较好的,就是接待不了那么多人。还有到这里来写生的学生。[①]

也许传统村落保护一旦与文化旅游产业结合,便会进入良性发展的轨道。对于五宝田的未来家园建设,村副主任萧利军充满了信心。他认为旅游发展是带动五宝田发展的有效途径,旅游可以让五宝田最大限度地存留古村落的历史记忆,又能发展壮大五宝田的乡村产业,让村民生活富裕,成为生态宜居的美丽家园,但同时也认为五宝田在旅游开发模式、乡村基础建设、旅游产品开发等方面,还有很长的路要走。

为了发展旅游,今年四五月份我们成立了五宝田旅游公司,还没有开会研究具体计划,现在要资金运转,要商量入股参与这个事。以村民入股的方式,怎么去弄现在还没有成熟的方案。比如以地基来入股,怎么入股,占多少股份,怎么分红,这些方案还没有具体落地。但是开始走程序了,把这一切慢慢做起来。

今年主要是搞一些基础设施,溪的整治、修坝、古建维护,这都等上

---

① 据访谈录音整理。访谈时间:2018年8月12日,访谈对象:萧利军(小名萧老三)。

面拨经费下来，主要是文化局项目资金。现在维修难度还是比较大的，村子的生态不能破坏它，有一些房子烂了，上面的瓦掉了，但是上面有政策，说一砖一瓦都受法律保护，所以还要等政府批文才行。

还有呢，想做与民生相关的两件事情。第一就是准备修公厕，修5个公厕，以前厕所这里有三四个，但没有设计好，污染环境，现在也拆了。上面的下来考察过了，规划图也都有了，但是具体实行还没有。第二就是解决自来水，现在村民们用的水都是从山上面接过来的，水源小，水不够用，冬天就干了。

为了把村子旅游搞起来，我自己每年都在投钱养景观鱼。年年亏，上次搞了几千块鱼，后面全部死了。五宝田的交通也是个问题，现在从这里到怀化起码三个小时，如果按照上面的规划实施，去怀化的公路打通，只要一个半小时。

我们目前成立了这个旅游公司，但旅游线路、旅游产品还有民宿怎么运作啊，我们不是专业的人士，可能要找个专业的。乡上觉得五宝田太单一，太小了，准备把上蒲溪的两个村搞进来，三村合一发展旅游业，弄瑶族风情，旅游线路多了，外地游客来了就可以住两三个晚上，也都是些设想。

我们这个村的定位主要是历史文化古村。还是有一些想法的，但实行起来就有困难。比如在溪边那山上面搞个小木屋，隔那么远搞一间，木屋外表就是普通的，里面就比较好，让城里人来住，看田园风光又享受几分安静，那不就是高端民宿吗？

产业方面，除了旅游还搞农副产品。那就是养稻花鱼，以稻花鱼节来带动人气。稻花鱼现在是政府收购，每斤18块（元），以后还是想把这个做长久。政府不参与，我们就自己做。还可以搞养殖业，生态养鸡、养鸭，全部都是纯天然的。人离不开吃，就先从吃的做起。去年我养天鹅，刚开始买了3只，后面就发展四五十只，都卖出去了，500块（元）钱一只，就他们旅游的带去了。经济效益好，它也不吃饲料，就吃草。我下半年十一月又要养了。

现在我们村有4块金字招牌，政府也很重视。关键还是要靠村里自己人，现在村里面的年轻人都出去打工了，文艺活动也很少，唱山歌、舞龙灯，这些活动都没有了。真的要搞旅游，这些也要挖掘。村里搞起来了，出去的人就想回来了，不管怎么讲，这毕竟是我们的根，我想日子是会越过越好的。[①]

图 7-9　玉带溪上新修的风雨桥

图 7-10　风雨桥上纳凉的村民

　　五宝田的村民对于近些年村子里的变化有目共睹，他们希望五宝田不再是村里人的乡村，以后也会变成城里人的乡村，希望村里有一个好的带头人带动村民共同致富。萧守造说起带头人萧利军，语气里满是骄傲。

　　老三不喜欢讲，我代替他讲一讲。他的爸爸和我是堂兄弟。这个小孩以前有点调皮，现在为五宝田集体的事情特别负责。例如他把那个水渠维修好了，现在每块田都可以引水灌溉，边山那边也是这个水。我们村子里的猪圈牲口仓也是被他拆掉的，河两边的路也修整了。所以搞了好多对全村有利的事情。

　　他后一步的打算，我替他讲了，搞个大的农家乐，让人气越来越旺，在家门口就能做生意，还把家乡的产业带起来。搞绿色消费、绿色生产。他的出发点是好的，人家来玩，想带点土特产回去，他就可以帮忙带出去。他有个亲戚搞小车出租，附近几个村里也有联系人，形成一个网络。就是今后不来五宝田，想要五宝田的土特产，也可以哦。

　　我们五宝田环境好了，按习总书记的话讲，"绿水青山就是金山银山"，搞农家乐，发展土特产，越来越多的城里人来五宝田了，我们的口袋也就会鼓起来了。[②]

---

①　据访谈录音整理。访谈时间：2018 年 8 月 12 日，访谈对象：萧利军（小名萧老三）。

②　据访谈录音整理。访谈时间：2018 年 8 月 12 日，访谈对象：萧守造。

图 7-11 耕读所外新修的池塘

图 7-12 环境整治后的玉带溪畔

  守望古村落,就是守住乡愁。如何让古村落活起来,让乡愁涵养时代新风,使其既绽放其迷人魅力而又不迷失方向,成为当下古村落保护与发展的应有之题。有学者指出:传统与现代融合、经济与文化统筹、自然与人文和谐之路,是保护古村落文化发展中一种有效可行、富于生机的模式,是创意营造和文化蕴养的最佳选择。① 五宝田在守望中也重塑着未来的世界。

---

  ① 范周:《保护传统村落 守望精神家园》,《经济日报》2014 年 11 月 13 日第 16 版。

结　语

　　学术界对于族群和族群认同的研究相当广泛,有学者强调族群的客观描述性,也有学者注重族群的主观认同。王明珂在《华夏边缘:历史记忆与族群认同》中认为族群的主观论与客观论二者之间是可以达到一种互动关系的。从主观论来看,族群不应被定义为一个本质化的实体,族群的界定应该建立在人们的主观认同之上。但是客观特征论用以描述族群特性的文化内涵并未失去意义,因为它恰恰是人们用来表现主观族群认同的工具。尤其在出现认同危机的人群中,人们迫切需要清晰表达自身的文化特征来确定族群认同。

　　族群认同的理论归结起来有两种,一种被称为原生论,另一种则是工具论。格尔兹他们倡导的根基论觉得一个人生长于某一群体,就会有一套既定的血缘、语言、宗教等等,当然这些文化因素是具有相同性的。工具论者则是将族群认同视为一个不断变迁的过程,其变迁的依据是由于政治与经济资源的竞争与分配,即功利性的目标导致族群边界的变化。王明珂基于特定环境中的资源竞争与分配关系来探讨族群认同。他认为族群认同是一群人设定族群边界以排除他人,或改变族群边界以容纳他人的基本背景。这种族群边界的设定与改变,依赖的是共同历史记忆的建立与改变。历史记忆的建立与改变,实际上是在资源竞争关系下,一族群与外在族群间,以及该族群内部各次群体间对于"历史"的争论与妥协的结果。这样的情景设定,正如格尔兹所说"正是因为具有这种由在限定情境中……几乎过于详尽的田野研究所产生的材料,那些使当代社会科学痛苦不堪的巨型概念——合法性、现代化、整合、冲突……意义等——才能得以具有可感觉的实在性,从而不仅有可能现实地和具体地对它们进行思考,而且更重要的是,能用它们来进行创造性和想象性思考。"①

那族群认同和祖源记忆又是什么关系呢？

每当我们问起村民他们是什么民族，萧氏村民都会告诉我们，他们虽然是瑶乡里的人，但是姓萧的本身是汉族，并且会告诉我们，他们这里的瑶族是七姓瑶，七姓瑶有固定的七个姓氏，萧氏并不包括在内。然而在时间与社会的变迁之中，不少萧氏族人的身份证和户口本的"民族"一栏却已然写着"瑶族"，对外则言自己是汉族，依然坚守着对汉人身份的认同。他们也知道村子里的瑶族缘何而来，有的跟着上一辈嫁入村子的婆婆或奶奶更改了自己的民族成分，有的自己娶了瑶族女子，让下一代改变了民族成分。他们对瑶族的民族成分并不排斥，无外乎愿意改变汉族身份的原由大多是出于政策上的优惠而得到的所谓实惠而已。成为瑶族以后，村民至少可以获得两项福利：一是升学能够获得加分；二是能够取得生育二胎的权利。尽管如此，他们内心深处对汉族身份念念不忘，他们借此寻找着自己的身份认同。

萧氏汉族在五宝田生活了将近四百余年，后人回忆起自己的祖先，需要取得一种身份的确定，那是他们的自我认同，这种认同也需要相应的社会定义。身处三县交界边缘地带的五宝田萧氏，强调着他们并非本土居民，他们牢记自己的祖先是从外省迁徙而来，并以此强化他们的非本土居民的身份。他们修缮族谱，追溯祖先，从迁至五宝田的聚滨公一直往上，将其族群身份追溯至正统化的中心，以此来确立他们的身份认同。

在萧氏族谱上，萧氏后人以"兰陵郡"作为郡望，并记载有《兰陵郡考》，在源流序中将其族源追溯到北齐的高辛氏，他们居住的房屋门框上写有"兰陵别墅""兰陵家馨""兰陵世家"等带有"兰陵"郡望的字样，他们口口相传"兰陵"是全中国萧氏的称号，而身为萧氏的后人，他们沿用了"兰陵"二字。尽管兰陵萧氏本不是身份显赫的一族，而仅是在与皇室的联姻中逐渐兴起，但诸如此类所谓"将门布衣"的身份满足了五宝田萧氏的文化诉求。于此，五宝田萧氏将其历史与兰陵萧氏联结起来，将自身族群与真实或者是想象中的中心身份关联在一起，表达了本族与过去正统的文化中心的千丝万缕的联系，从而确认和强化本族的中心认同的身份。这一身份认同的行为恰恰反映了五宝田萧氏的正统化诉求。在五宝田，祖先对于萧氏汉族是一种文化诉求的体现。祖先既赋予了后人生命，也是他们确立自我身份认同的

---

① 格尔兹：《文化的解释》，纳日碧力戈译，上海：上海人民出版社，1999年，第30页。

动力源泉。

"中国历史文化名村"是五宝田的一张名片，也是五宝田文化展演的表达。在五宝田有看得到的景致：青山葱郁，流水叮咚，山林繁茂，良田丰收，白墙黑瓦，雕梁画栋；有听得到的声音和故事，比如辰河高腔，比如烈士萧洪量的轶事。诸如此类，村民们会将其娓娓道来，他们会谈起老院子有很多年的历史，院区内的石板路错综复杂，过去外族人进村都会迷路，院子里的房子有很多是明清时期的建筑，周围的封火墙既能防盗也能防土匪，遍布院区的除了石板路还有排水管道。他们会领你到耕读所，将"三余余三"的典故说给你听，带你参观耕读所的楼上楼下，欣赏宝凤楼上细致的雕花，末了再告诉你，虽然村子里已经很少使用耕读所的房子，但是"耕读兴家"的祖训仍是代代相传。

五宝田萧氏久居深山之中，周边的沙弯冲山、龙脉山、米家岭山等山峦犹如一道天然屏障，将五宝田萧氏与周边的少数民族间隔开来，给萧氏汉族提供了一个相对独立的生存空间。近四百年来，一代又一代的萧氏汉族在点滴的生活中表达着他们对家园的文化守望。

五宝田村萧氏汉族的文化守望是他们实现自我认同的主要表达方式。五宝田是他们生活的家园，萧氏子孙在此守望着这一方土地。过去，人们可以自由支配自己的田产，可以转让，可以买卖。从清朝嘉庆年间到民国时期，不少萧氏族人从其他村民中收购了田产，这些田产成为发家致富的"第一桶金"，这些人也成为了当时的地主。地主人家不需要亲自种田，他们雇佣长工耕种，族内的其他人家也因此体会到了"傍富者无穷"的生活。中华人民共和国成立之后，五宝田的田产归为集体所有，集体管理和支配着村民们的生产生活，村民们随着集体，攒着"工分"，一日复一日地在田间劳作。如今，田地的使用权又回到了村民手中，几乎每家每户都有自己的田产。尽管村里也有村民外出务工，然而留下来的村民都离不开这一方土地。无论是村干部也好，有其他副业的也罢，耕种这件事都不会改变。为什么呢？用村民的话来说，农民嘛，要吃饭就要种田，留在村子里做其他事的根本不能糊口。他们按照节气规划农事，在禾苗成长时期为其打药除虫，碰上干旱的年份还要想办法疏通水渠以便灌溉，等等。村民们对这一方土地的守望就藏在这"一分耕耘一分收获"的劳作中。

田产富足了，萧氏祖上的地主人家开始修建仓屋，耕读所就是最好的例子。萧氏族人建造耕读所，将这座两层楼房的一楼用于农事。楼下建有粮仓以储备粮食，修建了猪圈、马圈、牛栏等，用于饲养家禽家畜。楼上则是学生们的学堂。也许初到五宝田村的游人不太能够理解这样的房屋用途设定，但只要理解"三余余三"的含义，就会明白萧氏族人代代相传的"耕读兴家"的祖训，是希望后人牢记劳作收获所得，读书不负光阴。

五宝田萧氏并不排斥发展，他们渴望家园的建设，也不失对村落的保护。相反，他们对本村的兴盛有着较为强烈的渴望。他们渴求通过强化身份认同，团结族人来取得发展，于是他们积极参加辰溪县和怀化市的萧氏族人所举办的萧氏宗亲会议；他们积极响应着政府有关"历史文化名村"的发展项目，配合着相关的基础设施建设；他们热情好客，每当有游人到来，他们都非常乐意地将本村的历史文化和风土人情展现在游人面前。

五宝田萧氏的"家园情结"也成为了他们文化守望的一部分。村子里能够见到的都是白墙黑瓦的房屋，尽管村民所居住的房屋并不是建于同一个时期，但是整个村子的建筑风格比较统一，木质的房屋以深色为主，人字形的屋顶上盖着黑瓦，一来是为了保证村落房屋整体布局的风格完整性；二来五宝田的建筑用地面积少，若要修建新房，势必要推倒老旧的房屋，如此，村中古建筑即将毁于一旦，因此"老院区内不得建房子"也成为了村民的共识。

对于生于斯长于斯的五宝田村民来说，机不可失的是家园的发展，时不再来的是对家园的保护。在这里，作为族群认同工具的文化具有延续性，萧氏族人世代维护并保存着本族的文化，族群认同在文化守望中得到实现，这不仅引领五宝田萧氏带着近四百年的文化走到今天，又将指引他们走向下一个百年。

附　录

- -

一、老人歌①

(一)《报恩灯》

自从盘古开天地，三皇五帝到如今。

盘古初分天和地，指东刘西千万里。

先有天来后有地，日月三光照光明。

男是乾来女是神，男女双双盘儿女。

养得孝男并孝女，父母心里多欢喜。

今日娘亲离家去，儿女吊孝来报恩。

水有源头木有根，人人都是父母生。

在生不得多孝顺，谁知今日两分离。

今日娘亲归西去，满堂儿女泪纷纷。

古时有个目莲僧，他往西天去取经。

万般经卷他不取，但请一部报恩经。

报恩经上许多字，字字行行写得清。

一写娘亲怀胎事，二写娘亲怀儿女。

三写盘儿多辛苦，四写儿女要孝顺。

———————————

① 老人歌，由萧崇和提供。

又有许多把孝行，世上又有忤逆人。

在生父母不孝敬，三年乳哺娘辛勤。

正月怀胎在娘身，无踪无影又无形。

犹如水上浮萍草，未知生根不生根。

二月怀胎在娘身，儿在娘身得知音。

堂上公婆不知道，枕边丈夫得知情。

五月怀胎在娘身，桃李花开正逢春。

桃花红来李花白，不知何日得分明。

四月怀胎在娘身，三餐茶饭两头推。

茶不思来饭不想，只想酸味口中吞。

五月怀胎在娘身，娘亲怀儿半年春。

只在五月分男女，七窍人口长成人。

堂屋扫地难转身，走路犹如爬岩行。

十月怀胎在娘身，娘亲怀儿受苦辛。

是儿是女早见面，免得为娘担伤心。

八月怀胎在娘身，娘在家中不远行。

茶思不敢多吃口，罗裙不敢紧缠身。

九月怀胎在娘身，娘亲怀儿战惊惊。

心中又想娘家在，又怕孩儿路上生。

十月怀胎在娘家，孩儿十月降生辰。

娘奔死来鬼奔生，扯娘肝肠挖娘心。

丈夫看了不忍心，跪在堂前许愿心。

一许长袖布一匹，二许南海观世音。

三许岳王观一本，四许香烛保太平。

神灵愿心一齐许，祈求孩儿早降生。

孩儿下地哭一声，为娘好比见阎君。

阎王殿上隔张纸，地狱牢前隔层门。

孩儿下地哭二声，堂上公婆不放心。

假如是个取命鬼，一命要取两个人。

孩儿下地哭三声，惊动左邻右舍人。

金盆打水来洗澡，经罗帐内去藏身。

左边湿几娘去睡，右边干几儿安身。

干席干被儿去睡,湿床湿被娘安身。

一日吃娘三口奶,三日吃娘九肚来。

娘奶不是长江水,不是深山树木浆。

儿吃娘奶往上长,娘喂儿奶面皮黄。

娘为儿女多辛苦,到老多疾头发晕。

一足五寸生下地,十磨九难长成人。

每日清早要洗澡,水冷水热娘手分。

不冷不热才放下,洗好儿澡抱娘身。

将儿衣服来穿起,穿好衣裙娘安宁。

娘喂儿奶好安身,手做枕头儿子睡。

一尺五寸生下殿,吃穿全身父母担。

将儿喂的睡眠眠,娘要起来弄茶饭。

行到厨房火烧燃,儿在床上哭连连。

为娘就抱身子转,我儿哭得一身汗。

我儿为何不肯睡,娘背儿子去做饭。

冬天背儿强一点,热天背儿汗不干。

心中又想摇几扇,又怕孩儿受冷寒。

孩儿只要喷涕打,又怕加衣又穿鞋。

父母担心担得远,又怕油麻豆子关。

又去庙街把命算,算命先生得好言。

你言孩儿八字全,又有文昌贵人现。

就是塘小鱼又大,重拜父母好养点。

娘要吃饭儿大便,丢掉饭碗把屎扞。

等到屎扫干净儿,饭也冷来菜也完。

儿拉屎尿娘不嫌,剩饭剩菜娘不怨。

只要我儿长足点,任何苦辛娘愿担。

如果孩儿把病染,父母愁得不吃饭。

父亲去把医生管,娘去求神又许愿。

把儿当把尚方剑,把儿当个金不换。

只要孩儿病好转,受苦受难娘心甘。

孩儿到了一岁满,未曾走路先学言。

一二三岁吃娘奶,四五六岁离娘身。

父母时常把心担，又怕水边和高坎。

水边又怕把儿喂，高坎又怕把儿跱。

走路要走路中间，不能走到坎坎边。

冬天莫到火边去，夏天莫到水边行。

孩儿到了六岁满，送入学堂把书阅。

我儿到了那学堂，父母心事更担远。

时常担心冷茶饭，衣鞋帽袜身不暖。

口讲老师心和善，父母实在心不安。

教儿读书要认真，老师训课要记清。

同学之间要和气，莫要打架和相争。

见到老师要敬礼，老师说你好学生。

看见长辈要尊敬，有大有小有规矩。

放学路上莫玩皮，庄稼地里莫乱行。

若是别人看见了，要骂老师和大人。

只望我儿书读好，望儿长大做能人。

我儿若是成能人，荣华富贵万年春。

过了一年又一春，不觉到了二十年。

若是儿女有功名，父母大人放宽心。

请书功名未成就，婚姻大事又来临。

早栽树来早成林，早生贵子跳龙门。

请媒查访贞洁女，要与我儿订终生。

娶得媳妇心欢喜，望儿夫妻报娘恩。

父母费了千般心，千幸万苦为儿女。

纯纯粹粹是娘恩，怎么一一说得清。

父母恩情似海深，千万莫忘父母恩。

孝顺儿媳多得很，不孝只有少数人。

听了枕头妻言语，忘了勤劳父母身。

贪恋家产分开起，父母去到九霄云。

父母如果得了病，静坐房中独一人。

不见媳妇茶和水，不见儿子请医生。

亲朋六眷来探问，还说老病是常情。

不孝还是少数人，他骂父母罪非轻。

他骂父母黑坏心，又分手板和手心。

逼得父母哀哀哭，两眼哭得泪淋淋。

别人养儿孝父母，我盘儿女空费心。

奉劝世上儿和女，孝顺父母为第一。

古时候详生三子，善恶报应有分明。

候大大娘遭雷劈，他妻不孝火烧身。

候二骂父毒蛇咬，他妻不孝虎狼吞。

候三夫妻都行孝，得中状元收皇恩。

孟忠行孝哭冬笋，玉详为母卧寒冰。

董永卖身葬父亲，仙女配婚槐荫公。

艾儿本身行孝子，龙林相会见娘亲。

崔文瑞是行孝人，四姐下凡配他身。

五娘剪发衣街贵，万古流传到如今。

世上只有行孝好，不孝父母罪不清。

父母不亲何人亲，不孝父母孝何人。

你孝父母有四两，后代儿孙还半斤。

父母不亲何人亲，不孝父母孝何人。

一尺五寸生下地，十君就难盘成人。

父母不亲何人亲，不孝父母孝何人。

你孝父母子孝你，代代流传到如今。

奉劝世上儿和女，多多孝顺父母亲。

父母恩情似海深，千万莫忘父母恩。

年老父母多孝顺，说话莫要起高声。

父母恰似风前烛，微风吹动即无形。

千两黄金万两银，有钱难哭父母亲。

在生父母多孝敬，父母一去永不归。

若依古人把孝行，荣华富贵万世春。

(二)《拾重恩》(挂金锁)

第一重恩：养育生身母。十月怀胎，昼夜多辛苦。

　　　　　痛似尖刀，剑锯娘肠断。临产之人，生命全不。

第二重恩：苦痛无奈何。卧在高堂，便行猪牛债。

母子深恩，胜似东海水。不孝娘亲，遗下来世债。

第三重恩：就湿唯干挂。玷污衣裳，每日都洗过。

不嫌利积，寒水手内搓。十指酸麻，两手都裂破。

第四重恩：乳哺无时等。每日嚼食，儿三五遍喂。

受苦千万，娘亲无怨言。为子孝顺，深深孝跟前。

第五重恩：为子肝肠断。面上生斑，容颜都改变。

乳哺三年，每日三五遍。瘦减娘亲，憔悴干紫片。

第六重恩：母子心上善。学言学语，教儿记心间。

见儿伶俐，惹得娘心欢。唯杀娘亲，恰似风魔地。

第七重恩：早起直到晚。慌得娘亲，门外连连转。

冷时加长，饥时把饭嗔。自在逍遥，长大无人管。

第八重恩：长大离了母。子出门庭，娘忧千里路。恋酒贪花，

万般不离身，迷在秦楼里。

第九重恩：老月手又衰，腰背低低。眼花耳又聋，家无余财。

不曾修齐会，为儿为女，惹下无边罪。

第十重恩：大限地地满，不想阎王。发牒来召唤，取到阴间。

受苦千千万，儿女虽多，哪个来斟换。

（三）《十岁孩儿》（挂金锁）

一岁孩儿，抱在娘怀内。将奶供儿，吃得昏昏睡。

叫娘家中，丢下生和计。休忘落前，报答娘恩义。

二岁孩儿，渐渐立得地。娘见儿立，心内多欢喜。

食指不甘，吐于孩儿委。愿儿成人，报答娘恩义。

三岁孩儿，拳步学立行。娘见儿行，心里多欢喜。

摇手招见，走在娘怀内。愿儿成人，报答娘恩义。

四岁孩儿，行在门外前。看见三宝，合手亲顶礼。

愿儿成人，小事娘招举。龙华会上，报答娘恩义。

五岁孩儿，才知天和地。送在学堂，开蒙读书去。

百字千文，字字牢记心。愿儿成人，报答娘恩义。

六岁孩儿，送在学堂内。习读诗文，学些文帝义。

娘亲茶汤，送与孩儿嗔。愿儿成人，报答娘恩义。

七岁孩儿，五更清早起。不叫爹娘，便去学堂内。

娘在家中,心上悬得很。愿儿成人,报答娘恩义。

八岁孩儿,才长渐成器。父母心恩,父老说不尽。

二十四孝,孩儿记心里。愿儿成人,报答娘恩义。

九岁孩儿,才得知礼仪。各具礼儿,都得孝心起。

王强卧床,感动天和地。孟忠哭行,报答娘恩义。

十岁孩儿,旨有冲天志。不孝之人,徒劳一百岁。

孝顺之人,还生孝顺之子。奉劝世人,报答娘恩义。

（四）《解怨灯》（节选）

奉呀劝哎世人急早那个修,莫待水落哎下山丘。

水落山丘难得转,人到中呀年万事休。

奉呀劝哎世人急早那个修,莫待男大哎女梳头。

男大不能替爹死,女大不呀能替母亡。

儿呀女哎本是前世那个账,夫妻恩爱哎两相当。

儿女只有儿女分,莫把儿女呀当爹娘。

二、儿　歌

（一）打铁歌（一）

张打铁,李打铁,打把剪刀送姐姐。

姐姐留我歇,我不歇,我要回去学打铁。

打铁难扯炉,我要回去学开屠。

开屠难捉猪,我要回去学读书。

读书难起腔,我要回去学篾匠。

篾匠难破篾,我要回去学种田。

种田难养牛,我要回去学榨油。

榨油难开榨,我要回去学砌坎。

砌坎难担岩,事事不会进棺材。

(二)打铁歌(二)

张打铁、李打铁,打把剪刀送姐姐。

姐姐留我歇,我不歇,我要回家去打铁。

打铁打到正月正,正月十五闹花灯。

打铁打到二月二,守牛娃娃吹口哨。

打铁打到三月三,三月红绸配牡丹。

打铁打到四月四,一个铜钱四个字。

打铁打到五月五,划破龙船打破鼓。

打铁打到六月六,六月太阳好晒谷。

打铁打到七月七,七岁娃娃上学去。

打铁打到八月八,八十婆婆纺棉花。

打铁打到九月九,九月重阳好煮酒。

打铁打到十月十,十月公公卖饼子。

打铁打到十一月,关起门来落大雪。

打铁打到十二月,杀猪宰羊过大节。

(三)烟子烟(一)

烟子烟,莫烟我老神仙。

杀条年猪给你分大边,

多了割脱点,少了添点肝。

(四)烟子烟(二)

烟子烟,莫烟我,我是天上梅花朵。

天上一朵,地下一朵,只有我一朵。

狗砍柴,猫烧火,老鼠起来打家伙。

烟子烟,莫烟我,我是天上的梅花朵。

猪劈柴,狗烧火,猫儿洗脸笑死我。

三、传说故事①

(一)《望乡的来历》

望乡是仙仁湾乡的一个村,这个村的名字来历,有一个优美而又悲壮的传说。

相传明代时,龙头庵乡有一个村叫萧家,百多户人家。村里有一个名叫萧天喜的人,他父母年过半百时才生下他,待萧天喜到了读书年龄,他父母商量,虽然家里穷,生活困难,但无论如何都要让孩子读书,我们吃了不识字的亏,再莫让我们的后代没文化,莫误他的前途。于是送萧天喜去附近私塾学校读书,果然小小年纪,能应对写文章,文章写得字从句顺,深得先生喜欢,村人称赞。人们称赞他是天上文曲星下凡,不是人间凡人,将来必有大出息。

萧天喜学习刻苦,先生悉心教授,凭着真才实学,参加乡试、会试,一路顺利,不仅榜上有名,而且还是头名。等到大比之年,萧天喜不远千里,上京赶考,他的文章字字珍珠,篇篇锦绣,是本次考试最优秀的人才,考官把萧天喜的卷子选定为第一,呈送皇上手中,让皇帝亲自御览。皇帝见文章果然超群,才华横溢,实是难得人才,龙心大悦,便传旨召他进殿。

皇帝亲自殿试,他都回答得非常正确。皇帝非常满意,想要重用。但出于喜欢,关心亲近,皇帝不由又问起他的家世。萧心想,自己家里贫穷。屋子是用红高粱和玉米杆盖的,家中只有一个七十多岁的母亲和一个八十岁的父亲相依为命,家中的经济来源用度仅靠三只母鸭下蛋换钱。这样的贫困状况能如实告诉皇上吗? 我把它美化一番吧。主意一定,萧天喜便凭借他的聪明才智和想象力,回答皇上道:"我住湘西沅水边,家里千柱落脚,金龙抱柱,喝半江(缸)之水;七十人煮饭,八十人担水砍柴,三只盐船下江南,早去晚回,一朝不回,家无盐吃。"萧天喜说得来劲,而皇帝听起来却是另外一回事了,感到有点惊骇,思想:"这人家势如此大,又九龙抱柱,岂非显示出有当皇帝吉兆,这样大的家势财力,他又有这么高的才干,将来如果在朝廷

---

① 传说故事,由黄始兴提供。

中做上大官,掌握军权,大权在握,一旦造起反来,那还得了,我还能对付得他吗?这个人虽有才干,却留不得,留下他是祸害,将来要夺我皇位,不如趁现在他还没有权势,把他除去。"皇上心中不露声色,口头上加以赞叹,要他回去等候录用消息,并赐御梨一个,"梨"寓"励",鼓励之意,暗中嘱人将梨子用鸩酒浸过,交代萧天喜梨子在路上不能食用,在望见家乡时才能吃。

萧天喜行至望乡村这个地方,已能隐约看见家乡萧家,便便按皇上嘱咐,吃下御梨。梨子吃下没几分钟,便觉腹内剧痛,脑发昏。他知道了梨中有毒,皇上要除去自己,他不知道皇上为什么要除去他,他也不去多想,一步一步艰难走着,站不起了就爬,只想回到家中见到父母双亲,但终究走不了多远,毒性发作而死。后人就把萧天喜望见家乡的地方叫望乡,一直沿用至今。

(二)《罗子山名字的来历》

传说之一:罗子山为一仙螺化成

远古时候,罗子山一带是一片河流,河里鱼虾成群,螺蛳很多。其中一只螺蛳年长日久,得了仙气,成为仙螺。时光流转,河水退去,山峰涌现,这只仙螺留恋这里的山光水色,不愿入江入海,也不愿上天庭仙界,就化成一座山,大家就叫它螺蛳山。后来因为罗真人的出现.才改叫罗子山。

传说之二:罗子山是神骡化成

古时,锣鼓八面山上有一匹骡子已成仙,它遨游天下,发现罗子山这个地方水草丰茂,非常喜欢,就停留下来。结果被天神知道,派天将追来,要赶它回去,骡子不肯回去。天将为了不让它再乱跑,就用绳子把它系在一块巨石上。后来就化作了一座山,人们就叫它骡子山。

传说之三:罗子山是石头化成

很久很久以前,黄溪口到溆浦小横垄一带没有大山,由一条100多米宽的河流隔开,河流两岸是宽阔的平原。一年夏天,一位九十多岁的老人赶着十几块大小不一的石头从黄溪口沿河而上,向小横垄方向走去。下午一点左右到达翁冲,到刘家垄时天已经黑了。老人不再往前赶,在此落脚,把那十几块石头摆成一个不规则的圆形。第二天,住在河两岸的人们打开屋门时惊呆了,宽阔的河流不见了,代而有之的是连绵起伏的高山峻岭,只剩一条小溪绕着山脚向黄溪口流去,赶石老人也不知去向。这座大山是一位老人赶石头落脚后由赶来的石头化成的,因此人们就把这座山取名"落脚山"。

后来罗真人来这里修行,就改为了"罗子山"。

四、奇闻异事:常人怪癖①

上蒲溪瑶族乡五宝田村民萧明卿,心身正常,然而他有一怪癖:事事必"三"。吃饭必"三碗",做事必"三件"。某年冬,他与族叔在村溪边玩,其叔拾起小木棒戏敲了他两下,将木棒丢于溪。萧明卿顿时心慌意乱,遂跳入水中,捞起木棒,自敲一下,心神方定。

萧明卿亦有踩石之怪癖。每到一地,必将沿路之石块踩遍,无一遗漏。一次,他去龙头庵赶集,漏踩一石,心神不定,即返回补踩。又一次,他去溪边玩,为踩遍石块,竟深夜不归。

五、丁苏安田野笔记二则

(一)2013 年 7 月 28 日晴

天刚刚亮,我起来看看这个村子的清晨。呆了那么长时间,也清楚了院子里村民的作息。这个村子并不是不习惯早起,只是他们早饭吃得晚,到八九点才开饭。但是早上在村子里确实见不到想象中的"早起的人"。那些早起的人都去了哪里?他们在做什么呢?事实上,他们早起要先干活,干完活才去吃饭,这也是这里早饭吃得晚的原因。清晨上山砍捡柴火的人们、割猪草的人们、制作豆腐的人们、到田里摘玉米的人们、下地打虫药收稻谷的人们、屋里做饭洗衣的人们……他们都是早起的人。只是清晨他们并不集中在院子里:有可能在院子的甬道里见到背着箩筐、拿着镰刀准备上山砍柴的村民,可以在溪边看到配农药准备打虫的人们,在木板桥上遇到刚摘完玉米下山归来的村民,在猪圈里见到喂猪的老奶奶,在马棚旁遇到去饮马的大姐,甚至走进院子里的某一户人家,会看见一起床就在厨房忙碌的女主人。

---

① 辰溪县志编纂委员会编:《辰溪县志》,北京:生活·读书·新知三联书店,1994 年,第 878 页。

清晨的院子并不热闹，人们在四周各处干着活，偶尔伴随着鸡鸣和犬吠。

过了 6:30 之后，院子里陆陆续续地有人起床了。我在院子里走着，遇到的人都说我起的好早。在欧式建筑门口碰到了萧典亮伯伯的妻子和她的孙子，打过招呼之后就聊了起来。

继续沿着玉竹石板往下走，发现溪里有很多人在捞鱼。一问才知道，上游有人药死了许多鱼，所以大家都跑出来捡鱼。

昨天傍晚听到院子那边有人吹哨子，一问才知道是通知大家第二天早上通水渠。今天清晨一听到同样的哨子声，我就翻身下床，快速地穿衣梳头，背上包和相机就出门了。去院子之前，向房东的四伯询问他们在哪里修水渠，之后匆匆赶往院子。进了院子，在桥头遇到了村主任萧典军大伯，他正好要下田通水渠，就带我一同过去。一路跟着他们通水渠，大家拿着镰刀和锄头卖力地干着活。萧典军大伯说，这段时间正是需要水的时候，但是已经一个多月没有下雨了，所以他们打算把水渠里的草、泥和石头清理一下，这样水就可以通过，流进田里用做灌溉。

通完水渠之后，村民们就散了，我沿着田埂去了一趟伏波庙。庙门口的地上看到许多香纸灰，边上还有插香，庙里面也有很多没有烧过的香纸和香，人们把这些放在伏波将军像身旁，用石头压住。庙墙外的"伏波庙"字样和门口两边的对联已经认不清字样了，里面墙上的伏波介绍也已斑驳。庙内正中间有一座塑像，塑像的底座还刻着"马元帅"三个字，想必这就是伏波将军马援了。他身披战甲，腰间佩戴着刀剑，眼神肃穆地透过窄小的庙门注视着这个村子。

上午，我和杨姐一起上山给萧大哥送饭。起初杨姐担心我走不动或者太阳太晒了我怕热，我说两个人一起走还可以说说话。于是我们一起上山，往中方县的方向走。山里比村子里更凉快一些，天蓝云白，参天绿树间凉风习习。站在山上能够看到整个五宝田，村田相间很是别致。一路上和杨姐聊着天，40 多分钟的路程好像很快就过去了。萧大哥他们在山上有一块林地，我过去问了一下林场和伐木的情况。

林地下面有一个棚子，说是运输木头的马夫晚上过夜的地方。这边的马不是载人的，而是运木头的。马夫歇脚的地方很简陋，只有简单的灶台和木床，甚至夏天的晚上还备受蚊虫的干扰，甚是辛苦。我在棚子里看到一个马架子，把它量了一下，边上的萧守三伯伯告诉我那是马夫放在马背上用来驮木头的用具。

回家之后,萧大哥告诉我他拿到了 2003 年版的新族谱。我给每一页都拍了照,并努力看懂谱面的编排和含义。我发现萧氏族谱上只记男丁,不写女儿,唯一的女眷就是男丁的妻子。这和我本家的家谱不太一样,在我本家的家谱上,女儿是能够上谱的,只是女儿的下一代不再记载而已。晚上,杨姐又做了一次凉粉,这次我拍了视频,记录起来也更直观了。

把材料刻录到电脑上之后,我就一直在看规划图。我在这里呆了有一个星期了,在对这个村子有一定的了解之后,就更能够理解和记住规划图里的内容了。想想自己还有很多分析和整理的东西要做,访谈也要跟上,所以继续前进,不要懈怠。

(二)2013 年 8 月 4 日晴

早上在溪边碰到萧典军大伯。田因干旱,他到溪边来用水泵抽水灌溉。他在桥头接电线的时候把原来电度表上的度数写下来,接着在抽完水之后记下抽水用掉的度数。他告诉我,他抽水用掉的电度需要自己付钱。

一旁的萧从礼伯伯准备帮小兰姐家的田打农药,药蚜虫。从礼伯伯和黄小兰姐的丈夫是堂兄弟,他家有 4 个兄弟姐妹:大哥、大姐、他和弟弟。他有三个小孩:两个女儿和一个儿子,儿子排中间。三个儿女都在外面打工,两个女儿在怀化,儿子大学毕业在江苏做软件工程。儿女每年回家过年,呆十多天,平常往家里寄钱。

下午和杨姐聊天,了解了她对五宝田开发旅游的看法。她说如果村子里发展得好了,那他们更愿意回来,毕竟这里是自己的家。但是如果没有得到发展,那么他们情愿呆在外面打工。我从杨姐那里也了解到,村书记每月工资 500 元,他需要长期呆在村子里:如果出去做工了,乡里一有事就会打电话过来找书记,所以不便在家做工,更不能去太远的地方。甚至有时他半个月才回一次辰溪县城的家。五宝田的村委会除了村书记、村长、妇女主任,还有小组长。现在乡里还指派农业生产任务给村干部,比如认领菌孢种子,准备种植黑木耳。

据上蒲溪乡党委介绍,为了产业发展,富民强乡的发展目标,上蒲溪瑶族乡通过主动上门招商,成功引进了溆浦县春和现代农业有限公司的食用菌生产销售。

食用菌生产销售成为了乡里在发展的一个项目。该项目为公司＋农户发展模式,项目实施过程中,公司提供前期菌棒加工厂的基础设施建设和生

后　记

中国古代数千年农耕文明的延续发展,形成了多种多样的乡村聚落群体,造就了多姿多彩的村落文化。传统村落是农耕时代的物质见证,它所呈现的自然生态和人文景观,是在当地人生产和生活实践的基础上,经由他们共同的记忆而形成的文化、情感和意义体系,凝聚着当地人对生活的向往、追求和理想,是乡愁的依托。费孝通在 1947 年《乡土中国》中指出中国社会是乡土性的,从乡土本色、道德、家族、礼治秩序等分析了乡村所具有的一种体系,认为乡土农村衰败了是不可想象的……但随着工业化、城镇化的快速发展,传统村落衰落、消失的现象日益加剧,加强传统村落保护发展刻不容缓。

早在 2003 年,知名学者冯骥才先生就正式推动起中国民间文化遗产与古村落的抢救工程。他认为,"古村落是中华文化的箱底儿";"因为我们中华民族最深的根在这里面,中华文化的灿烂性、多样性和地域性体现在里面,文化的创造性也在村落里"。[①] 村落不是一个人的家园,它是整个中华民族的精神家园。保护传统村落,留住的不是个人的"乡愁",而是整个中华民族的"乡愁"。[②] 应该重视传统村落的保护工作。2012 年,中国正式启动了针对传统村落的全面调查,同年,住房和城乡建设部、财政部等三部门首次印发了《关于加强传统村落保护发展工作的指导意见》(建村〔2012〕184 号),

---

① 冯骥才:传统村落是最大的文化遗产,价值不比长城小,https://new.qq.com/rain/a/20200915A0IJIZ00

② 周润健:《冯骥才:"乡愁",是中华民族凝聚力和向心力所在》,新华网,2013 年 12 月 21 日。

并开始了《中国传统村落名录》的甄选工作。这可以说是文化史上一个意义重大而影响深远的事件。辰溪县上蒲溪瑶族乡的五宝田村就是第一批列入中国传统村落名录的古村落。

古村落，是一个民族历史文化的载体，也是最直观、看得见、摸得着的历史，它孕育了一个地域的文化艺术、宗教信仰、民风民俗以及民族精神。古村落，既有着"世外桃源"般的意境追求，也有着诗画般的理想境界。无疑，古村落是我们考察民间传统文化的最佳胜地。

我出生在沅水之滨，对沅水有一种天然的亲近感。沅水流域那厚集、多元、多彩的文化，一直让我沉醉不已。自 2007 年由湖南调到三峡大学后，我对沅水文化研究的意义和价值有了更为深刻的认识。

徐杰舜教授与我亦师亦友，一直鼓励并支持我研究沅水流域文化。认为交错杂居、共同生活在沅水流域的各民族，在有一定族群认同"边界"的同时，由于长期交往交流交融，又形成了你中有我，我中有你的格局，研究沅水文化要从中华民族的层面来考量其意义。2013 年 7 月，当我确定将辰溪县传统村落五宝田村列为沅水流域文化重要的田野点，向徐老师求援时，他爽快地答应让丁苏安来帮助我完成五宝田村的田野调查。

丁苏安是一个浙江姑娘，她温文质朴，勤奋好学。早在 2006 年还是一个高中生的时候，她就对人类学发生了浓厚的兴趣，开始走进人类学，参与了《风景郭洞独好》一书的部分田野考察工作。2010 年 8 月，徐杰舜教授主持的《百里漓江保护与开发》课题展开了在漓江两岸的村落田野调查，她作为年龄最小的成员，参与了我们（民建桂林市委员会副秘书长秦胜忠、石甜、谢林轩）对漓江沿岸村落村民们生活状况的实地考察。至今，我依然记得她瘦小的个子气喘吁吁地拖一个大行李包与我们会合的情形，稚嫩清秀的脸上挂着灿烂的笑容。之后，二十余天的田野调查，她特别能吃苦，总是脖子上挂一个相机，抢拍了不少有价值的田野作业的照片，也帮助做了不少的访谈录音。像她小小年龄，如此热爱田野考察的实不多见。后来，她如愿以偿考上了广西民族大学的硕士研究生，师从徐杰舜教授。

自 2013 年暑期我带丁苏安进五宝田，时间已经过去了七年。这七年间，丁苏安在广西民族大学读完了硕士，继而又在泰国东方大学读完了博士。她出版了《西方人类学家列传》，参与了《汉民族史记·海外移民卷》英文资料的搜集和翻译工作。博士毕业后，她又回到了广西南宁，成为广西民族大学管理学院的一名教师。

此去经年，难免有白驹过隙的感叹。2014年6月，丁苏安完成了五宝田村12万多字的初稿，书中辑录了大量对话式访谈，再现了当年的真实场景。由于种种原因，直到2018年8月，我才带着硕士研究生郭婷再次去了五宝田村做补充调查。此书就是在丁苏安的初稿基础上，加以完善的。丁苏安为此书付出了艰辛的劳动，也收获了人生难以忘怀的记忆。2019年初书稿交付出版社前，我打电话给她，让她为此书写一个后记。也许是想说的话太多了，她干脆辑录了部分田野日记传给我，以此来表达自己无以言说的一切，在田野日记的前后，她写道：

> 接到刘老师的电话，我特别高兴。因为在电话里说，刘老师告诉我她在做回访的时候，发现村子里的人们都还记得我。我在五宝田村住了一个月，是他们陪我度过了我最青涩的田野时光。斗转星移，时光荏苒，我记得村子里的稻田、山峦和泉水，记得那里的甜豆花、烤腊肉、香米酒和冰凉粉，还有热情的村民。没想到他们也记得我。田野日记里记录着当时在村子里生活和调研的点点滴滴，现在翻看，一切仿佛还在眼前。

> 五宝田的调研是我第一次独自做田野，非常感谢刘冰清教授，感谢她的信任和支持，这对作为人类学初学者的我来说是多么重要。感谢当时的上蒲溪乡党委书记汤家葡、五宝田村支书萧湘武、村长萧典军、妇女主任黄小兰对我工作的支持，感谢房东杨小丽夫妇对我的照顾，感谢热心的五宝田村村民，比如萧守造、萧从顺、萧典柏、廖银银、萧崇和，等等，不能逐一提到。但我会一直记得，在这一段田野工作中曾经有你们的亲切和热情温暖着我。

在五宝田，丁苏安完成了她的人类学成年礼。

此书能写成，我们感恩在五宝田的田野调查和写作过程中帮助过我们的领导和朋友：时任辰溪县政法委副书记黄斌先生，上蒲溪瑶族乡的汤书记、乡长梁峰、宋委员、熊秘书为我们的调查提供了大量帮助；五宝田村干部萧湘武、萧典军、黄小兰、萧利军等人为我们的调查提供了便利；村民萧守造、萧从顺、萧典柏、萧典生、萧守文、萧典儒、萧典文、萧崇和、廖银银、萧桂梅、萧明友、萧辉等人所给予的热心帮助；上蒲溪瑶族乡的黄始兴老师为我们提供了一些口传叙事和罗子山的碑刻资料。

感谢我的硕士研究生郭婷，她参与了本书的补充调查，收集并整理了大量资料。还有我的硕士研究生姜奕彤，在书稿修改过程中，参与了部分资料的再整理。

感谢罗凌教授百忙之中为书中的地契和碑刻校注。

本书得以面世,得到湖南省民委重大委托项目"沅水民族文化研究"和三峡大学学科建设项目的资助,在此致谢!

感谢湖南省民宗委田代武、朱朝晖、李宁先生的鼎力支持,感谢三峡大学王作新、邓新华、黄柏权、王祖龙、董建辉、曹大明等同道及宜昌市文化名家王作栋工作室全体同仁的大力支持,感谢厦门大学出版社薛鹏志先生为本书的出版所付出的辛勤劳动。

衷心感谢徐杰舜先生对我无私的支持。

记住五宝田!记住乡愁!

谨将本书献给守护五宝田的朴实热情、勤劳善良的五宝田人民!

刘冰清

2020 年 12 月 9 日

于三峡云居